D1700147

© Verlag Hannelore Reutin-Gaiser
Haferfeldstr. 50, D-86405 Meitingen
Alle Rechte vorbehalten.

Erste Auflage 1995

ISBN 3-9803274-1-8

Einbandgestaltung Gaiser/Telemeter
mit einem Foto von N. Raffenberg als Titelbild:
Pfirsichköpfchen in der Wildfarbe, in Blau und in Gelb,
sowie zwei Kopfstudien von J. Kenning auf der Rückseite:
wildfarbenes Pfirsichköpfchen und Lutino-Rosenköpfchen

Druck auf chlorfrei gebleichtem Papier:
Merkle Druck, Donauwörth

Gottlieb Gaiser
Bodo Ochs

Die *Agapornis*-Arten und ihre Mutationen

hrg

Vorwort

Rosenköpfchen, Schwarzköpfchen und Pfirsichköpfchen gehören sicher zu den beliebtesten Stubenvögeln in Deutschland und werden in so großen Zahlen nachgezogen, daß schon lange keine Importe dieser kleinen Papageien aus ihrer Heimat in Afrika mehr nötig sind, um die Nachfrage zu decken. Im Vergleich mit den domestizierten Vogelarten, wie Wellensittichen, Kanarienvögeln und Nymphensittichen, ist die Haltung von Unzertrennlichen, wie man die Angehörigen der Gattung *Agapornis* auch bezeichnet, nach wie vor etwas Besonderes.

Das liebenswürdige Wesen dieser farbenfrohen Kleinpapageien hat bereits Alfred Brehm begeistert: Man kann ihnen stundenlang zusehen, ohne daß Langeweile aufkommt, wenn sie Zweige benagen und herumturnen, sich aneinanderkuscheln, sich gegenseitig kraulen und füttern oder gar Junge aufziehen. Noch dazu gibt es heute neben der stets attraktiven Wildfarbe so viele Farbschläge, daß jeder Vogelliebhaber seiner persönlichen Vorliebe folgen kann, ob er nun leuchtendes Gelb bevorzugt oder gedeckte Pastelltöne.

Die Freude am Vogel und am Tier allgemein ist die Voraussetzung für jeden aktiven Artenschutz, denn - wie schon Konrad Lorenz erkannte - erst das wird uns schützenswert, was wir kennen und lieben. Der Bewußtseinswandel, der sich in den letzten Jahren vollzogen hat, läßt uns unsere Haustiere nicht mehr als farbenfrohes Spielzeug oder als exotischen Teil der Wohnungseinrichtung betrachten, sondern als Lebewesen mit dem Anspruch auf eine artgerechte Haltung und eine Behandlung, in der die Achtung vor aller Kreatur zum Ausdruck kommt. Verantwortungsvolle Zucht hat längst ihren einstigen Selbstwertcharakter abgelegt und verhindert vielmehr, daß weiter Raubbau an der Natur getrieben wird, indem ständig aufs neue Wildfänge ihrem ursprünglichen Biotop entnommen werden. Auch muß die Zucht der uns anvertrauten Tiere unter dem Aspekt eines ganzheitlichen Lebens gesehen werden, zu dem eben auch die Fortpflanzung gehört. Viele Probleme, die bei Einzelhaltung und durch die Fehlprägung auf den Menschen entstehen, gäbe es mit einem natürlichen Partner und der Möglichkeit zu natürlichem Verhalten nicht.

Gerade in unserer Zeit, wo man sich kritisch mit der Käfighaltung und der Zucht von Vögeln auseinandersetzt, bedeutet die geringe Größe der *Agapornis*-Arten - zwischen 12 und 17 cm - einen nicht zu unterschätzenden Aspekt ihrer wachsenden Beliebtheit. Bereits ein 1 m langer Käfig kann dem Bewegungsdrang dieser Vögel Genüge leisten, und man braucht kein schlechtes Gewissen zu haben wie bei Wellen- und Nymphensittichen oder gar bei noch größeren Sittichen, bei Amazonen und Großpapageien, wenn man ihnen keinen zusätzlichen Freiflug ermöglichen kann. Dasselbe gilt für den Züchter, dessen beschränktes Raumangebot eine artgerechte Haltung und damit die Zucht von Großsittichen verbietet.

In diesem Buch haben wir nun unsere jahrzehntelange Erfahrung in der Zucht mit allen *Agapornis*-Arten (ausgenommen selbstverständlich die Grünköpfchen, von denen es keine Gefangenschaftsbestände gibt) eingebracht und uns um eine umfassende Abhandlung aller relevanter Fragen von Theorie und Praxis bemüht. Seit der verdienstvollen Erstauflage des Agaporniden-Buchs von BROCKMANN/LANTERMANN aus dem Jahr 1981, das in den Folgeauflagen leider nicht wesentlich verändert wurde, liegt unserer Ansicht nach damit erstmals wieder eine wirklich aktuelle Abhandlung zu dieser Gattung vor, in der die Erkenntnisse bis ins Jahr 1994 hinein verarbeitet sind. Vor allem wollten wir uns hier nicht in erster Linie auf die Rosenköpfchen (*Agapornis roseicollis*) konzentrieren, sondern auch allen anderen Arten - vor allem den Unzertrennlichen mit weißem Augenring - zu ihrem Recht verhelfen und ihnen den entsprechenden Raum gewähren.

Wir freuen uns besonders darüber, dank exzellenter Bilder von namhaften Fotografen aus aller Welt, neben der jeweiligen Wildform auch nahezu alle Mutationen sämtlicher *Agapornis*-Arten vorstellen zu können. Neben unseren beiden Fotografen Josef Kenning (Australien) und Norbert Raffenberg (Manching) haben wir hier einer ganzen Reihe von Züchtern zu danken, die uns ihre Bilder zur Verfügung gestellt haben oder uns ihre Vögel fotografieren ließen: Dr. Erhart (USA), Dr. Kammer (Brasilien), Dr. Wolfensberger (Brasilien), den Herren van Dam/Hammer (Holland), Herrn Kull (Schweiz), Herrn Lietzow (Enger), Herrn Hilpert (Doerentrup), Herrn Gehlen (Rheine), Herrn Kress (Hohenstein) und vielen anderen, deren Bilder wir nicht berücksichtigen konnten.

Wir hoffen, mit unserem Buch denen zu nützen, die bereits Unzertrennliche halten und züchten, den interessanten und attraktiven kleinen Papageien aber auch neue Freunde zu gewinnen und so letztlich zu einem weiteren Aufschwung der Agaporniden-Zucht beizutragen.

November 1994

Gottlieb Gaiser, Meitingen
Bodo Ochs, Hohenstein

Inhaltsverzeichnis

Kopfstudie eines wildfarbenen Pfirsichköpfchens (*Agapornis p. fischeri*)

Die Gattung *Agapornis* und ihre systematische Stellung im Vogelreich

Die Unzertrennlichen sind kleine, kurzschwänzige Papageien und teilen somit die charakteristischen Merkmale aller Papageien: kräftige Beine und Füße mit paarig gestellten Zehen, von denen die erste und vierte nach hinten und die zweite und dritte nach vorn gerichtet sind (zygodactyle Zehenstellung), ein im Verleich zum übrigen Körper großer Kopf mit einem stark gekrümmten Schnabel, wobei Ober- und Unterschnabel gelenkig mit dem Schädel verbunden sind, eine dicke, muskulöse Zunge und leuchtende Gefiederfarben.

Die Gattung *Agapornis* wurde von SELBY 1836 anhand eines einzigen toten Exemplars der Grünköpfchen (*A. swindernianus*) aufgestellt und traditionell in die Gattungsgruppe der Wachsschnabelpapageien (*Loriini*) in der Unterfamilie der Echten Papageien (*Psittacidae*) eingegliedert, so daß ihre systematische Stellung im allgemeinen folgendermaßen angegeben wird:

Klasse: Vögel (*Aves*)
    Ordnung/Familie: Papageien (*Psittaciformes/Psittacidae*)
        Unterfamilie: Echte Papageien (*Psittacinae*)
            Gattungsgruppe: Wachsschnabelpapageien (*Loriini*)
                Gattung: Unzertrennliche (*Agapornis*)

Damit stehen die Agaporniden in der gleichen Gattungsgruppe wie etwa Königssittiche (*Alisterus*), Prachtsittiche (*Polytelis*), Edelpapageien (*Lorius*) oder Edelsittiche (*Psittacula*). Die vermutlich nächsten Verwandten aber, die Sperlingspapageien (*Forpus*) aus Süd- und Mittelamerika und die Fledermauspapageien (*Loriculus*) aus dem südostasiatischen Raum, werden der Gruppe der - man höre und staune - Keilschwanzsittiche (*Araini*) zugeordnet oder als eigene Gruppe (*Loriculini*) geführt. Will man dieser Systematik folgen, ist das Rosenköpfchen (*Agapornis roseicollis*) näher beim Großen Alexandersittich (*Psittacula eupatria*) oder dem Pompadoursittich (*Prosopeia tabuensis*) anzusiedeln als beim Gelbmasken-Sperlingspapagei (*Forpus xanthops*), von dem wiederum eine nähere Verwandtschaft mit dem Jendayasittich (*Aratinga jendaya*) oder dem Hyazinthara (*Anodorhynchus hyacinthinus*) behauptet wird.

Überzeugender sind da jüngere ornithologische Versuche einer Neuordnung, die althergebrachte Einteilungen aufgeben und nach stichhaltigeren Kriterien vorgehen. So werden zuerst bei Brereton und dann bei WOLTERS (1982, S. 55f.) den Ähnlichkeiten in Körperbau und Verhalten von Unzertrennlichen und Fledermauspapageien Rechnung getragen, indem sie als nahe Verwandte innerhalb der Familie der Kleinpapageien (*Micropsittidae*) erscheinen. Die systematische Stellung der Agaporniden stellt sich dann folgendermaßen dar:

Klasse: Vögel (*Aves*)
    Ordnung: Papageien (*Psittaciformes*)
        Familie: Kleinpapageien (*Micropsittidae*)
            Unterfamilie: Fledermauspapageienartige (*Loriculinae*)
                Gattung: Unzertrennliche (*Agapornis*)

Der Gattungsname *Agapornis* ist dem Griechischen entlehnt und heißt soviel wie "Liebesvögel", was ihnen wörtlich übersetzt die Bezeichnung *Lovebirds* im englischsprachigen Raum einbrachte. Das deutsche *Unzertrennliche* und das französische *Inséparables* geht auf die irrige Annahme zurück, daß sich die Partner bis in den Tod hinein treu bleiben, wie in der rührend vermenschlichenden Darstellung in BREHMS *Tierleben* von 1866 nachzulesen ist:

> *Es ist bekannt, daß man diese niedlichen Thierchen nur paarweise in der Gefangenschaft halten kann, ihnen wenigstens die Gesellschaft verwandter Arten gewähren muß. Jung aus dem Nest Genommene, welche der Liebe Macht noch nicht empfunden haben, können allerdings auch einzeln aufgezogen werden; die Aelteren aber, welche sich bereits gepaart haben, überleben nur selten den Tod ihres Gatten. Sie erliegen, wenn dieser stirbt, bald ihrer Sehnsucht und ihrem Grame.*

Die Heimat der Agaporniden - streng genommen müßte man *Agapornithen* schreiben - ist Afrika südlich des Saharagürtels. Die einzelnen Arten bewohnen klar voneinander abgegrenzte Gebiete, und Mischlingspopulationen sind in der Literatur erst in jüngster Zeit und bei ausgewilderten Vögeln belegt. Man darf also klare Verhältnisse bei der Unterteilung der Gattung erwarten, doch weit gefehlt.

WOLTERS geht in seinem Werk *Die Vogelarten der Erde* von 9 Arten aus:

1. *Agapornis swindernianus* (KUHL, 1820)
            drei Unterarten: *A. s. swindernianus* (KUHL)
                                A. s. zenkeri (REICHENOW)
                                A. s. emini (NEUMANN)
2. *Agapornis pullarius* (LINNÉ, 1758)
            zwei Unterarten: *A. p. pullarius* (LINNÉ)
                                A. p. ugandae (NEUMANN)
3. *Agapornis canus* (GMELIN, 1788)
            zwei Unterarten: *A. c. canus* (GMELIN)
                                A. c. ablectaneus (BANGS)
4. *Agapornis taranta* (STANLEY, 1814)
            zwei Unterarten: *A. t. taranta* (STANLEY)
                                A. t. nana (NEUMANN)
5. *Agapornis roseicollis* (VIEILLOT, 1818)
            zwei Unterarten: *A. r. roseicollis* (VIEILLOT)
                                A. r. catumbella (HALL)
6. *Agapornis personatus* (REICHENOW, 1887)
7. *Agapornis fischeri* (REICHENOW, 1887)
8. *Agapornis nigrigenis* (SCLATER, 1906)
9. *Agapornis lilianae* (SHELLEY, 1894)

Die international gebräuchlichen wissenschaftlichen Namen beginnen mit der Gattungsbezeichnung - *Agapornis* -, an die sich der Name der Art anschließt. Ein drittes Wort bezeichnet gegebenenfalls die Unterart. Vor WOLTERS endeten die meisten lateinischen Art- bzw. Unterartbezeichnungen auf -a, doch ist die grammatikalische Anpassung mit der Endung -us plausibel und soll hier ebenso übernommen werden wie von den Fachverbänden. In der Klammer hinter dem wissenschaftlichen Namen ist jeweils angegeben, wer die Art bzw. Unterart zuerst beschrieben hat.

Die Unterarten von *A. pullarius* und *A. canus* dürfen als gesichert gelten. Über *A. swindernianus* ist so wenig bekannt, daß ein Urteil nur vorläufig sein kann. Den Beschreibungen zufolge scheinen *A. s. zenkeri* und *A. s. emini* lediglich isolierte Populationen der gleichen Unterart zu sein, so daß man letztere fallenlassen könnte. Ernsthafte Zweifel aber scheinen bezüglich der Unterarten von *A. taranta* und *A. roseicollis* angebracht.

A. t. nana soll sich von der Nominatform lediglich durch seine geringere Größe unterscheiden, doch seit der Benennung durch NEUMANN 1934 gibt es keine verläßlichen Berichte über die Existenz einer deutlich unterscheidbaren Zwergform im südlichen Verbreitungsgebiet. Wie in der dritten Auflage von FORSHAWS *Parrots of the World* soll deshalb auf eine solche Unterart verzichtet werden.

Bei *A. r. catumbella* handelt es sich um eine ähnlich dubiose Festschreibung, die ohne weiteren Nachweis durch die einschlägige Literatur geistert. HALL beschrieb die angebliche Unterart als heller im Gefieder und etwas intensiver in der Maske, wobei er sich lediglich auf Exemplare eines eng begrenzten Gebiets, des Benguella-Distrikts in Südangola, stützen konnte. Aus solch natürlichen Farbschwankungen eine Unterart abzuleiten, scheint allerdings nicht gerechtfertigt und sei hier gleichfalls abgelehnt.

Ein vieldiskutiertes Problem stellen die vier letzten Arten dar, die als gemeinsames Merkmal einen weißen Augenring besitzen, sich in der Gefiederfärbung aber sehr deutlich voneinander unterscheiden. Amadon definiert Art als "Population, deren Mitglieder sich frei miteinander fortpflanzen und sich nicht mit den Mitgliedern anderer Populationen vermischen" (zit. FORSHAW 1989, S. 20). Da sich die Verbreitungsgebiete der Augenringarten aber nicht überschneiden - der geringste Abstand zwischen zwei Populationen soll bei 65 km liegen -, ließ sich ein entsprechender Nachweis in freier Natur zunächst nicht führen. Erst seit gut einem Jahrzehnt ist von ausgewilderten Mischpopulationen in Kenia belegt, daß Pfirsich- und Schwarzköpfchen bereitwillig hybridisieren. Davor aber hatte schon die Haltung und Zucht in Gefangenschaft Klarheit gebracht. Abgesehen von fast identischen Verhaltensweisen und Nistgewohnheiten lassen sich *A. personatus*, *A. fischeri*, *A. nigrigenis* und *A. lilianae* beliebig miteinander kreuzen, ohne daß das zu einer Unfruchtbarkeit der Nachkommenschaft führt. Spätestens die Tatsache, daß rezessive Farbmutationen der verschiedenen "Arten" in der ersten Hybrid-Generation durchschlagen, muß als Nachweis dafür gelten, daß die Unzertrennlichen mit weißen Augenringen vier Unterarten der gleichen Art sind.

Wo sich diese Ansicht durchgesetzt hat (etwa bei DOST/GRUMMT oder BROCKMANN/LANTERMANN), wird den strengen Nomenklaturbestimmungen zufolge korrekterweise *A. personatus* als die zuerst entdeckte dieser Arten für die Bezeichnung der ganzen Art herangezogen, wenngleich es aus weniger formalistischer Sicht nicht recht plausibel erscheint, daß die Melaninvariante zur Nominatform erhoben wird. Geht man davon aus, daß *A. roseicollis* das Verbindungsglied zwischen den primitiveren Arten und der höherentwickelten Art mit weißem Augenring darstellt, darf *A. fischeri* wohl als die ursprünglichere Augenringart angesehen werden. Am vernünftigsten wäre es zwar, von einer Nominatform auszugehen, die als solche nicht mehr existiert und durch die vier bekannten Evolutionsvarianten abgelöst wurde - etwa von einer mit der deskriptiven Bezeichnung *A. leucocyclis*, also "Unzertrennliche mit weißem (Augen-)-Ring" -, doch entspricht eine solch nachträgliche Korrektur nicht den wissenschaftlichen Gepflogenheiten. Abzulehnen ist allerdings der Ausweg über ein Subgenus *Amoravis* - nichts anderes als die Übersetzung des Gattungsnamens ins Lateinische -, wie von BOETTICHER 1944 vorgeschlagen und von WOLTERS 1982 übernommen.

Im übrigen bietet es sich an, die einzelnen Arten nach verwandtschaftlicher Nähe zu gruppieren. Bei den ursprünglicheren Arten - *A. pullarius, A. canus, A. taranta* - ist die Gefiederfärbung von Weibchen und Männchen unterschiedlich: Es handelt sich um Arten mit Geschlechtsdimorphismus, die im übrigen das Nistmaterial im Bürzel- und Kleingefieder transportieren und lediglich eine dünne Unterlage eintragen. *A. swindernianus*, soweit unsere spärlichen Kenntnisse von dieser Art solche Rückschlüsse erlauben, und *A. roseicollis* nehmen in gewisser Weise eine Zwischenstellung ein, insoweit sie u. a. die gleiche Transportmethode verwenden, die Geschlechter aber wie bei der noch höher entwickelten Augenring-Gruppe *A. personatus* gleich aussehen. Die Unterarten mit weißem Augenring tragen das Nistmaterial im Schnabel ein und bauen ein kunstvolles, meist überdachtes Nest in ihrer Bruthöhle.

Aus der vorangegangenen Argumentation ergibt sich folgende Unterteilung der Gattung *Agapornis* in sechs Arten, in der wir auch gleich deutsche Bezeichnungen einführen bzw. vorschlagen wollen:

Arten mit Geschlechtsdimorphismus

1. *Agapornis pullarius* (Orangeköpfchen)

        zwei Unterarten: 1.1 *A. p. pullarius* (Orangeköpfchen)
                                  1.2 *A. p. ugandae* (Uganda-Orangeköpfchen)

2. *Agapornis canus* (Grauköpfchen)

        zwei Unterarten: 2.1 *A. c. canus* (Grauköpfchen)
                                    2.2 *A. c. ablectaneus* (Südliches Grauköpfchen)

3. *Agapornis taranta* (Taranta-Unzertrennlicher)

Arten ohne Geschlechtsdimorphismus

4. *Agapornis swindernianus* (Grünköpfchen)

        zwei Unterarten: 4.1 *A. s. swindernianus* (Grünköpfchen)
                                    4.2 *A. s. zenkeri* (Rotnacken-Grünköpfchen)

5. *Agapornis roseicollis* (Rosenköpfchen)

6. *Agapornis personatus* (Unzertrennliche mit weißen Augenringen)

        vier Unterarten: 6.1 *A. p. personatus* (Schwarzköpfchen)
                                  6.2 *A. p. fischeri* (Pfirsichköpfchen)
                                  6.3 *A. p. lilianae* (Erdbeerköpfchen)
                                  6.4 *A. p. nigrigenis* (Rußköpfchen)

Vom Leben in Freiheit und in Gefangenschaft

Vögel waren für den Menschen schon jeher ein Sinnbild von Freiheit, weil sie in der Lage sind, sich allein mithilfe ihrer Schwingen über die Gesetze der Schwerkraft hinwegzusetzen. Es wäre eine bösartige Unterstellung, die Käfighaltung von Vögeln als einen Versuch zu interpretieren, den Mangel des Menschen, sich aus eigener Kraft über die Erde erheben zu können, durch die Beschneidung dieser Freiheit zu kompensieren und letztlich die Macht über alle Kreatur zu demonstrieren.

Tatsächlich ist es zunächst viel eher die Neugier, der Wissensdurst, das Bedürfnis, möglichst viel über möglichst alles zu erfahren, was die Gattung Mensch vor allen anderen auszeichnet. Ohne diese Triebkraft wäre uns die Vielfalt der Natur bedeutungslos, Wissen nur in Verbindung mit Zwecken von Interesse. Ein Vogel wäre ein Vogel, solange er nicht zur Nahrung oder als Feindbild dient, die Unterscheidung von Arten und Unterarten ein sinnloses Spiel. Der Mensch aber will auch wissen, was ihm nicht von unmittelbarem Nutzen ist. Er will die Welt, die ihn umgibt, kennen und verstehen. Ornithologie ist da nur ein winziges Teilgebiet, doch nur das braucht uns hier zu interessieren.

Die Beobachtung von Vögeln findet ihre Grenzen, wo jene ihre überlegene Weise der Fortbewegung einsetzen und sich im Flug mühelos dem Auge des Betrachters entziehen. Ornithologische Feldarbeit ist der Versuch, aus einer mehr oder minder großen Zahl von Mosaiksteinchen ein Bild zusammenzusetzen, das der jeweiligen Vogelart gerecht werden soll. Gerade in den frühen Tagen dieser Wissenschaft gehörte es zur gängigen Praxis, einige Exemplare zu schießen, um sie dann exakt vermessen und beschreiben zu können und über den Mageninhalt auf die Ernährungsgewohnheiten zu schließen. Zur Erkundung der Nistgewohnheiten mußte manches Gelege geopfert werden, und doch blieben Einzelheiten des Verhaltens meist verborgen. Erst die Haltung und Zucht in Gefangenschaft konnte und kann hierüber Aufschluß geben. An die Stelle von Einzelbeobachtungen kann die lückenlose Dokumentation eines Lebenszyklus treten. Der Beitrag der Vogelzucht zu ornithologischer Forschung kann hier gar nicht hoch genug bewertet werden.

Vogelhaltung ist natürlich immer auch verbunden mit der Freude am Umgang mit Tieren, an ihrem lebhaften Wesen und ihrer Farbenpracht. Hatten einst nur einheimische Vögel die Volieren und Käfige bevölkert, ist die Welt inzwischen so zusammengerückt, daß Entfernungen kein Problem mehr darstellen und der Anblick exotischer Vögel alltäglich geworden ist. Papageien haben dabei von jeher eine besondere Rolle gespielt, doch erst in unserem Jahrhundert wurden sie für einen weiteren Bevölkerungskreis erschwinglich.

Die Kehrseite der Medaille ist eine nie zuvor gekannte Ausbeutung der Natur aus kommerziellen Gründen. Eingeborene und professionelle Tierfänger sehen im Papageienhandel nur noch ein Geschäft, bei dem das Leben des einzelnen Vogels nichts zählt. Bäume werden gefällt, um die Nester zu plündern, unter Schlafbäumen werden Schwefeldämpfe erzeugt, daß die Tiere betäubt zu Boden fallen. Was die brutalen

Fangmethoden und eine oft unzureichende Versorgung lebend übersteht, wird in überfüllten Kisten erst zum Exportlager und dann auf den Luftweg gebracht, und gelegentlich kommen mehr tote als lebendige Papageien an ihrem Bestimmungsort an. In der Preiskalkulation sind diese Verluste bereits eingeplant. Es ist eine bittere Ironie, daß der Tod auf dem Weg zum Halter eine fest kalkulierte Größe ist, während der Vogelliebhaber alles daransetzt, seine Schützlinge optimal zu versorgen und ihnen ein langes Leben zu sichern.

Nun trifft es zwar zu, daß keine einzige Papageienart allein durch den Fang für den Handel derart dezimiert wurde, daß deren Population ernsthaft gefährdet oder zum Aussterben verurteilt ist, doch darf der Hinweis auf die wahren Gründe für deren Bedrohung - die Zerstörung der natürlichen Lebensräume durch Rodung, Einsatz von Pestiziden, Umweltkatastrophen usw. oder ganzer Ökosysteme durch die globalen Auswirkungen der Sünden in den Industrienationen - nicht dafür herhalten, Praktiken zu billigen, die nicht im Sinne des Vogelliebhabers sein können.

Uns allen muß daran gelegen sein, unsere Umwelt soweit als möglich intakt zu erhalten und bis in den entferntesten Winkel der Erde zu schützen. Zu diesem Ziel gehört auch der Schutz der Arten. In manchen Fällen mag dazu ein Einfangen der letzten freilebenden Exemplare nötig sein, um überhaupt noch eine Chance auf den Fortbestand der Art zu wahren, in anderen könnten gerade noch rechtzeitig Erhaltungszuchtprogramme zum Erfolg führen, in den meisten Fällen aber wird bereits ein bewußterer und verantwortungsvollerer Umgang mit der Natur und die Achtung vor dem Leben aller Kreatur genügen, daß auch künftige Generationen sich an der Artenvielfalt erfreuen können.

Welche Politik für welche Arten angemessen ist, müssen von Fall zu Fall die verantwortlichen Behörden vor Ort entscheiden. Das Washingtoner Artenschutzübereinkommen (WA) darf hier als Meilenstein auf dem Weg zum Schutz bedrohter Tierarten gelten. In zwei Kategorien wird der Grad der Gefährdung dokumentiert: Anhang I erfaßt die vom Aussterben bedrohten und damit vom Handel ausgeschlossenen Arten, Anhang II die übrigen geschützten Arten. Von den Papageien gehören lediglich Wellensittich, Nymphensittich und Kleiner Alexandersittich keinem der beiden Anhänge an. Alle Agaporniden sind in Anhang II erfaßt, gelten also als nicht unmittelbar gefährdet.

Die verschiedenen *Agapornis*-Arten haben weite Teile des afrikanischen Kontinents und Madagaskar mit einigen vorgelagerten Inseln besiedelt und dürfen - mit Ausnahme vielleicht der Erdbeer- und Rußköpfchen - als vergleichsweise häufig angesehen werden. Dennoch haben die meisten afrikanischen Staaten eine Ausfuhrsperre über die einheimischen Arten verhängt, und nur gelegentlich treffen noch Importe - etwa von Orange-, Pfirsich- und Grauköpfchen - ein, meist über den Umweg von Staaten, in denen die jeweilige Art nicht vorkommt. Den Versuch, Grünköpfchen zu importieren, hat man inzwischen aufgegeben, da noch kein einziges Exemplar die Quarantäne überlebt hat.

Lediglich die Lebensräume von Orange- und Grünköpfchen überschneiden sich, alle anderen Arten und Unterarten bewohnen klar voneinander abgegrenzte Gebiete von sehr unterschiedlicher Ausdehnung, wie aus der Verbreitungskarte ersichtlich ist. Es ist anzunehmen, daß nicht alle Verbreitungsgebiete gleich dicht besiedelt sind, doch gesicherte Kenntnisse hierüber fehlen ebenso wie über den Status der einzelnen Populationen. Überhaupt ist es erstaunlich, wie wenig man über das Freileben der Agaporniden weiß, die dem Menschen gegenüber sehr scheu geblieben sind und eine

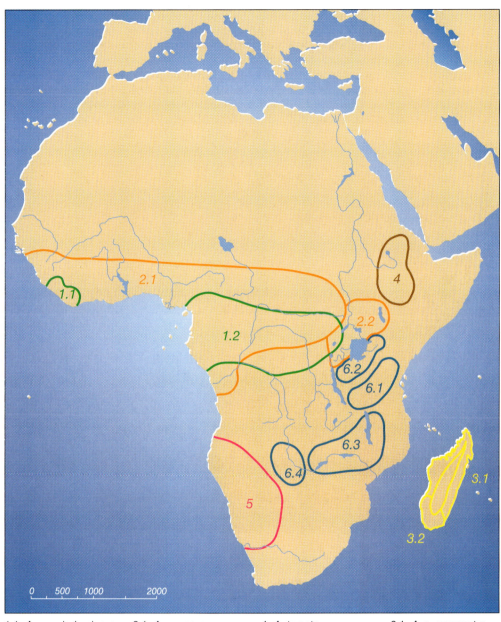

1.1 *A. s. swindernianus*	3.1 *A. c. canus*	4 *A. taranta*	6.1 *A. p. personatus*
1.2 *A. s. zenkeri*	3.2 *A. c. ablectanea*	5 *A. roseicollis*	6.2 *A. p. fischeri*
2.1 *A. p. pullarius*			6.3 *A. p. lilianae*
2.2 *A. p. ugandae*			6.4 *A. p. nigrigenis*

Darstellung: Telemeter

Verbreitungsgebiete der einzelnen *Agapornis*-Arten

große Fluchtdistanz einhalten. Die Kultivierung und Nutzung immer größerer Flächen durch den Menschen drängt die schreckhaften kleinen Papageien immer weiter zurück und stellt eine ungleich bedrohlichere Gefahr dar als die natürlichen Feinde, wie Greifvögel und Schlangen oder auch Naturkatastrophen.

Den meisten Arten gemeinsam ist die Bevorzugung der Savanne, der afrikanischen Grassteppe mit nur spärlichem Baumbewuchs, wobei stets auf die Nähe einer Wasserstelle geachtet wird. Den topographischen Gegebenheiten entsprechend, ernähren sie sich von Grassamen, Hirsearten, Reis und anderem Getreide, von Beeren und Früchten. Auf den Feldern und in den Obstplantagen richten sie nicht selten erheblichen Schaden an, zumal sie weit mehr zerstören, als sie tatsächlich fressen. Besondere Leckerbissen sind Triebe, Knospen und Blütenblätter, aber auch Insekten sollen zum Speiseplan der Agaporniden gehören.

Biotop des Rosenköpfchens (*Agapornis roseicollis*) in Namibia

Die Heimat der Grünköpfchen ist im Unterschied dazu der dichte tropische Urwald, wo sie bis zu Höhen von 1800 m anzutreffen sind. Höher noch - bis auf 3200 m - wagt sich der Taranta-Unzertrennliche in das Bergland Äthiopiens hinauf.

Agaporniden sind grundsätzlich gesellige Vögel, die sich offensichtlich in Gruppen oder Schwärmen am wohlsten fühlen. Lediglich bei der Brut sondern sich die Paare der primitiveren Arten ab, während etwa Rosenköpfchen und die Unzertrennlichen mit weißem Augenring eher zur Koloniebrut neigen. Als Höhlenbrüter benutzen sie vorwiegend hohle Baumstämme, aber auch Webervögelnester und bei den Orangeköpfchen sogar Termitenhügel werden als Nistkammer verwendet. Die Brutzeiten der einzelnen Arten in ihrer Heimat sind sehr unterschiedlich und hängen stark vom Einsetzen der Regenzeit ab. Wie bei den meisten Tieren ist es das gesteigerte und vielfältigere Nahrungsangebot, das ursächlich für die Auslösung des Bruttriebes ist und die Anzahl der Nachkommen entscheidend beeinflußt.

Auf Besonderheiten im Verhalten und den Brutgewohnheiten wird bei der ausführlichen Behandlung der einzelnen Arten eingegangen. Wäre man hier auf Freilandbeobachtungen angewiesen, könnte man sich nur auf wenig Material stützen, das zudem nicht immer aussagekräftig und nur lückenhaft belegt ist. Die meisten Erkenntnisse hierüber verdanken wir der Haltung und Zucht von Agaporniden in Gefangenschaft.

Die ersten Unzertrennlichen, die nach Europa gelangten, dürften die Orangeköpfchen gewesen sein, von denen RUß bereits 1881 jährliche Importe von bis zu 6000 Exemplaren vermeldet. Genau datiert ist dagegen die Ersteinführung des Rosenköpfchens durch Karl Hagenbeck im Jahr 1860, und im gleichen Jahr gelangte ein Paar Grauköpfchen in den Zoologischen Garten London. Erst zu Beginn unseres Jahrhunderts folgten die ersten Tarantiner (1906) und Rußköpfchen (1907), die übrigen Unterarten mit weißen Augenringen gar erst in den Jahren 1926/7. Der erste Bericht einer erfolgreichen Nachzucht stammt von Alfred Brehm über die Rosenköpfchen im Zoo Berlin 1869. In der Zwischenzeit sind alle acht bisher importierten *Agapornis*-Arten - das Scheitern von Versuchen mit Grünköpfchen wurde bereits erwähnt - vielfach nachgezogen worden und in den Volieren und Käfigen der Vogelliebhaber etabliert. Außer beim Orangeköpfchen, das sich nach wie vor als die am schwersten züchtbare Art erweist, gibt es stabile, gut durchgezüchtete Gefangenschaftsbestände aller Arten, die deren Fortbestand in Menschenhand auch ohne weitere Importe von Wildfängen garantieren.

Wie bei allen häufig gehaltenen und gezüchteten Tieren war es auch bei den Agaporniden nur eine Frage der Zeit, bis die ersten Mutationen auftraten. Das liegt nicht an den Haltungsbedingungen in Gefangenschaft, sondern ist ein ganz normaler Vorgang, der in freier Natur nicht seltener vorkommt. Eine Mutation ist eine spontane Veränderung von Genen, also von Erbanlagen, die an die Nachkommenschaft weitergegeben werden. Ohne Mutationen wäre keine Evolution denkbar, keine langfristige Anpassung an einschneidende Veränderungen im Ökosystem, keine Ausfächerung der Tierfamilien in ihre schier unglaubliche Vielzahl von Arten und Unterarten. Allerdings lassen sich solche Veränderungen im Genbestand nicht steuern. In vielen Fällen handelt es sich um Defekte, mit deren Weitergabe der Art nicht gedient wäre. Wo dadurch die Lebensfähigkeit beeinträchtigt oder die Möglichkeit der Partnerwahl eingeschränkt ist, erledigt sich das Problem in dem arterhaltenden Prinzip der natürlichen Auslese, wie bereits Darwin erkannte. Aber auch im Vererbungsvorgang selbst sind einer unkontrollierten Weitergabe von neuen Erbinformationen Riegel vorgeschoben, da die meisten Merkmale rezessiv vererbt werden, also übereinstimmende Gene beider Geschlechtspartner nötig sind, um auch bei der Nachkommenschaft zum Tragen zu kommen.

Die Grundfarbe aller Agaporniden ist grün und hat sich offensichtlich für die Tarnung bestens bewährt. Die arttypische Maske hat ihre Funktion in erster Linie in bezug auf die Artgenossen und insbesondere die möglichen Sexualpartner. Tritt innerhalb eines Schwarms Orangeköpfchen ein durch Mutation der Farbe gelber Vogel auf, ist er eher in Gefahr, natürlichen Feinden aufzufallen, als die wildfarbenen. Ein blauer Vogel ist zwar besser getarnt, doch seine Maske ist, wie im nächsten Kapitel zu erklären ist, nicht rot, sondern weiß und hat damit ihren Signalcharakter bei der Partnersuche verloren. Gelingt es solchen gelben oder blauen Vögeln dennoch, sich fortzupflanzen, sorgt der rezessive Erbvorgang dafür, daß alle Nachkommen die Wildfarbe tragen. Erst die Verpaarung von Geschwistern bzw. mit dem Elternvogel ergäbe wieder Exemplare mit der Mutationsfarbe. Da in der Natur jedoch Inzucht vermieden wird, solange eine Population groß genug ist, verschwinden Farbmutationen bei freilebenden Tieren schnell wieder.

Anders beim Vogelliebhaber, der in seiner Nachzucht ein anders gefärbtes Tier entdeckt. Seine Vögel brauchen sich nicht in einem Lebensraum zu tarnen, der voller Gefahren steckt. Sie können sich an abwechslungsreichem Futter bedienen, haben stets Wasser in Reichweite, geeignete Nistgelegenheiten, optimale Temperaturen, selbst für Partner ist gesorgt, und wenn die füreinander vorgesehenen Tiere nicht miteinander harmonieren, wird umdisponiert. Trotz ihrer angeblich lebenslangen Bindung sind Agaporniden meist nicht sehr wählerisch und trösten sich schnell über eine Trennung hinweg. Hat ein wildfarbenes Rosenköpfchen keine andere Wahl, paart es sich eben mit einem pastellblauen, auch wenn die Maske nicht ganz seinen Vorstellungen entsprechen mag. Und mithilfe der Vererbungsregeln gelingt es dem Züchter auch mehr oder weniger problemlos, die Mutation zu festigen und den neuen Farbschlag weiterzuzüchten. Welch enorme Vielfalt an Farben eine Papageienart hervorbringen kann, hat die Wellensittichzucht gezeigt. Im Prinzip ist eine ähnliche Enwicklung bei fast allen Arten möglich, doch ist es vor allem ein quantitatives Problem: je mehr

Blaues Schwarzköpfchen (*Agapornis p. personatus*), Lutino-Rosenköpfchen (*Agapornis roseicollis*), wildfarbenes Pfirsichköpfchen (*Agapornis p. fischeri*)

Nachzuchten getätigt werden, desto größer ist die Wahrscheinlichkeit, daß Neumutationen auftreten. Alexandersittiche oder Glanzsittiche weisen heute eine Palette von Farben auf, von der man vor einem Jahrzehnt noch nicht zu träumen wagte, am weitesten fortgeschritten aber ist die Mutationszucht wohl doch bei den Agaporniden, die hierfür geradezu prädestiniert scheinen. Die problemloseren Arten sind spätestens mit einem Jahr zuchtreif und tätigen nicht selten drei Bruten im Jahr, ohne an eine bestimmte Brutzeit gebunden zu sein. Sicher sind nicht alle Farbmutationen gleich attraktiv, wobei Geschmacksurteile immer subjektiv sind, doch nur eingefleischte Gegner der Mutationszucht werden leugnen, daß die vielen unterschiedlichen Farbschläge eine Bereicherung in den Käfigen und Volieren der Agaporniden-Liebhaber darstellen.

Dabei entbehrt das Hauptargument gegen die planmäßige Weiterzucht von Mutanten gerade auf dem Gebiet der Agapornidenhaltung jeder Grundlage. Die Bestände in Gefangenschaft sind hier ganz sicher keine Reserve, auf die man notfalls zurückgreifen möchte, um eine akute Gefährdung im natürlichen Lebensraum abwenden zu können. Das ist lediglich die Aufgabe von Erhaltungszuchtprogrammen, wie sie jedoch bei den *Agapornis*-Arten gar nicht zur Debatte stehen. Die Zucht von Wildtieren in Menschenobhut kann nicht generell die Aufgabe zugewiesen bekommen, einen bestimmten Evolutionsstand festzuhalten und einen angeblich unverfälschten Genbestand ohne Veränderungen weiterzureichen. Das ist nicht einmal in einem intakten Ökosystem der Fall. Es ist nicht nötig, sich die Begriffe Arterhaltung und Artenschutz als Mäntelchen umzuhängen, um Vogelhaltung und -zucht jenen Gruppen gegenüber zu rechtfertigen, die ohnehin kein Verständnis für diese Art menschlichen Engagements aufbringen. Kein einziger in Deutschland gezogener Unzertrennlicher wird je frei in der afrikanischen Savanne umherstreifen und dort durch sein blaues Gefieder und seine Vitalität möglicherweise das Erbgut ursprünglicher Populationen gefährden, doch die zigtausend Nachzuchten von Unzertrennlichen in den herrlichsten Farben, die jedes Jahr gelingen, werden verhindern können, daß Importvögel unsere Wohnzimmer bevölkern. Darin liegt der echte Beitrag der Agapornidenzucht in Gefangenschaft zur Erhaltung der Arten in Freiheit.

Es sei noch am Rande erwähnt, daß die erste belegte Farbmutation eines Unzertrennlichen 1927 bekannt wurde. Es handelte sich um - einen Wildfang aus Tanganjika, ein blaues Schwarzköpfchenmännchen, das Chapman für den Londoner Zoo importierte und das der Stammvater aller blauen Schwarzköpfchen sein dürfte.

Bei der Behandlung der einzelnen Arten der Gattung *Agapornis* im zentralen Kapitel des Buches wird neben der Beschreibung der jeweiligen Wildform auch auf die bisher bekannten Mutationen und ihre Vererbung eingegangen. Zum besseren Verständnis sollen deshalb zuvor kurz die Prinzipien dargelegt werden, nach denen speziell die Gefiederfarben bei Papageien vererbt werden.

Die Vererbung von Farbmutationen

Eine Art erhält sich, indem sie sich fortpflanzt und dabei verschiedene Möglichkeiten bereithält, sich an veränderte Bedingungen anzupassen. Geschlechtliche Fortpflanzung sorgt zum einen für die Artkonstanz, zum anderen für die Individualität des einzelnen Lebewesens. Ein lebensfähiges junges Orangeköpfchen wird immer die Eigenschaften eines Wirbeltiers, und zwar genau die eines Vogels haben, insbesondere die eines Kleinpapageis und speziell die seiner Art. Männchen und Weibchen werden die artspezifischen Unterschiede aufweisen, und doch sind keine zwei Individuen identisch, auch wenn es für das ungeübte Menschenauge anders erscheinen mag. Diese Vielfalt in der Gleichförmigkeit verdankt jede Art dem Prinzip, auf dem die geschlechtliche Fortpflanzung beruht: der Weitergabe eines strukturgleichen Bauplans mit individueller Ausprägung bei den Elterntieren.

Jede Zelle eines Lebewesens enthält die gesamte Erbinformation des jeweiligen Individuums und beherbergt somit eine Kombination der genetischen Baupläne der Eltern. Träger der Erbsubstanz sind die Chromosomen, die im wesentlichen aus fadenförmigen, kompliziert zusammengefalteten DNA-Doppelsträngen bestehen, auf denen linear die einzelnen Erbfaktoren, die Gene, aufgereiht sind. Auf molekularbiologische Zusammenhänge - ein Gen ist tatsächlich ein längerer Abschnitt der DNA (auch DNS: *DesoxyriboNucleinSäure*) mit einer festen Abfolge von bis zu 1000 Basenpaaren - soll hier der besseren Verständlichkeit halber allerdings nicht eingegangen werden.

Zahl, Größe und Aufbau der Chromosomen in einer Körperzelle und die Genverteilung ist innerhalb einer Art stets gleich, von Art zu Art aber verschieden. So hat der Mensch 46 Chromosomen, die Haustaube 16, das Haushuhn 78, das Bläßhuhn 86 und eine Farnart gar 500. Über die *Agapornis*-Arten gibt es hierüber leider noch keine Angaben. In dem Gesamtbestand entsprechen jeweils zwei Chromosomen einander in Form und Genanordnung (diploider Chromosomensatz): eines stammt vom Vater, eines von der Mutter. Eine Ausnahme bilden die Geschlechtschromosomen, die bei höher entwickelten Lebewesen nur bei einem Geschlecht paarweise auftreten - man spricht dann von zwei X-Chromosomen -, beim anderen aber als X- und Y-Chromosom deutlich voneinander unterschieden sind. Genau durch diese Abweichung werden die Geschlechter festgelegt. Bei allen Säugetieren und damit auch beim Menschen hat das männliche Geschlecht neben dem X- ein Y-Chromosom, bei Vögeln ist es umgekehrt: dort charakterisiert diese Kombination das Weibchen. Von der Chromosomenstruktur unterscheidet sich ein Agapornidenweibchen somit vom Männchen lediglich dadurch, daß es nicht zwei X-Chromosomen, sondern nur eines und statt des zweiten ein Y-Chromosom hat; alle anderen Chromosomenpaare sind gleich - jedoch nicht identisch. Anders als die Körperzellen beherbergen die Keim- oder Geschlechtszellen nur einen einfachen (haploiden) Chromosomensatz, der bei der Befruchtung, in der eine männliche Samenzelle mit einer weiblichen Eizelle zur Zygote verschmilzt, wieder zum normalen Bestand ergänzt wird. So erhält das neue Lebewesen sowohl Erbanlagen des Vaters wie der Mutter. Da der Vorgang der Bildung von Geschlechtszellen, den der Biologe Meiose nennt, für die Weitergabe von Merkmalen an die Nachkommen von entscheidender Bedeutung ist, ist er auf der gegenüberliegenden Seite schematisch dargestellt.

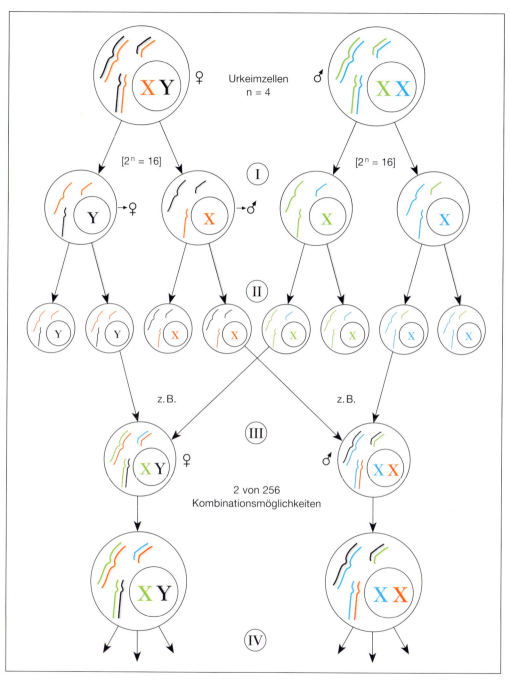

Darstellung: Gaiser/Telemeter

Schematische Darstellung der Neukombination der Cromosomen bei der Bildung von Geschlechtszellen und bei der Befruchtung

Ⓘ Meiose I: Erste Reifeteilung Ⓘ Meiose II: Zweite Reifeteilung Ⓘ Befruchtung Ⓘ Mitose

Vereinfachend wird von Urkeimzellen mit 8 Chromosomen ausgegangen, also von diploiden Zellen mit drei unterschiedlichen Chromosomenpaaren und zwei Geschlechtschromosomen, die der besseren Übersicht wegen in der Form eines X bzw Y dargestellt und durch Einkreisung hervorgehoben sind. Die zwei verschiedenen Farben der Chromosomen kennzeichnen die Herkunft vom Vater bzw. der Mutter, der Schatten deutet die Doppelsträngigkeit des Genträgers an - jedes Chromosom besteht aus zwei sich ergänzenden Chromatiden, die in der Lage sind, ihr Gegenstück selbst herzustellen.

In einer ersten Reife- oder Reduktionsteilung (I) werden die Chromosomenpaare getrennt und auf zwei Zellen aufgeteilt, so daß aus dem ursprünglich doppelten Satz in der Keimzelle ein einfacher wird. In unserem Beispiel bleiben damit vier unterschiedliche Chromosomen zurück, wobei die Kombination völlig dem Zufall überlassen bleibt. Hier wurde willkürlich eine von 16 verschiedenen Möglichkeiten (2^n) der Kombination von vier Chromosomenpaaren (n=4) gewählt. Bei n=23 wie beim Menschen können bereits über 8 Millionen Ei- bzw. Spermazellen gebildet werden, die sich in der Kombination der Chromosomen und damit letztlich auch der Erbanlagen unterscheiden. Da das gleiche für den Partner zutrifft, ist die Wahrscheinlichkeit, daß zwei Nachkommen eines Paares identische Erbinformationen mitbekommen, minimal.

In einer zweiten Reifeteilung (II) werden die verbliebenen Chromosomen jeweils in ihre zwei Chromatiden aufgespalten, die allerdings den gleichen Bauplan aufweisen und sich lediglich durch spontane Veränderungen von Genen unterscheiden können. Während das Ergebnis der Meiose bei männlichen Tieren tatsächlich vier haploide Spermien sind, entwickelt sich nur eine Eizelle zur Funktionsfähigkeit heran, was aber in diesem Zusammenhang vernachlässigt werden kann, da es dem Zufall überlassen bleibt, welche der möglichen Kombinationen darin verwirklicht ist. Bereits in der ersten Reifeteilung verblieb der fortpflanzungsbereiten Eizelle nur ein Geschlechtschromosom, das *entweder* die Ausprägung X *oder* Y aufweist. Wird eine Eizelle mit X-Chromosom befruchtet, entsteht ein männlicher Vogel, da vom Vater ja in jedem Fall ein X-Chromosom beigesteuert wird. Beherbergt die Eizelle das Y-Chromosom, ist auch der Nachkomme weiblich, wodurch bei erneut freier Kombinierbarkeit eine gleiche Verteilung der Geschlechter gewährleistet ist.

Das Geschlecht des jungen Vogels, der im Ei heranwächst, ist zu diesem Zeitpunkt also bereits festgelegt, aber auch die meisten anderen Merkmale. Seine Körperzellen beherbergen wieder einen doppelten Chromosomensatz, wodurch jede Erbanlage zweifach vorhanden ist: auf dem Chromosom des Vaters und auf dem der Mutter. Für die Ausprägung eines Merkmals ist meist das Zusammenspiel mehrerer Gene verantwortlich (Polygenie), zumindest legen sie den Spielraum fest, innerhalb dessen sich das Merkmal umweltbedingt entwickeln kann, etwa für die Körpergröße, die Statur, die Kopfform oder die Flügellänge. Deshalb ist es für den Züchter so schwer, diesbezüglich einen Idealtypus zu erreichen. Und selbst wenn die genetischen Voraussetzungen optimal erfüllt sind, hängt die tatsächliche Ausbildung des erwünschten Merkmals von Umweltbedingungen ab, etwa von Haltung und Fütterung. Andere Merkmale werden von einem einzelnen Gen gesteuert, so daß sich deren Vererbung leichter überschauen läßt, was auf die meisten Aspekte der Gefiederfärbung zutrifft, dem eigentlichen Thema dieses Kapitels.

Die Behandlung der Farbmutationen bei den *Agapornis*-Arten hat es vergleichsweise einfach, kann sie sich doch auf die Erkenntnisse der jahrzehntelangen Farbzucht mit Wellensittichen stützen, da Wellensittich- und Agapornidenfedern gleich aufgebaut sind und ihre grüne Grundfarbe auf die gleiche Weise zustandekommt. Tatsächlich kommt in einer Papageienfeder keine grüne Farbe vor. Das augenfällige Grün entsteht als das Ergebnis einer Überlagerung der Farben gelb und blau. Und auch das Blau ist keine Farbe im eigentlichen Sinn, sondern der optische Eindruck, den die Federstruktur hervorruft.

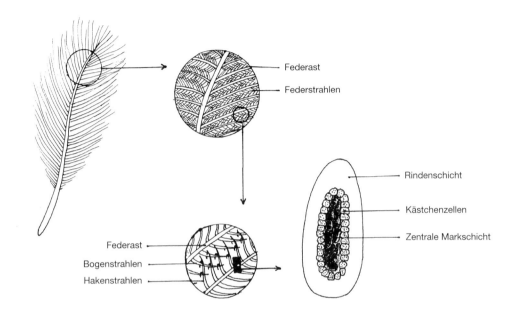

Zeichnung: Gaiser

Wie die schematische Darstellung einer Konturfeder zeigt, sind in den Markzellen dunkle Pigmente eingelagert, die sogenannten Melanine, die einen dunklen Hintergrund bilden, von dem die langwelligen Strahlen des Lichts absorbiert werden. Die übrigen Teile des sichtbaren Lichts werden von Kästchenzellen reflektiert, die um die Markzellen gelagert sind und deren schwammige, feinporige Substanz von luftgefüllten Kanälen durchzogen ist. Ihre Struktur erscheint deshalb rein blau, wie ja auch das Sonnenlicht durch die Staub- und Wasserdampfteilchen in der Atmosphäre vor dem schwarzen Hintergrund des Weltalls so gebrochen wird, daß wir den Himmel blau wahrnehmen. In die äußere Rindenschicht der Federäste ist ein noch nicht näher bestimmter gelber Diffusfarbstoff eingelagert, den man bis vor kurzem irrtümlich für ein Carotinoid hielt (vgl. BEZZEL/PRINZINGER 1990). Das Zusammenspiel der Strukturfarbe Blau und der Pigmentfarbe Gelb in den Konturfedern ergibt die grüne Grundfarbe der Agaporniden. Abweichende Färbungen sind das Ergebnis von punktuellen Mutationen, also von spontanen Veränderungen der Gene und damit der Erbanlagen, die das Zustandekommen der Farben regeln.

Farbmutationen bei den *Agapornis*-Arten ergeben sich im wesentlichen aus

- Veränderungen oder Ausfall einer oder mehrerer Pigmentfarben

  Dazu gehören der Wechsel von der Grün- in die Blaureihe, der auf den Ausfall des gelben Diffusfarbstoffs in der Rindenschicht zurückzuführen ist, sowie das Fehlen bzw. die Verdünnung der Melanine bei Lutinos, Albinos, Zimtern und Falben.

- Veränderungen der Federstruktur

  Das Auftreten von Grau-, Violett- und Dunkelfaktoren etwa, möglicherweise aber auch die Pastellfarben resultieren aus veränderten Strukturen der Kästchenzellen, die im einen Fall weniger, im anderen mehr Licht reflektieren, wodurch das eingelagerte Melanin sehr unterschiedlich zur Geltung kommt.

- Eingrenzungen von Veränderungen auf bestimmte Körperbereiche

  Scheckung beipielsweise betrifft das Federkleid nur partiell, und Weiß- und Orangemaskenfaktor wirken sich in erster Linie auf genau umrissene Körperbereiche aus.

Wie die einzelnen Erbfaktoren an die Nachkommenschaft weitergegeben werden, mußte und muß in jedem Einzelfall erst überprüft werden, ist aber für die meisten bekannten Mutationen geklärt, zumal sich viele Befunde der Wellensittichzucht als übertragbar erwiesen. Als DUNCKER in einer epochemachenden Schrift 1929 die Ergebnisse seiner Zuchtexperimente veröffentlichte, konnte er seine theoretischen Überlegungen und Prognosen auf die geniale Vorarbeit des Augustinerpaters Gregor Mendel stützen, der bereits 1865 Gesetzmäßigkeiten der Vererbung herausarbeitete, die seither immer wieder Bestätigung fanden und zu den Grundlagen der modernen Genetik gehören.

Im wesentlichen sind für die Vererbung von Farbmutationen vier Erbgänge von Bedeutung, die im folgenden exemplarisch dargestellt werden sollen, so daß man sich bei der Behandlung einzelner Mutationen im Hauptteil auf dieses Kapitel zurückbeziehen kann, wenn dort ein Erbgang als rezessiv, dominant, intermediär oder geschlechtsgebunden angegeben wird.

Rezessive Vererbung

Grün ist, wie bereits dargelegt, eine Mischfarbe. Für die Ausbildung der Strukturfarbe Blau ist ebenso ein bestimmtes Gen verantwortlich wie für die Einlagerung des gelben Farbstoffes, wobei wir von diesen beiden Erbanlagen wissen, daß sie auf verschiedenen Chromosomen liegen. Da jedes Chromosom in den Körperzellen doppelt vorhanden ist, hat der Wildvogel für jedes Merkmal zwei solche Gene, die ihren Platz jeweils an der gleichen Stelle auf dem strukturgleichen Chromosom haben. Der Bauplan für die Weitergabe der idealtypischen Merkmale ist so angelegt, daß sich die Anlagen der Wildform in aller Regel gegen Abweichungen durchsetzen. Solche Abweichungen im Genbestand treten relativ häufig in Form von Mutationen auf.

Ein Unzertrennlicher, in dessen Geschlechtszellen das Gen für die Einlagerung gelben Farbstoffs plötzlich seine Funktionsfähigkeit verliert, gibt diesen Defekt an seine Nachkommen weiter. Paart sich ein Vogel mit solch einem mutierten Gen mit einem Vogel vom Wildtyp, sind die einander entsprechenden Genstellen - man nennt sie Allele - bei der Weitergabe der Erbinformationen unterschiedlich besetzt, doch die

Dominanz des Wildallels auf dem einen Chromosom unterdrückt die Wirkung des mutierten Allels auf dem anderen Chromosom. Die Jungen sind also trotzdem in der Lage, die gelbe Pigmentfarbe zu bilden. Erst wenn beide Genstellen von dem mutierten Allel besetzt werden, tritt das abweichende Merkmal hervor, und die Mutation ist sichtbar. In dem hier beschriebenen Fall unterbleibt tatsächlich die Bildung von gelbem Farbstoff in der Rindenschicht, und der Vogel hat eine blaue Grundfarbe.

Den eben dargestellten, bei Farbmutationen weitaus häufigsten Erbgang nennt man rezessiv: ein Gen wirkt sich erst dann auf das entsprechende Merkmal aus, wenn es doppelt auftritt, das einfache Vorkommen ist am Erscheinungsbild nicht zu erkennen, bleibt also verdeckt. Folglich kann ein Vogel durchaus Erbanlagen haben, die an ihm selbst nicht sichtbar sind, aber an seine Nachkommen weitergegeben werden können. Sein Genbestand ist also nicht mit den Merkmalen gleichzusetzen, die zur Ausprägung gelangen. Für eine gezielte Weiterzucht ist es hier besonders wichtig, die Erbanlagen, den **Genotyp**, und das Erscheinungsbild, den **Phänotyp**, auseinanderzuhalten. Ist ein Gen nur auf einem der beiden Chromosomen in mutierter Form vorhanden, spricht der Züchter von Spalterbigkeit in einem bestimmten Merkmal, was nicht nur leichter über die Lippen geht, sondern wohl auch treffender ist als der biologische Terminus "heterozygot".

Einen Vogel, bei dem ein Gen für die Bildung von gelben Pigmenten fehlt, charakterisiert der Züchter von der möglichen Farbausbildung der Nachkommen her als "grün spalt blau" oder "wildfarben spalt blau". Obwohl damit die tatsächliche Lage der Dinge auf fast unzulässige Weise verkürzt wird, hat sich dieses Vorstellungsmodell aufs beste bewährt, ermöglicht es doch auch dem Züchter, dem die Genetik ein Buch mit sieben Siegeln bleibt, kompetente und gezielte Farbenzucht. Da sich auch die schematische Darstellung als bedeutend einfacher und verständlicher erweist, ohne daß das Ergebnis dadurch verfälscht würde, sollen auch hier die angedeuteten Verzerrungen in Kauf genommen werden, zumal sich die komplizierteren realen Sachverhalte anhand der vorangehenden Darstellung problemlos rekonstruieren lassen.

Als Beispiel sei auf der folgenden Seite die rezessive Vererbung von pastellgelben Schwarzköpfchen dargestellt. Real resultiert Pastellgelb aus einer Veränderung der Kästchenzellen, wodurch die Strukturfarbe Blau nur in starker Verdünnung wahrgenommen wird; zusammen mit den gelben Diffusfarbstoffen in der Rindenschicht erscheint die Grundfarbe deutlich aufgehellt und damit als grün überhauchtes Gelb. Für die Weiterzucht von Pastellgelben genügt es zu wissen, daß sie ihre Farbe rezessiv vererben. Verpaart man einen grünen Vogel, der auf beiden Chromosomen Gene für die Wildfarbe trägt, mit einem pastellgelben Vogel, der auf beiden Chromosomen Anlagen für die Mutationsfarbe haben muß, sonst wäre er ja nicht sichtbar von der Wildform verschieden, sind alle Nachkommen (F_1) phänotypisch wildfarben, weil ein Chromosom vom grünen Elternvogel stammt. Wie gezeigt, dominiert es über das mutierte Gen auf dem Chromosom, das die ganze Nachzucht vom gelben Elternteil mitbekommen hat. Alle Schwarzköpfchen dieser Verpaarung sind vom Genotyp also grün spalt pastellgelb, wofür sich die Schreibweise "WF/pg" eingebürgert hat. Vor dem Schrägstrich wird der Phänotyp angegeben, dahinter mit Kleinbuchstaben die Spalterbigkeit für bestimmte Merkmale.

Die zweite Hälfte der schematischen Darstellung zeigt das Ergebnis einer Verpaarung dieser Nachkommenschaft. Da alle Vögel der F_1-Generation das Gen für pastellgelbe Farbe tragen, können sie dieses wiederum vererben. Darüber, ob bei der Befruchtung im Einzelfall nun das WF-Gen oder das pg-Gen weitergegeben wird, entscheidet der

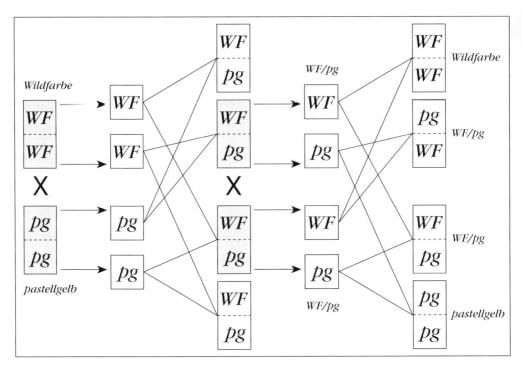

Schematische Darstellung der Verpaarung Wildfarbe (WF) x pastellgelb (pg) in zwei Generationen

Zufall. Von den vier möglichen Kombinationen ist also jede gleich wahrscheinlich. In einem der vier Fälle ist das Ergebnis ein Zusammentreffen von zwei Genen für Pastellgelb, so daß aus der Verpaarung WF/pg x WF/pg tatsächlich phänotypisch pastellgelbe Schwarzköpfchen zu erwarten sind. Die übrigen drei Fälle ergeben grüne Vögel, wobei aber nur zwei von dreien wiederum Träger des pg-Gens sind. In der F2-Generation treten also drei Genotypen auf - WF, WF/pg, Pg -, aber nur zwei Phänotypen: wildfarbene und pastellgelbe Vögel in der Verteilung 3:1. Für die grünen Vögel kann folglich keine Spalterbigkeit garantiert werden; man spricht dann häufig von "Verdachtspaltern".

Die Verteilung von rezessiven Genen auf die Nachkommenschaft läßt sich bei Elterntieren mit bekanntem Genotyp vorhersagen. Die folgende Übersicht berücksichtigt dabei alle fünf möglichen Verpaarungen in Verbindung mit Pastellgelb, das hier lediglich als Beispiel dient und durch jede andere rezessiv vererbende Farbmutation ersetzt werden kann. Allerdings handelt es sich bei den angegebenen Prozentsätzen um Wahrscheinlichkeitsprognosen, die erst bei entsprechend großer Zahl ohne größere Abweichungen zutreffen. Wenn von vier Jungen einer Nachzucht 25 % pastellgelbe zu erwarten sind, braucht das auf den konkreten Fall nicht zuzutreffen: da könnten ebenso einmal drei und dann wieder gar kein pastellgelber Jungvogel im Nest sein; im Laufe der Zeit aber nähert sich das Verhältnis immer mehr den vorhersehbaren Werten an.

Verpaarung	Ergebnis (Genotyp)	Phänotyp
(1) Wildfarbe x Pastellgelb	100 % WF/pg	Wildfarbe
(2) Wildfarbe/pg x Pastellgelb	50 % WF/pg 50 % Pg	Wildfarbe **Pastellgelb**
(3) Wildfarbe/pg x Wildfarbe/pg	25 % WF 50 % WF/pg 25 % Pg	Wildfarbe Wildfarbe **Pastellgelb**
(4) Wildfarbe/pg x Wildfarbe	50 % WF 50 % WF/pg	Wildfarbe Wildfarbe
(5) Pastellgelb x Pastellgelb	100 % Pg	**Pastellgelb**

Es ist festzuhalten:

Eine rezessiv vererbende Farbmutation kann phänotypisch nur in Erscheinung treten, wenn *beide* Elterntiere zumindest ein Gen für die Mutationsfarbe tragen.

Die sinnvollste Verpaarung ist zweifellos (2), da hier die Hälfte der Nachkommenschaft die Mutationsfarbe zeigt und die andere Hälfte garantiert spalterbig in diese Farbe ist. (1) ist nötig, wo eine Mutation noch nicht gefestigt ist oder Degenerationserscheinungen zeigt und meist nur über die besten wildfarbenen Tiere am Leben erhalten werden kann. (5) ist nur bei gut durchgezüchteten Mutationen ratsam. Von (4) ist generell abzuraten, da erst mühsame und zeitraubende Kontrollverpaarungen zeigen können, ob tatsächlich Spalterbigkeit in dem gewünschten Merkmal vorliegt.

Rezessiv vererbende Mutationen sind

- bei den Augenring-Unzertrennlichen:

  Blau, Pastellgelb, Lutino, Scheckung, Falb, Rotschnäbeligkeit in der Blaureihe.

- bei den Rosenköpfchen:

  Pastellblau, Pastellgelb, Gelb Gesäumt, Australisch Gelb, Falb, Orangemaske.

Bei den Farben Blau und Pastellgelb am Beispiel des Schwarzköpfchens handelt es sich um zwei unterschiedliche Mutationen auf verschiedenen Chromosomen. Durch gezielte Zucht ist es selbstverständlich auch möglich, beide Mutationen ins gleiche Tier einzukreuzen. Dann fehlt einerseits der gelbe Farbstoff wie beim blauen Vogel, gleichzeitig aber wirkt das Blau sehr verdünnt, so daß das Ergebnis ein stark aufgehellter, himmelblauer Vogel ist, der als "weiß" bezeichnet wird. Diese Farbe, die wir hier zutreffender "Weißblau" nennen wollen, ist also nichts anderes als eine **Kombination** der beiden Mutationsfarben Blau und Pastellgelb.

Junge Schwarzköpfchen in der Wildfarbe, in weißblau, pastellgelb und blau

Wir sollten uns deshalb hüten, Weißblau wie eine eigenständige Mutation zu behandeln, und darauf achten, diesem Sachverhalt in Vererbungstabellen Rechnung zu tragen. Es ist folglich unzutreffend, wenn BROCKMANN/LANTERMANN (1981) nur von Spalterbigkeit in Weiß sprechen und gar behaupten, es gebe keine Vögel, die Blau/gelb oder Gelb/blau sind. Streng genommen gibt es vielmehr keine Vögel, die "spalt weiß" sind, denn wie könnte aus Verpaarung (8) der folgenden Tabelle pastellgelbe Vögel fallen, wenn der Genotyp der Elterntiere mit Wildfarbe/pastellgelb x "Blau/weiß" korrekt angegeben wäre? Aus der Vielzahl der Möglichkeiten, die durch die freie Kombinierbarkeit der zwei Allele auf vier Genorten zustandekommt, sollen hier die wichtigsten Verpaarungen bezüglich der Verteilung der beiden Merkmale in der Nachzucht aufgeschlüsselt werden.

Verpaarung	Ergebnis (Genotyp)	Phänotyp
(1) Wildfarbe x Weißblau (=B+Pg)	100 % WF/pg,b	Wildfarbe
(2) Wildfarbe/b,pg x Weißblau	25 % WF/pg,b	Wildfarbe
	25 % B/pg	Blau
	25 % Pg/b	Pastellgelb
	25 % Pg+B	**Weißblau**
(3) Wildfarbe/b,pg x Wildfarbe/b,pg	6,25 % WF	Wildfarbe
	6.25 % Pg	Pastellgelb
	6,25 % B	Blau
	6,25 % B+Pg	**Weißblau**
	12,50 % WF/pg	Wildfarbe
	12,50 % WF/b	Wildfarbe
	25,00 % WF/pg,b	Wildfarbe
	12,50 % Pg/b	Pastellgelb
	12,50 % B/pg	Blau
(4) Wildfarbe/b,pg x Blau	25 % WF/b	Wildfarbe
	25 % WF/pg,b	Wildfarbe
	25 % B/pg	Blau
	25 % B	Blau
(5) Wildfarbe/b,pg x Pastellgelb	25 % WF/pg	Wildfarbe
	25 % WF/pg,b	Wildfarbe
	25 % Pg/b	Pastellgelb
	25 % Pg	Pastellgelb
(6) Blau x Pastellgelb	100 % WF/pg,b	Wildfarbe
(7) Blau/pg x Blau/pg	25 % B	Blau
	50 % B/pg	Blau
	25 % B+Pg	**Weißblau**
(8) Wildfarbe/pg x Blau/pg	25 % WF/b	Wildfarbe
	50 % WF/pg,b	Wildfarbe
	25 % Pg/b	Pastellgelb
(9) Weißblau (=B+Pg) x Blau/pg	50 % B/pg	Blau
	50 % B+Pg	**Weißblau**
(10) Weißblau x Pastellgelb/b	50 % Pg/b	Pastellgelb
	50 % B+Pg	**Weißblau**
(11) Weißblau x Pastellgelb	100 % Pg/b	Pastellgelb
(12) Weißblau x Blau	100 % B/pg	Blau
(13) Weißblau x Weißblau	100 % B+Pg	**Weißblau**

Kontrollverpaarungen gehen den umgekehrten Weg und versuchen, möglichst zweifelsfrei Spalterbigkeit nachzuweisen, wo eine solche nicht bekannt oder ungewiß ist. Am erfolgversprechendsten ist dabei ein Partner mit möglichst vielen Mutationsgenen, in unserem Beispiel etwa ein weißblaues Schwarzköpfchen. Solche Tiere können auch für Züchter von Bedeutung sein, die auf einen rein wildfarbenen Bestand Wert legen: mit ihnen läßt sich schließlich auch nachweisen, ob ein neu zugekaufter Vogel - in diesem Fall unerwünschte - Anlagen für Mutationsfarben in sich trägt.

Dominante Vererbung

Es gibt nur wenige Mutationen, die sich ähnlich verhalten wie die Anlagen der Wildform, bei denen es, wie eben dargelegt, genügt, am entsprechenden Genort lediglich auf einem der beiden Chromosomen vorhanden zu sein, um merkmalbestimmend zu wirken. Eine solche Vererbungsweise nennt man "dominant", weil die Wirkung des anderen Allels unterdrückt wird.

Dominant veerbt werden

- bei den Rosenköpfchen der Scheckfaktor, sowie Violett- und Graufaktor
- bei den Schwarzköpfchen der Violettfaktor
- im Prinzip auch alle einfaktorig ausgeprägte Mutationen bei intermediären Erbgängen, was aber dort behandelt werden soll.

Im Gegensatz zur rezessiven Vererbung gibt es bei diesem Erbgang *keine* verdeckte Spalterbigkeit. Ein Unzertrennlicher, der das entsprechende Gen im Erbgut hat, trägt auch das Merkmal. Allerdings kann der Mutationsvogel dieses Gen in einfacher oder doppelter Ausführung besitzen, ohne daß man es ihm phänotypisch ansehen würde. Die Annahme, daß Doppelfaktorigkeit in diesem Fall letal wirkt, also real nicht vorkommt, konnte schon früh am Beispiel des gescheckten Rosenköpfchens widerlegt werden, das sehr wohl mit doppeltem Scheckfaktor (2f) gezüchtet werden kann.

Für Verpaarungen mit ein- und zweifaktorig (1f, 2f) gescheckten Rosenköpfchen ergeben sich folgende Möglichkeiten, die sich jeweils natürlich mit anderen Mutationsfarben kombinieren lassen:

Verpaarung	Ergebnis (Genotyp)	Phänotyp
(1) Wildfarbe x Scheckung (1f)	50 % WF	Wildfarbe
	50 % WF + Sch (1f)	Scheckung
(2) Scheckung (1f) x Scheckung (1f)	25 % WF	Wildfarbe
	50 % WF + Sch (1f)	Scheckung
	25 % Sch (2f)	Scheckung
(3) Scheckung (1f) x Scheckung (2f)	50 % WF + Sch (1f)	Scheckung
	50 % Sch (2f)	Scheckung
(4) Scheckung (2f) x Scheckung (2f)	100 % Sch (2f)	Scheckung
(5) Scheckung (2f) x Wildfarbe	100 % WF + Sch (1f)	Scheckung

Hier ist festzuhalten:

Das Vorliegen einer dominant vererbenden Mutation ist immer am Erscheinungsbild erkennbar.

Ist die Anlage bei einem Vogel doppelt vorhanden, tragen alle Nachkommen - unabhängig vom Genotyp des Partners - das entsprechende Merkmal. Umgekehrt können auch aus Paaren, bei denen beide Partner das Mutationsmerkmal tragen, Jungvögel in der Grundfarbe fallen, die demzufolge keine Anlagen für die Mutation mitbekommen haben und diese auch nicht vererben.

Intermediäre Vererbung

Eine Zwischenform der rezessiven und der dominanten Weitergabe genetischer Informationen stellt die intermediäre Vererbung dar. Dieser Erbgang wird dadurch gekennzeichnet, daß das Vorhandensein *eines* Mutationsfaktors bereits als Unterschied zur Wildform bzw. Grundfarbe zu erkennen ist, seinerseits aber wiederum deutlich von der Merkmalsausprägung mit *zwei* Mutationsfaktoren abweicht.
Klassisches Beispiel hierfür sind die Dunkelfaktoren bei allen Arten. *Ein* Dunkelfaktor läßt den Vogel dunkelgrün - in der Blaureihe kobalt - erscheinen, mit *zwei* Dunkelfaktoren wirkt er oliv bzw. mauve. Weniger deutlich, für den erfahrenen Züchter aber dennoch klar erkennbar sind der einfache Lutinofaktor bei pastellgelben Augenring-Unzertrennlichen oder der einfache Orangemaskenfaktor, sowie ein Weißmaskenfaktor in der Blaureihe bei Rosenköpfchen, worauf im Hauptteil näher eingegangen wird.
Auch dieser Erbgang soll anhand einer Tabelle am Beispiel des Dunkelfaktors dargestellt werden.

Verpaarung	Ergebnis (Genotyp)	Phänotyp
(1) Wildfarbe x Dunkelgrün	50 % WF	Wildfarbe
	50 % WF + 1DF	Dunkelgrün
(2) Dunkelgrün x Dunkelgrün	25 % WF	Wildfarbe
	50 % WF + 1DF	Dunkelgrün
	25 % WF + 2DF	Olivgrün
(3) Dunkelgrün x Olivgrün	50 % WF + 1DF	Dunkelgrün
	50 % WF + 2DF	Olivgrün
(4) Olivgrün x Olivgrün	100 % WF + 2DF	Olivgrün
(5) Olivgrün x Wildfarbe	100 % WF + 1DF	Dunkelgrün

Hier gilt:

Wie beim dominanten Erbgang bleiben intermediär vererbende Mutationen nicht verdeckt, wenngleich genotypische Einfaktorigkeit oft nicht leicht zu erkennen ist. Und auch hier können zwei einfaktorige Tiere Nachkommen in der Grundfarbe haben.

Während die meisten Farbmutationen frei miteinander kombinierbar sind - weil sie auf verschiedenen Chromosomen liegen -, was die Voraussetzung für eine enorme Vielfalt an Phänotypen darstellt, zeigt der Dunkelfaktor eine charakteristische Koppelung an die Grundfarbe. Die beiden Anlagen liegen folglich auf dem gleichen Chromosom und werden konsequenterweise zusammen vererbt - oder gar nicht, wenn das andere Chromosom weitergegeben wird, auf dem die entsprechende Anlage fehlt. In einigen wenigen Fällen aber wird diese Koppelung aufgebrochen, nämlich dann, wenn bei der Bildung der Geschlechtszellen das betreffende Chromosomenpaar fehlerhaft getrennt wird und Anlagen von Vater und Mutter teilweise miteinander vertauscht werden. Diesen relativ seltenen Vorgang bezeichnet man als "*crossing-over*".

Ein dunkelgrünes Rosenköpfchen, das spalterbig für die rezessive Mutation Pastellblau ist, wird bei der Verpaarung mit einem pastellblauen Partner den Dunkelfaktor nur an die phänotypisch grünen Nachkommen weitergeben. Fällt daraus wider Erwarten einmal ein Jungvogel in Pastellkobalt, hat der eben beschriebene Genaustausch in Form von *crossing-over* stattgefunden. Die Koppelung des Dunkelfaktors besteht aber auch in diesem Vogel, nun allerdings mit der pastellblauen Grundfarbe.

Geschlechtsgebundene Vererbung

Ein weiterer Sonderfall liegt vor, wenn sich die Gene für eine bestimmte Farbausprägung auf den Geschlechtschromosomen befinden. Wie wir gesehen haben, besitzt nur der männliche Vogel zwei X-Chromosomen, der weibliche dagegen nur eines, das durch ein Y-Chromosom ergänzt wird. Das Y-Chromosom hat jedoch keine Entsprechungen zu den Anlagen auf dem X-Chromosom.

Ist eine Farbanlage auf dem X-Chromosom mutiert, steht dieser genetischen Veränderung beim männlichen Vogel, wie bei allen Chromosomenpaaren, ein identischer Genort gegenüber, der im Normalfall durch das Wildallel besetzt ist, das eine phänotypische Ausprägung der Mutation verhindert. Erst wenn beide Allele das Mutationsgen aufweisen, zeigt der Vogel auch das entsprechende Merkmal. Hier liegt also ein rezessiver Erbgang vor.

Dem einzigen X-Chromosom des weiblichen Vogels dagegen fehlt die baugleiche Ergänzung und damit die Kontrollinstanz, die der Genveränderung entgegenwirken könnte. Wenn hier die Farbanlage auf dem X-Chromosom mutiert ist, hat das beim Weibchen konsequenterweise bereits die Merkmalsausprägung zur Folge. Spalterbigkeit kann deshalb nur beim Männchen vorliegen.

Die schematische Darstellung auf der gegenüberliegenden Seite versucht dies anhand der Verpaarung von Rosenköpfchen, bei denen das Männchen lutino und das Weibchen wildfarben ist, zu verdeutlichen. Wieder wurden nur die Chromosomen berücksichtigt, die für diesen Erbgang eine Rolle spielen, also die Geschlechtschromosomen, die gleichzeitig das Lutino-Gen tragen können und das Geschlecht des Jungvogels bestimmen.

Alle weiblichen Jungvögel dieser Verpaarung sind also bereits Lutinos, alle männlichen sind phänotypisch wildfarben, genotypisch aber spalterbig in Lutino. Verpaart man diese Nachkommen miteinander, was in der zweiten Hälfte der Darstellung veranschaulicht wird, fallen auch Lutino-Männchen und wildfarbene Weibchen.

Geschlechtsgebunden vererben Zimt und Lutino bei den Rosenköpfchen (Lutino aber nicht bei den Augenring-Unzertrennlichen!). Da beide Farbmutationen auf dem gleichen Chromosom liegen, entsteht die Kombination aus beiden, Lacewing, nur durch

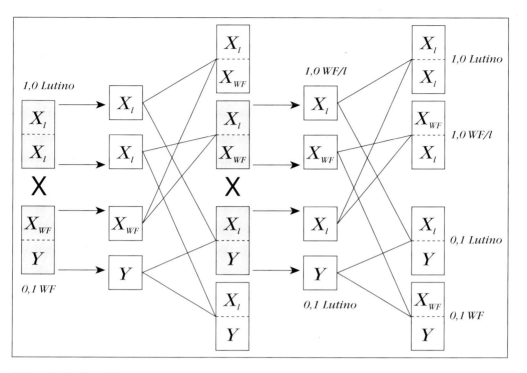

Schematische Darstellung von 1,0 Lutino (L) x 0,1 Wildfarbe (WF) und 1,0 WF/l x 0,1 L

crossing-over und ist entsprechend selten. Mit anderen Mutationen läßt sich dagegen beliebig kombinieren, wenngleich Lutino phänotypisch meist andere Merkmale über-deckt.

Die fünf Möglichkeiten der Verpaarung bei geschlechtsgebundener Vererbung soll am Beispiel der Lutino-Mutation beim Rosenköpfchen demonstriert werden. Der gängigen Schreibweise folgend werden Männchen als 1,0 bezeichnet, Weibchen als 0,1. Im Gegensatz zu allen übrigen Erbgängen ist es hier für das Ergebnis wichtig, das Geschlecht der Elterntiere zu berücksichtigen.

Verpaarung	Ergebnis (Genotyp)	Phänotyp
(1) 1,0 Wildfarbe x 0,1 Lutino	50 % 1,0 WF/l	Wildfarbe
	50 % 0,1 WF	Wildfarbe
(2) 1,0 Lutino x 0,1 Wildfarbe	50 % 1,0 WF/l	Wildfarbe
	50 % 0,1 Lutino	**Lutino (0,1!)**
(3) 1,0 Wildfarbe/l x 0,1 Wildfarbe	25 % 1,0 WF	Wildfarbe
	25 % 1,0 WF/l	Wildfarbe
	25 % 0,1 Lutino	**Lutino (0,1!)**
	25 % 0,1 WF	Wildfarbe

(4) 1,0 Wildfarbe/l x 0,1 Lutino	25 % 1,0 Lutino	**Lutino**
	25 % 1,0 WF/l	Wildfarbe
	25 % 0,1 Lutino	**Lutino**
	25 % 0,1 WF	Wildfarbe
(5) 1,0 Lutino x 0.1 Lutino	50 % 1,0 Lutino	**Lutino**
	50 % 0,1 Lutino	**Lutino**

Besonders interessant ist hier die Verpaarung (2), da man das Geschlecht anhand der Farbe bereits im Nest feststellen kann. Bei (3) läßt sich zumindest sicher sagen, daß alle Lutinos Weibchen sind. Männliche Lutinos fallen nur aus Paaren, bei denen das Weibchen Lutino ist.

Zu beachten ist:

Bei geschlechtsgebundener Vererbung gibt es *keine* spalterbigen Weibchen, wohl aber spalterbige Männchen.

Auf Besonderheiten bei der Vererbung bestimmter Farbmutationen der einzelnen Arten wird bei deren ausführlicher Behandlung im nun folgenden Hauptteil eingegangen. Im wesentlichen aber lassen sich die hier zusammengefaßten Regeln überall dort anwenden, wo der Erbgang bekannt ist. In den hier ausgeführten Verteilungsschemata braucht lediglich die als Beispiel dargestellte Mutation ersetzt werden. Schwieriger wird es bei der Kombination der Anlagen für mehrere Merkmale. Für die überwiegende Mehrzahl der Züchter aber ist es eher nebensächlich, eine exakte Prozentzahl für die Genotypen der Nachkommenschaft berechnen zu können. In der Regel genügt es, eine Vorstellung davon zu haben, welche Mutationen von einem Paar bekannter Herkunft überhaupt erwartbar sind, und zu wissen, ob und welche Spalterbigkeit bei einem bestimmten Vogel der Nachzucht vorliegt bzw. vorliegen kann. Doch auch dazu ist zumindest die grundsätzliche Kenntnis der Gesetzmäßigkeiten bei der Vererbung unerläßlich, wie sie dieses Kapitel auf einer Gratwanderung zwischen fast schon unzulässiger Vereinfachung komplizierter Sachverhalte und der drohenden Überforderung des biologisch weniger interessierten Züchters zu vermitteln versucht.

Die *Agapornis*-Arten und ihre Mutationen

Im folgenden sollen die sechs *Agapornis*-Arten detailliert bezüglich ihres Aussehens, ihrer Verbreitung, ihres Verhaltens im natürlichen Lebensraum, der Geschichte ihrer Haltung in Gefangenschaft und des Auftretens von Mutationen behandelt werden. Auf die Zucht als solche, die bei den häufig nachgezogenen Arten sehr ähnlich verläuft, und auf Fragen der Haltung wird dann in separaten Kapiteln eingegangen. Da sich die verschiedenen Unzertrennlichen zumindest für den nicht spezialisierten Vogelliebhaber in Größe und Statur und bei einigen Arten bzw. Unterarten auch in der Gefiederfarbe nur unwesentlich unterscheiden, steht neben der Vorstellung im Bild eine genaue Beschreibung im Mittelpunkt, die eine sichere Bestimmung ermöglichen soll. Die einzelnen Körperpartien, auf die dabei Bezug genommen wird, sind hier vorab in einer schematischen Darstellung erfaßt.

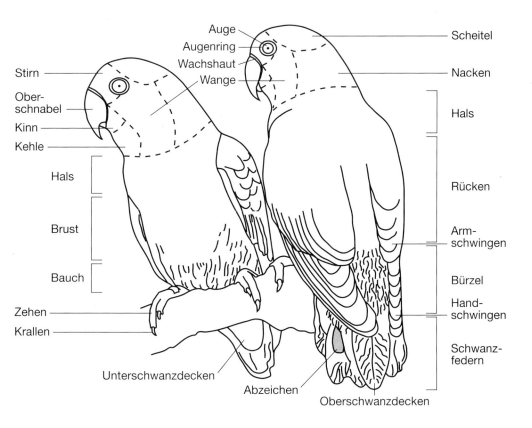

Darstellung: Telemeter

Schematische Darstellung der Körperpartien eines Unzertrennlichen

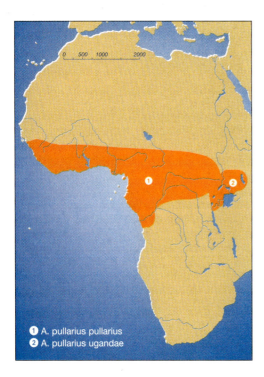

● A. pullarius pullarius
● A. pullarius ugandae

Agapornis pullarius
Orangeköpfchen

auch: Orangegesichtiger Unzertrennlicher

engl.:   *Red-faced Lovebird*

franz.:   *Inséparable à tête rouge*

niederl.: *Roodmasker Dwergpapegaai*

wiss. Benennung durch LINNÉ 1758 in Anlehnung an die Beschreibung eines lebenden Exemplars durch Albin (1738)

Verbreitung:

westliches und mittleres Afrika vor allem nördlich des Äquators (von Guinea bis Uganda in der West-Ost-Ausdehnung, mit südlichen Ausläufern nach Nord-angola bzw. Tansania)

Artbeschreibung:

Die Geschlechter sind bei dieser 14 - 15 cm großen Art problemlos zu unterscheiden.

Wie bei allen Agaporniden ist die Grundfarbe grün, wobei die Körperunterseite nur unwesentlich heller ausfällt. Arttypisches Merkmal ist eine deutlich abgegrenzte Gesichtsmaske, die vom Scheitel in gerader Linie am hinteren Ende des Auges entlang bis auf Höhe des Kehlansatzes verläuft und in gerader Linie abgeschlossen wird, so daß der orangerote Schnabel gewissermaßen in der Mitte der Maske sitzt. Die Maske des Männchens ist hellrot, die des Weibchens variiert von orangerot bis gelborange. Das sicherste Unterscheidungsmerkmal aber sind die Unterflügeldecken, die beim Männchen schwarz, beim Weibchen dagegen grün sind. Der Bürzel erscheint hellblau bis intensiv blau, wobei die Färbung relativ weit oben noch im Rückenbereich beginnt und sich nicht auf die grünen Oberschwanzdecken erstreckt. Die äußeren Schwanzfedern tragen an der Wurzel ein ausgedehntes rotes Abzeichen und laufen nach einem breiten schwarzen Band gelbgrün aus. Die dunkelbraunen Augen umgibt ein schmaler nackter Augenring, die Füße und Krallen sind grau.

Die Maske der Jungtiere ist gelb, der Schnabel blasser mit dunklem Fleck an der Basis. Die Geschlechter lassen sich bereits im Nest an der Farbe der Unterflügeldecken erkennen, die bei den Männchen bereits schwarz sind. Die Umfärbung erfolgt im Alter von vier Monaten.

1,1 Orangeköpfchen (*Agapornis pullarius*), im Vordergrund das Männchen

Unterart:

Agapornis pullarius ugandae (Uganda-Orangeköpfchen) ganz im Osten des Verbreitungsgebiets - die Landstriche um den Viktoriasee bis hinauf in die südlichen Teile Äthiopiens und des Sudan - unterscheidet sich von der Nominatform durch ein blasseres, hellblaues Bürzelgefieder, dessen Farbe bei manchen Weibchen bis auf einen bläulichen Schimmer reduziert ist. Gelegentlich wird vermutet, daß möglicherweise auch die orangegelbe Färbung des Maske beim Weibchen Kennzeichen der Unterart ist, was sich bisher aber weder bestätigen noch widerlegen ließ. Dann gehörten die ebenso häufig importierten Weibchen, deren Maske sich - wie im Bild auf dieser Seite - kaum von der des Männchens unterscheidet, der Nominatform an.

Brutverlauf:

Das Gelege umfaßt 3 - 5 Eier. Die Jungen schlüpfen nach einer Brutdauer von 22 - 23 Tagen, fliegen im Alter von 42 - 50 Tagen aus und sind mit 8 - 9 Wochen selbständig.

Da die Orangeköpfchen das weiteste Verbreitungsgebiet aller Agapornis-Arten haben, dessen Ausdehnung auch in letzter Zeit immer wieder durch Beobachtungen und Wildfänge Bestätigung findet, scheint ihr Bestand ungefährdet. Obwohl sich ihre Heimat auf Übersichtskarten mit der des Grünköpfchens überschneidet, leben die beiden Arten doch in ganz unterschiedlichen Biotopen und dürften so kaum miteinander in Berührung kommen. Im Gegensatz zu den urwaldbewohnenden *Agapornis swindernianus* leben Orangeköpfchen nämlich in der offenen Grassteppe, der Busch- und Baumsavanne, aus der sie sich lediglich in nahe Waldränder zurückziehen. Ihre Hauptnahrung besteht aus Gras- und Getreidesamen, und es wird berichtet, daß sie zur Erntezeit in großen

Foto: Raffenberg

1,1 Orangeköpfchen (*Agapornis pullarius*), bei denen die Maske des Weibchens (rechts) fast so rot ist wie die des Männchens (links)

Schwärmen in die Hirsefelder einfallen. Daneben werden Beeren, Früchte - vor allem Feigen - und Knospen bevorzugt. In kleinen Kolonien von 15 - 20 Exemplaren lassen sie sich zur Nahrungsaufnahme häufig am Boden nieder, sind aber stets wachsam und zur Flucht bereit.

Die Brutzeit der Orangeköpfchen scheint von April bis Oktober zu gehen und ihren Höhepunkt in der Regenzeit zu haben, wobei sie eine interessante Symbiose einge-hen. Die Weibchen graben einen 20 - 40 cm langen Tunnel, an dessen Ende sich eine faustgroße Bruthöhle anschließt, in freistehende Termitenhügel oder die Nester baumbewohnender Termiten. Die ansonsten überaus aggressiven Insekten greifen erstaunlicherweise weder die Eindringlinge noch deren Junge an. Die Untermieter, die nur wenig Nistmaterial eintragen - wie Rosen- und Grauköpfchen übrigens im Bürzel-gefieder -, nutzen die relativ konstante Temperatur von knapp 30°, die es ihnen er-laubt, das Nest oft für Stunden zu verlassen, ohne daß die Eier Schaden nehmen würden. Auch nach dem Schlupf der Jungen brauchen sie nicht viel zu hudern, was das Hauptproblem bei einer Zucht in unseren Breiten darstellt.

Bruterfolge in der Obhut des Menschen sind nach wie vor rar. Dabei sind die Orange-köpfchen die am längsten bekannte *Agapornis*-Art, von der Importe nach Europa um die Wende zum 17. Jahrhundert belegt sind. Bereits 1605 stellte ein gewisser Carolus Clusius seinem exklusiven Lesepublikum den "Kleinsten Papagei" vor, noch lange vor *Agapornis pullarius* durch keinen geringeren als Linné selbst Eingang in die wissen-schaftliche Literatur fand.

Trotz massenhafter Einfuhr im 19. Jahrhundert wurden erst in der zweiten Hälfte des vorigen Jahrhunderts erfolgreiche Zuchtversuche vermeldet. So schlüpften bei Neu-bert 1868 zwar Junge, doch sie starben nach wenigen Lebenstagen, ebenso bei Ruß. In Frankreich sollen bei Adam 1885 und in den USA bei Metzger 1889 und 1893 Orangeköpfchen zur Selbständigkeit gelangt sein. Der erste volle Zuchterfolg in Deutschland war Spille mit zwei Jungen beschieden, die in einfachen Holznistkästen erbrütet wurden, was nachträglich als Sensation zu werten ist.

Helmut Hampe, ein Pionier der Agapornidenzucht, war es, der Ende der dreißiger Jahre erkannte, daß die Fehlschläge mit Orangeköpfchen darauf zurückzuführen sind, daß ihr Anpassungsvermögen geringer ist als das anderer *Agapornis*-Arten und daß ihnen auch in Gefangenschaft naturnahe Brutbedingungen geschaffen werden müs-sen. Er bot seinen *Agapornis pullarius* die Imitation eines Termitenhügels aus Lehm, Kalk und Sand an und wurde damit belohnt, daß sie Gänge gruben und Eier legten, auch schlüpfte ein Junges. Zwar verhinderte Hampes Tod seinen eigenen Erfolg, doch er hatte den richtigen Weg gewiesen.

In England gelang Prestwich 1956 in Koloniebrut die Nachzucht eines einzelnen Jun-gen, das allerdings 35 Tage nach dem Ausfliegen wegen eines Temperatursturzes an Lungenentzündung starb. In einer sehr großen Freivoliere hatte er kleine Fässer mit feuchtem Torf aufgehängt, die von seinen Paaren gern angenommen und bearbeitet wurden, doch über eine Eiablage hinaus war es bis dahin nicht gekommen. Brut-erfolge vermeldeten auch Dale 1958 in Südafrika und Nielsen 1961 in Dänemark.

Reinhard Blome aus Bremen trug als erster der Tatsache Rechnung, daß Orange-köpfchen die Wärme des Termitenbaus in ihr Brutverhalten mit einbeziehen. Mit einer Heizquelle, die über Thermostat geregelt werden konnte, sorgte er für eine ständige Nistkastentemperatur von 30°. Diese Idee erwies sich als bahnbrechend. Von 1973 an zog er die schwierigen Vögel so erfolgreich und stetig nach, daß er sogar eine Reihe von Jungtieren an andere Liebhaber abgeben konnte. Die Zucht erfolgte paarweise in resopalbeschichteten Kistenkäfigen im Innenraum; in die querformatigen Naturholz-nistkästen mit abnehmbarem Deckel war ein Block gestochenen Torfs in der entsprechenden Größe eingepaßt; die Anflugstange ragte unterhalb des Schlupflochs (Ø 5 cm) in den Kasten; die Heizquelle wurde von außen an die Unterseite oder die Seitenwand des Nistkastens herangeführt. 1977/78 wurde Blomes gesamter Bestand bis auf ein Männchen durch verdorbenes Futter vernichtet. Wenngleich der Futtermittelhändler für den Schaden finanziell aufkam, blieben die wertvollen Zuchttiere unersetzlich, wie sich zeigte. Binnen weniger Monate wurden zwanzig neue Importpaare erworben, doch nicht eines von den Tieren blieb am Leben.

Nach zunächst entmutigenden Fehlschlägen gelang 1976 auch dem Schweizer Emil Zürcher mit der gleichen Methode der erste volle Zuchterfolg, dem in den folgenden Jahren weitere folgten, so daß er über einen gefestigten Stamm verfügen konnte. Den größten Bestand an Orangeköpfchen in Privathand dürfte aber Coelho in Portugal besitzen, wenngleich keine näheren Informationen über Einzelheiten zur Zucht zu erhalten waren.

Die Erkenntnis, daß eine erfolgreiche Nachzucht mit Orangeköpfchen nur unter naturnahen Bedingungen möglich ist - Ausnahmen bestätigen hier lediglich die Regel -, hat dazu geführt, daß in letzter Zeit eine ganze Reihe von Züchtern - Federmann etwa oder Feuser (vgl. AZN 4/93) - regelmäßig junge *Agapornis pullarius* auf die Stange gebracht haben. Wesentlicher Faktor für das Auslösen des Bruttriebes ist die Bereitstellung einer Nistgelegenheit, in die die Weibchen eine Höhlung graben können. Als geeignet erwiesen sich gewachsener oder gestampfter Torf und ein Gemisch aus Lehm, Kalk und Sand; Salmones in den USA verwendet getrocknetes Gras, zu bevorzugen ist jedoch Kork, da hier weniger die Gefahr besteht, daß die Bruthöhle einstürzt. Man sollte bei der Konstruktion des Brutkastens - und der Kontrollöffnung - berücksichtigen, daß die meisten, wenn nicht alle Weibchen vom Einschlupfloch aus einen mindestens 20 cm langen Korridor nach links graben, zu dem die Nestmulde oft nochmals im rechten Winkel nach links versetzt ist. Für eine erfolgreiche Aufzucht ist außerdem eine regulierbare Heizquelle erforderlich, die eine Unterkühlung der Jungen verhindert.

Allen Berichten über die Haltung und Zucht von Orangeköpfchen läßt sich, wenngleich oft nur zwischen den Zeilen, entnehmen, daß die Verluste bei neu zugekauften Tieren, vor allem aber bei Frischimporten, gewaltig sind. Gerade in den letzten Jahren wurde diese Art wieder in großen Stückzahlen importiert, und doch bleiben nur wenige am Leben, so sorgfältig sie auch eingewöhnt werden. Bedenkt man, daß noch weit mehr dieser extrem streßanfälligen Vögel bei Fang und Transport auf der Strecke bleiben, ist es fast nicht mehr zu verantworten, für eine Handvoll Jungvögel den Tod von Tausenden von Wildfängen in Kauf zu nehmen. Sogar eine Gefährdung des Bestands in freier Wildbahn durch die vermehrten Ausfuhren wird gegenwärtig nicht mehr ausgeschlossen. Der Liebhaber sollte es sich deshalb gut überlegen, ob er neben dem finanziellen Risiko auch das ethische zu tragen bereit ist.

Orangeköpfchen - übrigens auch Nachzuchten - sind sehr empfindlich, wenn sie nach der erfolgreichen Eingewöhnung in eine neue Umgebung wieder aus dieser herausgerissen werden. Besonders bei zugekauften Frischimporten ist die Verlustrate hoch, weil von einem Tag auf den anderen die Antibiotika-Gaben, die der Importeur aus gutem Grund auch noch nach der Quarantäne reicht, abgesetzt werden. Es dauert dann meist drei bis vier Wochen, bis die ersten Vögel von der Stange fallen. Nicht unwesentlich zum labilen Gesundheitszustand trägt die zwangsläufig einseitige Ernährung bei, denn oft sind Frischimporte nur durch Paddy-Reis und Kolbenhirse zum Fressen zu bewegen. Man sollte aber nicht riskieren, daß die Vögel eher verhungern, als daß sie sich umstellen. Über das Trinkwasser sollte Vitamin C gereicht werden, um Mangelerscheinungen vorzubeugen. Oft braucht man Monate, bis ein ausgewogeneres Futter angenommen wird, wobei süße Äpfel am ehesten ankommen. Da Orangeköpfchen in Gefangenschaft allenfalls zum Baden auf den Käfigboden gehen, müssen die Futternäpfe möglichst hoch angebracht sein. Manche Autoren halten Mehlwürmer für einen geeigneten Zuchtanreiz, doch unserer Erfahrung zufolge wird Lebendfutter nicht beachtet. Von den Haltungsbedingungen her ist der Tatsache Rechnung zu tragen, daß diese Art zumindest in der ersten Zeit sehr schreckhaft reagiert. Danach sind es ruhige Vögel, die leise vor sich hinzwitschern und von allen *Agapornis*-Arten die angenehmste Stimme besitzen.

Obwohl mancherorts - gerade in der älteren Literatur - behauptet wird, Orangeköpfchen seien nach der Eingewöhnung robuste und winterharte Vögel, muß davon abgeraten werden, es auf einen Versuch ankommen zu lassen. In ihrer Heimat sinken die Temperaturen kaum einmal unter 18°, so daß eine Überwinterung in geheizten Innenräumen angeraten erscheint.

Mutationen

Foto: Coelho

1.0 Orangeköpfchen Lutino

Lutino

Alle grünen Gefiederpartien sind leuchtend gelb, Flügelbug und Bürzel weiß. Das Rot der Maske bleibt ebenso erhalten wie das der Abzeichen im Schwanzgefieder. Die Augen sind rot.

Lutino ist die bisher einzige nachgewiesene Mutation von *Agapornis pullarius*. Die ausgesprochen schöne Farbvariante wird **rezessiv** vererbt. Das abgebildete Lutino-Männchen erhielt Coelho (Portugal) in den 60er Jahren als Importvogel (!), und er brachte den Vogel auch zur Nachzucht. Über den Fortgang der Linie war leider nichts in Erfahrung zu bringen, außer daß der Lutino selbst gestorben sei.

Sonstiges

Das Senckenbergmuseum in Frankfurt beherbergt das Präparat eines gelbgescheckten Orangeköpfchens, das aus Westafrika stammt. Schwingen und Teile des Kleingefieders sind satt gelb gefärbt, ansonsten ist die Färbung unverändert. Es liegt in der Natur der Sache, daß ungeklärt bleiben muß, ob es sich hierbei um eine Mutation oder eine nicht vererbbare Modifikation handelt.

HAYWARD 1979 erwähnt zwar eine blaue Mutation, doch erscheint deren Existenz eher ein Wunschtraum und wurde an keiner anderen Stelle bestätigt.

Angesichts der noch immer geringen Zahl an Nachzuchten von Orangeköpfchen ist nicht zu erwarten, daß in absehbarer Zeit viele neue Mutationen hinzukommen, wenngleich im Prinzip alle bekannten Mutationen anderer *Agapornis*-Arten auch bei *Agapornis pullarius* auftreten könnten.

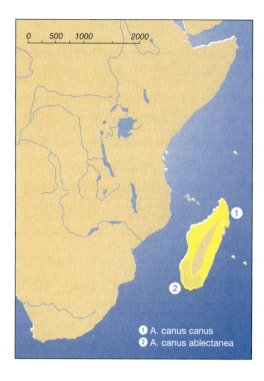

Agapornis canus
Grauköpfchen

auch: Madagaskar-Unzertrennlicher

engl.: *Grey-headed Lovebird,*
Madagascar Lovebird

franz.: *Psittacule à tête grise*

niederl.: *Grijskop Dwergpapegaai*

wiss. Benennung durch GMELIN 1788 nach dem Erscheinungsbild (lat. *canus*: grau)

Verbreitung:

Madagaskar und vorgelagerte Inseln, einige Inseln im Indischen Ozean

Artbeschreibung:

Die Geschlechter lassen sich bei dieser mit 13-14 cm recht kleinen, zierlichen Art auf den ersten Blick unterscheiden.

Beim Männchen sind der gesamte Kopf, der Hals und die Brust perlgrau, das übrige Gefieder ist grün, wobei Bauch und Unterschwanzdecken heller ausfallen. Die schwarzen Unterflügeldecken sind nur im Flug zu erkennen. Die Basis der äußeren Schwanzfedern ist gelb, eine breite schwarze Binde reicht fast bis an die Spitzen. Der zierliche Schnabel ist weißlich grau, die Iris dunkelbraun, die Füße sind grau, die Krallen schwarz.
Das markante Grau des Männchens fehlt dem Weibchen, dessen ganzer Körper somit grün ist. Ihr Kopf erscheint dunkler und tendiert vor allem um Schnabel und Augen nach Oliv. Auch die Unterflügeldecken sind grün.

Die Jungtiere in freier Wildbahn sollen einheitlich grün gefärbt das Nest verlassen, und der Geschlechtsunterschied soll erst in der Jugendmauser im Alter von 4 - 5 Monaten augenfällig werden. In Gefangenschaft geborene Männchen dagegen sind von der Brust aufwärts bereits deutlich, wenn auch nicht rein grau befiedert. Offenbar wird hier die Jugendfärbung teilweise übersprungen, wie wir das etwa bei den Rotkopfamadinen (*Amadina erythrocephala*) kennen. Ansonsten wirkt das Gefieder der Jungvögel matter, der Oberschnabel ist gelblich mit dunklem Fleck an der Basis.

1,1 Grauköpfchen (*Agapornis canus*), links das Männchen, rechts das Weibchen

Unterart:

Agapornis canus ablectaneus (Südliches oder Rodriguez-Grauköpfchen) im trockenen Südwesten von Madagaskar und auf der Insel Rodriguez wurde 1918 von BANGS als Unterart benannt. Sie unterscheidet sich von der Nominatform durch ein mehr bläuliches Grün im Gefieder und ein reineres, ausgedehnteres Blaugrau beim Männchen. Außerdem soll die Unterart etwas größer sein. Da gegenwärtig praktisch keine Grauköpfchen mehr importiert werden und früher nur in den seltensten Fällen darauf geachtet wurde, welcher Unterart die erworbenen Exemplare angehörten, ist zu befürchten, daß *A. c. canus* und *A. c. ablectaneus* in unseren Nachzuchtbeständen mehr oder weniger wahllos vermischt wurden. Es gehört zu den vordringlichsten Aufgaben von Züchtern dieser Art herauszufinden, ob es in unseren Volieren noch reine Vögel der Unterart gibt, und gegebenenfalls für deren Reinerhaltung Sorge zu tragen.

Brutverlauf:

Das Gelege umfaßt 3 - 6 Eier, selten mehr. Die Jungen schlüpfen nach einer Brutdauer von 21 - 22 Tagen, fliegen im Alter von etwa 42 Tagen aus - Angaben in der Literatur, die weit darunter liegen, scheinen uns aufgrund von eigenen Erfahrungen unglaubwürdig - und sind mit 7 - 8 Wochen selbständig.

Grauköpfchen sind außer auf der zentralen Hochebene häufig und überall auf Madagaskar anzutreffen, vor allem aber im buschbestandenen Flachland entlang der Küste. Dabei bewohnt die weiter verbreitete Nominatform *A. c. canus* die Regionen mit tropischem und halbtropischem Klima, während *A. c. ablectaneus* den trockeneren Lebensraum besiedelt hat. Wo die beiden Unterarten aneinander angrenzen, sollen Mischpopulationen vorkommen. Auf einer Reihe von Inseln wurden Grauköpfchen eingebürgert, doch konnten sie sich nur auf wenigen behaupten.
Die meiste Zeit des Jahres über sind Grauköpfchen in kleinen Kolonien von 5 - 20 Vögeln unterwegs, die vorwiegend am Boden nach Grassamen suchen, aber auch Früchte und Beeren stehen auf dem Speiseplan. Zur Erntezeit können sie buchstäblich zur Landplage werden, wenn sie etwa zu Hunderten in die Reisfelder einfallen und dort großen Schaden anrichten. Sie halten jedoch eine große Fluchtdistanz ein und fliegen lärmend auf, sobald sich Gefahr zu nähern scheint. Während sie in Gefangenschaft zu den leisen Vögeln zählen, die kaum von ihrer Stimme Gebrauch machen und erschreckt allenfalls mit einem seltsamen Schnarren reagieren, wird ihre Stimme in freier Wildbahn als durchdringend empfunden.
Zur Brutzeit, die in die Monate November bis April fällt, sondern sich die Paare ab und besetzen Baumhöhlen, die sie mit kleingenagten Blättern und Rindenstücken auspolstern. Auch die Weibchen der Grauköpfchen transportieren ihr Nistmaterial im Bürzel- und Kleingefieder. Selten sollen mehr als drei Junge großgezogen werden (vgl. SCHNEIDER 1991). Sonst ist erstaunlich wenig über ihr Freileben bekannt.
Die erste Abbildung eines Grauköpfchens ist in dem sechsbändigen ornithologischen Standardwerk Brissons aus dem Jahr 1760 zu finden, doch erst hundert Jahre später gelangten erstmals welche nach Europa. 1872 konnte Ruß die Erstzucht vermelden, im gleichen Jahr wurden auch bei Graf von Wartenburg sechs Junge aufgezogen. In Frankreich war Lagrenée der Erstzüchter, in Belgien Mascre, in England Oates, und in den USA Metzger, wenn auch erst 1929.

Grauköpfchen wurden bereits im 19. Jahrhundert in großem Stil importiert, woran sich bis zum II. Weltkrieg nichts änderte. Wie bei anderen empfindlichen Vogelarten, etwa den Orangeköpfchen, störte man sich nicht daran, daß ein Großteil der schreckhaften und gegen Luftsackmilben anfälligen Vögel schon nach wenigen Tagen und Wochen einging und daß nur sporadisch Nachzuchten erzielt wurden. Es gab ja genügend Nachschub, man bediente sich eben in der freien Natur. So ist es nicht verwunderlich, daß in all den Jahren keine stabilen Zuchtstämme aufgebaut wurden, was sich spätestens dann rächte, als in Deutschland zunächst aus Furcht vor der Papageienkrankheit keine Importe mehr zugelassen wurden und dann von der madegassischen Regierung ein Ausfuhrverbot verhängt wurde, das nur gelegentlich gelockert bzw. umgangen wird. Mit den geringen Stückzahlen an Wildfängen, die in den letzten Jahrzehnten Händler und Züchter erreichten, wurde dann entschieden verantwortungsbewußter umgegangen, und doch bleibt die Zahl der nachgezogenen Jungvögel eher bescheiden.

Nach wie vor zählen Grauköpfchen zu den schwer zu züchtenden Arten, woran nicht zuletzt ihre Scheu und mangelnde Anpassungsfähigkeit schuld sind. So manches Ei wird in Panik zertreten, ganze Gelege erkalten, weil das Weibchen sich nach einer Störung stundenlang nicht mehr in den Nistkasten wagt, sei es wegen einer Kontrolle durch den Züchter oder wegen eines Tiefffliegers, andere schreiten gar nicht zur Brut, weil ihnen die Bedingungen nicht zusagen, wieder andere harmonieren nicht mit dem vorgesehenen Partner und legen nur unbefruchtete Eier. Dazu kommt noch das Problem, daß kaum ein Züchter einzelne Weibchen abgibt, da die Männchen deutlich in der Überzahl sind.

Eine Zucht verspricht nur dann Erfolg, wenn die Vögel die entsprechende Ruhe haben oder wenn es gelingt, ihre Schreckhaftigkeit abzubauen. RADTKE (1981) empfiehlt deshalb die Unterbringung in größeren Innenvolieren mit angeschlossenen kleinen Außenflügen, so daß die Fluchtdistanz gewahrt bleiben kann. Allerdings sind Grauköpfchen sowohl untereinander als auch anderen Arten gegenüber erstaunlich unverträglich und sollten zur Brut immer nur paarweise eingesetzt werden. Deshalb halten wir es für sinnvoller, die Tiere in möglichst hoch angebrachten Kistenkäfigen unterzubringen, von denen aus sie das Geschehen unter sich beobachten können, ohne sich ständig bedroht zu fühlen. Tatsächlich stammen weitaus die meisten Nachzuchten von *Agapornis canus* aus Zuchtboxen. Als Nistkasten werden bevorzugt querformatige Wellensittichkästen angenommen, in deren Boden eine Mulde eingefräst sein sollte, da nur eine dünne Nestunterlage eingetragen wird und Sägespäne meist entfernt werden. Außerdem ist es ratsam, diesen eigentlichen Brutbereich am vom Einflugloch entfernten Ende durch eine niedrige Barriere - z.B. einen 2 cm dicken Ast - etwas von der Vorkammer abzutrennen, um ein Zertreten der Eier zu verhindern. Auch wäre es besser, den Nistkasten nicht von oben, sondern von vorne kontrollieren zu können, da dann das Weibchen nach hinten zurückweichen und den Kasten verlassen kann und nicht orientierungslos vom Gelege aufstürzt. Entscheidend für die Auslösung des Bruttriebs scheint das Angebot von frischen Ästen mit grünen Blättern zu sein: oft wird Rhododendron oder Birkenfeige (*Ficus benjamini*) empfohlen, doch die Blätter von Weiden- und Obstzweigen werden ebensogern zu schmalen Streifen zerkleinert und als Nistmaterial eingetragen.

Obwohl Grauköpfchen ihre Jungen meist noch relativ lange bei sich dulden, sollten sie, nachdem sie selbständig sind, spätestens dann herausgefangen werden, wenn eine neue Brut begonnen wird, da ihr Fluchttrieb noch stärker ist als der der Elterntiere und die Gefahr besteht, daß sie das neue Gelege in ihrer Panik zerstören. Zwar sind Nachzuchten widerstandsfähiger als Importtiere, doch vertragen auch sie keinen Frost und sollten in beheizbaren Innenräumen untergebracht werden. Dazu kommt, daß Grauköpfchen bevorzugt in den Wintermonaten zur Brut schreiten und deshalb ohnehin auf Wärme angewiesen sind.

Mutationen

Bisher gibt es keine bestätigten Mutationen des Grauköpfchens. 1989 tauchte aber in den USA als vermutlich erste Mutation von *Agapornis canus* ein gelbes Weibchen auf, von dem ERHART (1991) berichtet, daß es als Jungtier normal gefärbt gewesen sei und erst in der Jugendmauser die Mutationsfarbe angenommen habe. Das ganze Gefieder ist rein gelb, Kopf und Armschwingen sind weiß. Über den Erbgang läßt sich noch nichts sagen, zumal vor einer Bestätigung durch die Nachzucht nicht einmal gesichert ist, ob das Gelb nicht doch nur eine Modifikation ist wie im übrigen auch alle Formen von unregelmäßiger Gelbscheckung, die bisher auftraten.

Im Prinzip sind weitere Mutationen zu erwarten, doch bei der gegenwärtigen geringen Nachzuchtrate ist ein gehäuftes Auftreten eher unwahrscheinlich, und auch die Festigung wird problematischer sein als bei den leichter züchtbaren Arten.

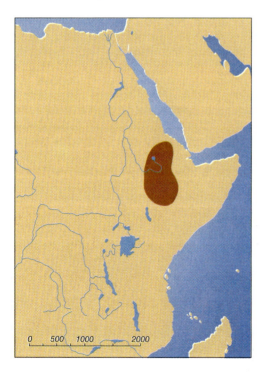

Agapornis taranta
Taranta-Unzertrennlicher

auch: Bergpapagei
        Gebirgspapagei
        Taranta-Papagei
        Tarantiner

engl.: *Black-winged Lovebird,*
        Abyssinian Lovebird

franz.: *Psittacule à masque rouge*

niederl.: *Abessijnse Dwergpapegaai*

wiss. Benennung durch STANLEY 1814 nach dem Taranta-Paß in Abessinien, dem heutigen Äthiopien

Verbreitung:

Hochland von Äthiopien

1,1 Taranta-Unzertrennliche (*Agapornis taranta*), links das Weibchen, rechts das Männchen

Artbeschreibung:

Die Geschlechter dieser mit 15 - 17 cm größten *Agapornis*-Art lassen sich bei ausgefärbten Tieren ebenfalls auf den ersten Blick unterscheiden.

Das Hauptgefieder einschließlich des Bürzels ist intensiv grün, auf den Flügeldecken etwas dunkler. Die Stirn des Männchens weist eine kräftig rote Färbung bis zu den Zügeln auf, auch der schmale Augenring ist rot befiedert. Die Unterflügeldecken sind schwarz, und bei den Schwingen ist das bei anderen Arten übliche Grün der Außenfahnen nur mehr angedeutet. Die Basis der äußeren Schwanzfedern ist gelb, eine breite schwarze Binde reicht fast bis an die Spitzen. Der kräftige Schnabel ist dunkelrot, die Iris dunkelbraun, die Füße sind grau, die Krallen schwarz.
Das Weibchen ist deutlich kleiner, hat einen etwas kleineren Schnabel und kein Rot im Gefieder. Somit erscheint es einheitlich grün. Die Augenringe sind hellgrün, die Unterflügeldecken wirken bräunlicher und gehen zum Flügelbug hin in eine mehr oder weniger große grüne Fläche über.

Bei Jungtieren ist keine sichere Geschlechtsbestimmung möglich, da auch junge Männchen in der Regel vollkommen grün sind und erst mit knapp vier Monaten die ersten roten Federn sprießen. Die Unterflügeldecken sind zunächst schwarz und nur gelegentlich wirken die der Weibchen weniger intensiv oder zeigen mehr grüne Federchen. Manche Züchter rupfen den Jungvögeln ein paar Federn im Stirnbereich aus, doch nicht bei allen Männchen wachsen sie auch tatsächlich gleich rot nach. Am zuverlässigsten gibt noch die Statur und die Schnabelgröße der Jungen Aufschluß. Insgesamt wirkt das Gefieder der Jungvögel matter, der Oberschnabel ist gelblich braun mit dunklem Fleck an der Basis.

Foto: Kenning

Bei jungen Taranta-Unzertrennlichen kann man die Geschlechter meist noch nicht unterscheiden.

Unterart:

Die von Neumann 1931 benannte Unterart *Agapornis taranta nana* ("Zwergtarantiner" oder "Omo-Unzertrennlicher") im südlichen Verbreitungsgebiet soll sich von der Nominatform lediglich durch die geringere Größe unterscheiden, was wir als alleiniges Kriterium für die Etablierung einer Unterart jedoch ablehnen. Ganz offensichtlich handelt es sich um einen fließenden Übergang, so daß auch nicht von Mischpopulationen in den Grenzgebieten die Rede sein kann. Wie FORSHAW 1989 und ARNDT 1990ff. verzichten wir deshalb auf eine Unterteilung der Art.

Brutverlauf:

Das Gelege umfaßt 3 - 5 Eier. Die Jungen schlüpfen erst nach einer Brutdauer von 24 - 26 Tagen und bleiben bis zum Alter von etwa 48 Tagen im Nest. Selbständig sind sie mit 9 - 10 Wochen, sie werden aber gelegentlich noch länger von den Eltern gefüttert.

Der Taranta-Unzertrennliche ist ein häufiger Vogel des äthiopischen Hochlands, wo er die Wälder zwischen 1800 und 3200 m ü.M. besiedelt hat, was ihm den Namen "Bergpapagei" einbrachte, aber auch in tiefergelegenen Savannengebieten ist er anzutreffen. Wie bei den meisten der ursprünglicheren *Agapornis*-Arten schließen sich 5 - 20 Tiere zu einer sozialen Einheit zusammen, in der sie sich auf Nahrungssuche begeben, vorzugsweise Feigen und Wacholderbeeren, aber auch andere Früchte und Samen von Wildkräutern. Ihre Fluchtdistanz ist zwar geringer als bei den bisher behandelten Arten, doch sind sie nicht zu Kulturfolgern geworden.

In freier Wildbahn bevorzugen Taranta-Unzertrennliche ausgesprochen kleine Schlaf- und Nisthöhlen in abgestorbenen Bäumen, was möglicherweise mit der Kälte der Nacht in den Höhenlagen zusammenhängt. Dementsprechend dünn bleibt die Nistunterlage, für die Blatt- und Rindenstückchen und Gräser im Gefieder eingetragen werden. *Agapornis taranta* scheint sich an keine feste Brutzeit zu halten, da Jungenaufzuchten im zeitigen Frühjahr ebenso wie im Spätherbst beobachtet wurden. Möglicherweise liegt die Brutpause in den Sommermonaten, was auch Gefangenschaftsberichte erklären würde, denen zufolge Wildfänge in den Wintermonaten bei Temperaturen bis −14°C erfolgreich Junge großgezogen haben (vgl. HAMPE 1957). Überhaupt sind Taranta-Unzertrennliche wegen der zum Teil recht unwirtlichen Bedingungen in ihrem Habitat äußerst robuste und widerstandsfähige Tiere.

Obwohl die Art im 19. Jahrhundert hinreichend bekannt und - durch v. Heuglin - erforscht war, gelangten erst 1906 Importe nach Europa. Bereits für das Jahr 1909 vermeldete der Österreicher Rambausek eine erfolgreiche Nachzucht in einem nur 76 cm langen Käfig. In Deutschland und England zogen Reitzig und Lewis 1925 nach, in den USA dauerte es bis 1930, ehe Rudkin ein Zuchterfolg vergönnt war. Zwischen den Weltkriegen wurde die Art in großer Zahl und zu einem niedrigen Preis angeboten, doch die wenig auffällige Färbung und die, wie sich schnell herausstellte, schwere Züchtbarkeit hielt die Nachfrage in Grenzen. Seit 1975 fehlen Importe von Taranta-Unzertrennlichen ganz, und es sind auch kaum mehr welche zu erwarten. Erst jetzt wuchs das Interesse an dieser ruhigen Art, die sich nur gelegentlich zu einem für Agaporniden ungewöhnlichen Zwitschern hinreißen läßt und ansonsten eher phlegmatisch beobachtet, was um sie herum vorgeht. Es zeigte sich, daß es weit mehr Männchen in Züchterhand gab als Weibchen, was den planmäßigen Aufbau von Zuchtstämmen ebenso erschwerte wie die Tatsache, daß nur ein gut harmonierendes Paar bereitwillig zur Brut schreitet. Gerade in dieser Situation konnten die Züchter durch verantwortungsbewußte Zusammenarbeit zeigen, daß auch ohne ständige Einkreuzung von Wildtieren eine Gefangenschaftspopulation nicht nur aufrechterhalten, sondern zur Entwicklung von vitalen, sich konstant und zuverlässig vermehrenden Zuchtgruppen geführt werden kann. In den letzten Jahren hat sich der Bestand an Taranta-Unzertrennlichen so weit stabilisiert, daß man die Inlandnachfrage inzwischen ohne weiteres mit Nachzuchttieren befriedigen kann, die noch dazu viel von dem Problemcharakter der Art verloren haben.

Die Brutreife tritt zwar wie bei den anderen *Agapornis*-Arten bereits mit einem Jahr ein, doch lassen sich manche Paare drei Jahre Zeit, bis sie ihre ersten Jungen großziehen. Es soll sich positiv auf die Brutbereitschaft auswirken, wenn mehrere Tarantinerpaare sich gegenseitig sehen und stimulieren können, doch ist Gemeinschaftshaltung nicht praktikabel. Ein Paar, das in Brutstimmung kommt, ist anderen Vögeln gegenüber sehr aggressiv und muß deshalb einen geräumigen Kistenkäfig oder eine Voliere für sich bekommen. Selbst von einer Vergesellschaftung mit weit größeren Sittichen und Papageien ist abzuraten. Bei Gaiser wurde nach anfänglichem gegenseitigem Respekt um ein Haar ein Prachtrosellahahn getötet, auf den sich das brutlustige Tarantinerpaar gleichzeitig gestürzt hatte. Auch direkt angrenzende Volieren sollten mit Doppelgitter versehen sein, um die Füße der Nachbarn zu schützen.

Bei der Wahl des Nistkastens reichen die individuellen Vorlieben von der kleinsten bis zur größten Größe, so daß man die Wahl am besten den Vögeln selbst überläßt. Da die meisten Weibchen nur wenig, manche gar kein Nistmaterial eintragen, empfiehlt sich eine ausgefräste Mulde und Holzmulm oder grobe Hobelspäne als Unterlage. Auch die Auspolsterung mit angefaultem Holz hat sich als günstig erwiesen, da die Vögel es fein säuberlich zernagen und dabei wertvolle Mineralien, Spurenelemente und Vitamin B_{12} aufnehmen, doch muß darauf geachtet werden, daß das Holz keinen Schimmel- oder sonstigen Pilzbefall hat.

Taranta-Unzertrennliche lassen sich durch Nistkastenkontrollen nicht stören, man sollte sich aber vor dem starken Schnabel in Acht nehmen. Häufig wird berichtet, daß sie stärker zum Rupfen der Nestlinge, aber auch des Partners neigen als andere *Agapornis*-Arten, doch auch hier gehen die Erfahrungen auseinander. Ebenso gibt es Paare, die ihre Jungen noch monatelang im Nest dulden, während andere Jungvögel schon zwei Wochen nach dem Ausfliegen von den Eltern so gehetzt werden, daß sie nur durch eine rasche Trennung zu retten sind. Das dürfte aber meist nur dann der Fall sein, wenn das Weibchen eine weitere Brut tätigen will. Auch separat gesetzte junge Tarantiner bleiben gefährdet, da sie sehr schreckhaft sind und nicht selten auf die geringste Störung panisch reagieren. Mit voller Wucht fliegen sie dann gegen das Drahtgitter oder die Kistenwände, wobei sie sich tödliche Verletzungen der inneren Organe oder des Genicks zuziehen können. Dem sollte der Züchter Rechnung tragen, wenn er sich den Jungen nähert.

Bei der Fütterung ist darauf zu achten, daß mit Vorliebe nur die fetthaltigen Bestandteile - vor allem Sonnenblumenkerne, Hanf und Cardisaat -, aufgenommen werden und selbst Kolbenhirse nur an zweiter Stelle auf der Beliebtheitsskala steht. Hier sollte man mit sanftem Zwang darauf bestehen, daß auch der Rest des Futterspektrums genutzt wird, zumal sich Taranta-Unzertrennliche vergleichsweise wenig bewegen und umso leichter zu verfetten drohen.

Mutationen

Oliv

Anfang der neunziger Jahre fielen in Holland die ersten dunkelfaktorigen Taranta-Unzertrennlichen, die die Farbtiefe, wie bei anderen Arten auch, **intermediär** vererben. Der einfaktorige dunkelgrüne Vogel ist erst im direkten Vergleich zur Wildfarbe eindeutig als solcher zu erkennen, während das Vorhandensein zweier Dunkelfaktoren das Gefieder auffallend oliv erscheinen läßt. Die Maske bleibt unverändert.

Sonstiges

Mit den anderen Mutationsfarben, die bisher vermeldet wurden, ist es bis zum gegenwärtigen Zeitpunkt offenbar nicht gelungen, sie so weit zu festigen, daß eine geregelte Weitergabe in der Nachzucht möglich ist.

Belegt ist die Existenz eines Zimt-Männchens im Bestand von Vriends, das vermutlich 1972 als Wildfang importiert wurde. Es handelte sich dabei um einen Vogel mit aufgehelltem Grün, zimtfarbenen Schwingen und aufgehelltem Rot am Kopf. Da dieser Zimter auch zur Nachzucht gebracht wurde - allerdings seien nur Männchen darunter gewesen -, ist es verwunderlich, daß sich die Spur dieser Mutation verliert. Wie alle bekannten Zimtmutationen sollte die Vererbung geschlechtsgebunden sein, so daß von all den jungen Spalt-Männchen doch irgendwann ein zimtfarbenes Weibchen abgestammt sein müßte. Möglicherweise wurden sie nicht als solche erkannt, und es erscheint nicht abwegig, daß es noch Männchen gibt, die spalterbig in diese Mutation sind.

Erst in jüngster Zeit ist in der Zucht eines norddeutschen Züchters ein Lutino-Weibchen gefallen, das Hilpert 1993 gesehen hat und als sehr schönes, rein gelbes Tier mit roten Augen beschreibt. Der Vogel soll inzwischen allerdings gestorben sein. Wenn Lutino bei *Agapornis taranta*, wie es den Anschein hat, geschlechtsgebunden vererbt, ist aber zu erwarten, daß aus diesem Stamm weitere Weibchen mit der Mutationsfarbe hervorgehen.

Unbestätigt blieb dagegen leider die Meldung von einer blauen Mutation (HEYWARD 1979), bei der die Stirn des Männchens weiß sein müßte.

Bei Ochs entwickelte sich bei einem Paar in der F_2-Generation neben ganz normalen Jungen ein über 20 cm großes Männchen, dessen gesamtes Rückengefieder breite schwarze Säume aufwies. Vermutlich handelt es sich dabei um eine Modifikation, möglicherweise eine Variante der bekannten Streßlinien, was sich jedoch nicht nachprüfen ließ, da der Vogel mit drei Monaten starb.

Da inzwischen zuverlässig und regelmäßig junge Taranta-Unzertrennliche nachgezogen werden, lassen Berichte von Neumutationen wohl nicht mehr lange auf sich warten.

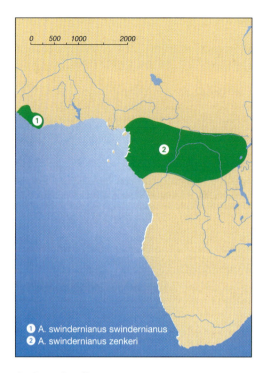

Agapornis swindernianus
Grünköpfchen

auch: Swinderens Unzertrennlicher,
         Halsbandunzertrennlicher,
         Grünköpfiger Unzertrennlicher

engl.:   *Black-collared Lovebird*

franz.: *Inséparable de Van Swindern*

niederl.: *Groenkop Dwergpapegaai*

wiss. Benennung durch KUHL 1820 nach
dem Schweden Theodor van Swinderen

Verbreitung:

westliches und mittleres Afrika vor allem
nördlich des Äquators (Liberia, Kamerun,
Gabun, Zaire, Uganda)

Artbeschreibung:

Beide Geschlechter der 13 - 14 cm großen Grünköpfchen sind gleich gefärbt.

Ihr Gefieder ist vorherrschend grün. Das intensive Grün von Kopf und Nacken wird durch ein schmales, zur Kehle hin offenes schwarzes Band abgegrenzt, unterhalb dessen der Hals verwaschen gelb, gelegentlich nach Oliv tendierend gefärbt ist und auf der Brust in das aufgehellte Grün des Bauchs übergeht. Bürzel und Oberschwanzdecken sind ultramarinblau, die äußeren Schwanzfedern grün mit roter, schwarz abgeschlossener Basis. Die Iris ist gelb, der Schnabel fast schwarz, die Füße graugelb.

Jungvögeln fehlt das schwarze Nackenband, der Schnabel ist heller, die Iris braun. Über den Zeitpunkt der Jugendmauser ist nichts bekannt.

Unterarten:

Die von REICHENOW 1895 benannte Unterart *Agapornis swindernianus zenkeri*, deren Verbreitungsgebiet sich von Kamerun bis Uganda erstreckt, unterscheidet sich von der Nominatform dadurch, daß das Halsband nicht gelblich, sondern rotbraun gefärbt und weiter ausgedehnt ist. Die Berechtigung einer dritten Unterart *A. s. emini* (NEUMANN 1908), die gleichfalls ein rotbraunes Halsband, aber in der Breite der Nominatform, und einen gebogeneren Schnabel haben soll, wurde bereits im einleitenden Kapitel in Zweifel gezogen, so daß ihr Verbreitungsgebiet *A. s. zenkeri* zugeschlagen wurde.

Berücksichtigt man, daß aus Liberia, dem Verbreitungsgebiet von *A. s. swindernianus*, seit den ersten Jahrzehnten dieses Jahrhunderts kein Bericht vom Fang eines Grün-

Grünköpfchen der Nominatform (*Agapornis s. swindernianus*) mit gelbem Halsband (oben) und der Unterart mit rotem Halsband (*Agapornis swindernanus zenkeri*), gezeichnet nach der Beschreibung bei FORSHAW.

köpfchens mehr gekommen sind (vgl. FORSHAW), muß um den Status der Nomi-natform gefürchtet werden. So scheint die Unterart *A. s. zenkeri* weit verbreiteter und häufiger anzutreffen zu sein. Sollten sich - entgegen bisherigen Erfahrungen - irgend-wann doch noch Grünköpfchen in Gefangenschaft halten lassen, würde es sich dann wohl um Exemplare der Unterart handeln. Als deutsche Bezeichnung möchten wir - statt der gelegentlich verwendeten Namen "Kamerun-Unzertrennlicher" oder "Zenkers Unzertrennlicher" - Rotnacken-Grünköpfchen vorschlagen.

Zeichnung: Schröder

Grünköpfchen (unten *Agapornis s. swindernianus*, oben *Agapornis s. zenkeri*), gezeichnet nach Bälgen des Senckenbergmuseums in Frankfurt.

Grünköpfchen gehören zu den am wenigsten erforschten Papageienarten überhaupt. Als Waldbewohner sind sie nicht nur ausgesprochen gut getarnt, sie halten sich auch vorwiegend in den Wipfeln hoher Bäume auf und kommen kaum einmal in Boden-nähe. Deshalb gibt es zum einen nur wenig verläßliche Beobachtungsdaten, zum an-deren werden kaum Vögel dieser Art gefangen. Ihr tatsächlicher Bestand - zumindest der der Unterart *A. s. zenkeri* - dürfte gerade wegen dieser Lebensweise größer sein als allgemein angenommen. Wie schwer es Forscher auf diesem Gebiet haben, belegt das Beispiel des deutschen Agapornidenliebhabers S. Bischoff, dem es trotz mehrerer gezielter Expeditionen nicht gelungen ist, auch nur ein einziges Farbbild von Grün-köpfchen zu schießen. Er mußte sich damit begnügen, einige Exemplare in der Ferne wahrzunehmen.

Obwohl sich die Heimat von *Agapornis swindernianus* auf Übersichtskarten mit der des Orangeköpfchens überschneidet, leben die beiden Arten doch in ganz unter-schiedlichen Biotopen und dürften so kaum miteinander in Berührung kommen. Im Gegensatz zu den steppenbewohnenden *Agapornis pullarius*, die sich lediglich in na-he Waldränder zurückziehen, leben Grünköpfchen nämlich tatsächlich im tiefen Ur-wald.

In Zaire gelang es in den fünfziger Jahren einem belgischen Missionar namens Hut-sebout, eine Anzahl Grünköpfchen für eine Weile in Gefangenschaft am Leben zu hal-ten, solange er ihnen frische wilde Feigen einer bestimmten Art anbieten konnte. Je-des andere Nahrungsangebot wurde ignoriert und endete mit dem Tod der Tiere nach drei bis vier Tagen. Selbst der Versuch, Hirsekörner unter die Feigen zu mischen, schlug fehl, obwohl im Kropf von erlegten Exemplaren nicht nur Getreide- und Grass-amen, sowie Mais in der Milchreife, sondern auch Insekten nachgewiesen wurden. Die Vermutung, daß Grünköpfchen extreme Nahrungsspezialisten sind, kann demzu-folge so nicht zutreffen, zumal ihnen auch im angestammten Biotop nicht das ganze Jahr über frische Feigen zur Verfügung stehen.

In den achtziger Jahren sollen einen dänischen Züchter lebende Grünköpfchen er-reicht haben, doch auch bei ihm seien die Tiere nicht über die Quarantäne hinausge-kommen. Möglicherweise könnten solche Verluste inzwischen zu vermeiden sein, wenn man die Kenntnisse und Erfahrungen in der Nahrungszusammenstellung nutzt, die seit einigen Jahren den erfolgreichen Import von Feigenpapageien (z.B. des Rot-wangen-Zwergpapageis, *Opopsitta diophthalma*) ermöglichen. Allerdings dürften Ver-suche dieser Art nur in sehr begrenztem Rahmen unternommen werden und wären sofort abzubrechen, wenn sich ein Scheitern abzeichnet. Vogelzüchter sollten gelernt haben umzudenken und sollten es nicht mehr in Kauf nehmen, wenn ihr Hobby mehr Leben kostet, als es durch Nachzucht erhält. Wo man sich nicht an diese Maxime hält, billigt man den Frevel an der Natur. Dann lassen wir unsere Grünköpfchen lieber ir-gendwo über den Wipfeln des zentralafrikanischen Urwalds ihr abgeschiedenes Leben führen und begnügen uns mit vagen Vermutungen.

Lediglich auf Vermutungen stützen sich auch Angaben zum Brutverhalten, die sich darin erschöpfen, daß die Grünköpfchen möglicherweise Nester von Baumtermiten benutzen, wenn sie im Juli oder August zur Brut schreiten.

Daß es keine Nachzuchterfolge in Gefangenschaft zu vermelden gibt, versteht sich von selbst, auch von Mutationen ist nichts bekannt.

0 500 1000 2000

Agapornis roseicollis
Rosenköpfchen

auch: Rosen(kopf)papagei

engl.:   *Peach-faced Lovebird,*
         Rosy-faced Lovebird

franz.: *Perruche à tête rose*

niederl.: *Perzikkop Dwergpapegaai*

wiss. Benennung durch VIEILLOT 1817 nach dem Erscheinungsbild (lat. *roseus*: rosenfarbig, *collum*: Hals)

Verbreitung:

Südwestafrika (Namibia, Angola)

Artbeschreibung:

Männchen und Weibchen der etwa 16 cm großen Rosenköpfchen sind gleich gefärbt, wenngleich gelegentlich festzustellen ist, daß die Stirnfarbe der Männchen intensiver und leuchtender wirkt. Hinter dem Auge läuft die Maske des Männchens in einem spitzen Winkel aus, während die der Weibchen sich in mehr oder weniger gerader Linie nach unten fortsetzt. In vielen Fällen wirken die Weibchen kompakter und massiger, haben eine breitere Schnabelwurzel und einen breiteren Kopf.

Die Grundfarbe ist grün, auf der Unterseite in deutlich hellerer Schattierung. Die Gesichtsmaske erstreckt sich von der Stirn bis hinter die Augen, verläuft entlang der Wangen und endet im Halbrund über der Brust. Dabei ist die karminrote Partie über dem Auge in klarer Linie vom Grün des Hinterkopfes abgesetzt, während der größere Teil darunter in Rosa übergeht und an den Rändern im Grün ausläuft. Die dunkelbraunen Augen sind von einem millimeterbreiten nackten Augenring umgeben und liegen klar innerhalb der roten Maske. Unterrücken, Bürzel und Oberschwanzdecken sind hellblau, die Unterflügeldecken grün. Die äußeren Schwanzfedern tragen nahe der Wurzel einen orangeroten, schwarz eingefaßten Fleck. Der Schnabel ist hell hornfarben, die Füße sind blaugrau, die Krallen grauschwarz.

Das Gefieder der Jungvögel ist eher graugrün, und die Maske ist lediglich unterhalb des Auges angedeutet. Während der ersten beiden Monate der Selbständigkeit verliert sich der ausgedehnte dunkle Fleck, der zunächst fast bis an die Spitze des Oberschnabels reicht. Die Ausfärbung der Stirn bei der Jugendmauser im Alter von 4 Monaten verläuft bei den jungen Männchen etwas schneller.

1,1 Rosenköpfchen (*Agapornis roseicollis*), links das Weibchen, rechts das Männchen

Unterart:

HALL benannte 1955 eine Unterart *Agapornis roseicollis catumbella*, worunter er eine lokale Form der Rosenköpfchen beschrieb, die er im Benguella-Distrikt in Südangola angetroffen hatte. Da die Unterschiede zur Nominatform lediglich in einem etwas helleren Gefieder und einer intensiveren Maske bestehen sollen, wird hier wohl nicht der Rahmen natürlicher Farbschwankungen gesprengt, so daß auch bei *Agapornis roseicollis* eine Unterteilung der Art abzulehnen ist.

Brutverlauf:

Das Gelege umfaßt 4 - 6 Eier. Die Jungen schlüpfen nach einer Brutdauer von 22 - 23 Tagen und bleiben bis zum Alter von etwa 40 Tagen im Nest. Selbständig sind sie mit 7 - 8 Wochen.

Rosenköpfchen sind in ihrer Heimat sehr häufig anzutreffen. Sie haben das offene Steppenland von der Meereshöhe bis hinauf auf 1600 m ü.M. besiedelt und fühlen sich am wohlsten in ausgesprochen trockenen Gegenden am Rande der Wüste und an Berghängen, vorausgesetzt eine Wasserstelle liegt in Reichweite. Offenbar sind sie geselliger als andere *Agapornis*-Arten, denn die meisten Berichte sprechen von Schwärmen mit hundert und mehr Tieren, die gemeinsam auf Nahrungssuche gehen und ihre Wasserstellen anfliegen. Entsprechend lautstark machen sie sich bemerkbar, und da sie mit Vorliebe zur Reifezeit von Getreide und Mais in die Felder einfallen, sind sie bei den Eingeborenen nicht gern gesehen. Ansonsten ernähren sie sich von Gras- und Wildkräutersamen, Früchten, Beeren und Knospen.

Foto: Kress

Der starke soziale Zusammenhalt einer Gruppe Rosenköpfchen äußert sich auch im Brutverhalten. Während die ursprünglicheren Arten sich in der Regel vom Schwarm absondern, um für Nachkommenschaft zu sorgen, bevorzugt *Agapornis roseicollis* die Jungenaufzucht im Koloniesystem. Zur Regenzeit von Januar bis März ergreifen sie nicht selten in kleinen Verbänden Besitz von Webernestern und den Gemeinschaftsnestern von Siedelsperlingen (*Philetairus socius*), denen sie immerhin ein paar Kammern ihres Baus zugestehen. Bietet sich eine solche Gelegenheit nicht, bauen sie selbst große überdachte Nester, etwa in Felsspalten an Berghängen.

Gemeinschaftsnester von Siedelsperlingen in Namibia, die gern von Rosenköpfchen besetzt werden

Rosenköpfchen wurden 1793 entdeckt, zunächst aber fälschlicherweise für eine Form der damals bereits bekannten Orangeköpfchen gehalten. Den Status einer eigenen Art erhielten sie 1817. 1860 importierte Hagenbeck die ersten *Agapornis roseicollis*, und im "Berliner Aquarium" gelang Brehm neun Jahre später die Zucht, über die er ausführlich in seinem *Thierleben* berichtet. In England ließ der erste Zuchterfolg (Cronkshaw) bis 1895, in Frankreich, den USA und Australien gar bis 1917/18 warten, was angesichts der leichten Züchtbarkeit dieser Art verwunderlich erscheint. Seither aber haben die Rosenköpfchen einen Siegeszug sondergleichen in den Volieren der ganzen Welt angetreten, und sie können wie Wellen- und Nymphensittiche inzwischen als domestizierte Art angesehen werden. Bis Mitte der siebziger Jahre wurden sie ständig und in großer Zahl importiert, was sich dann aber wegen der erfreulichen Vermehrungsrate in Gefangenschaft erübrigte. Dazu kommt, daß gerade bei dieser Art so viele attraktive Farbmutationen entstanden sind, die es zu stabilisieren galt. Zwar gibt es nach wie vor Importe, doch handelt es sich dabei nicht um Wildfänge, sondern um Nachzuchten, die aus Drittländern eingeführt werden.

Rosenköpfchen gehören zu den wenigen Unzertrennlichen, die im Zoohandel sowohl in der Wildfarbe als auch in den gängigen Mutationsfarben ständig zu einem sehr günstigen Preis angeboten werden. Sie sind genügsam und bestens akklimatisiert und können auch einige Grade Frost vertragen. Sie stellen keine besonderen Ansprüche an die Unterbringung oder die Nisthöhle, sie ziehen sowohl im Kistenkäfig wie in der Voliere problemlos Junge auf und halten sich an keine feste Brutzeit. Nach zwei, spätestens drei Bruten muß der Nistkasten entfernt werden, da das Weibchen sonst weiterlegen und möglicherweise an Schwächung eingehen würde.

Obwohl sie in freier Wildbahn Koloniebrüter sind, ist Vorsicht geboten, wenn mehrere Paare zusammen gehalten und nachgezogen werden. Nur bei einer entsprechend großen Voliere unterbleiben Beißereien und Nachstellungen, denen vor allem frisch ausgeflogene Jungvögel hilflos ausgeliefert wären. Von einer Vergesellschaftung mit anderen, vor allem kleineren und friedlicheren Gattungen - etwa mit Wellensittichen oder gar Kanarien - ist ebenfalls abzuraten, da Rosenköpfchen sehr aggressiv sind und schwächere Vögel attackieren und töten würden.

Wie bei allen domestizierten Arten kann durch die große Zahl an Nachzuchtvögeln eine Auswahl nach bestimmten Kriterien erfolgen, die sich im Schauwesen in einem Standard niederschlägt, der den Idealvogel beschreibt. Dieses Ideal kann sich durchaus vom Erscheinungsbild der Ursprungsvögel in freier Wildbahn entfernen, wie dies beim Wellensittich (*Melopsittacus undulatus*) der Fall ist, der FORSHAW zufolge eine Länge von 18 cm aufweist, von dessen durchgezüchteten Nachfahren der Standard inzwischen aber eine Länge von 24,5 cm fordert. Auch von *Agapornis roseicollis* wird im Schauwesen auf besonders große und wuchtige Tiere Wert gelegt, so daß manche Exemplare inzwischen nahezu 18 cm erreichen. Auf dem Prinzip der Selektion - hier nicht durch die Natur, sondern durch den Züchter - beruht aber nicht nur die Körpergröße, sondern ebenso die Weiterzucht und Festigung von Mutationen.

Wenn eine neue Mutation auftritt, ist es nur natürlich, daß der Züchter möglichst schnell möglichst viele solcher seltenen, wenn nicht einmaligen Vögel erhalten will. Dafür ist es zunächst unumgänglich, mittels Inzucht ein paar Tiere in der Mutationsfarbe nachzuziehen. Dann aber sollte man der Versuchung widerstehen, innerhalb dieses Stamms weiterzuzüchten, da nicht nur die Größe, sondern vor allem die Vitalität der Nachkommenschaft in einem Maße leiden würde, die die Mutation als solche gefährdet. Vielmehr müssen die Mutationstiere mit den besten und kräftigsten wildfarbenen Exemplaren verpaart werden, die zur Verfügung stehen. Mit den daraus entstehenden Spaltvögeln läßt sich dann ein vielversprechender Zuchtstamm aufbauen, in den aber immer wieder reinerbige Wildfarbene einzukreuzen sind.

Mutationen

Die bisher entstandenen Mutationen von *Agapornis roseicollis* werden im folgenden nicht in chronologischer Reihenfolge behandelt, sondern nach einem entwicklungslogischen Prinzip. Dabei wird nur echten Mutationsfarben ein Abschnitt gewidmet, in dem auch auf die Kombination mit den bereits vorgestellten Mutationen eingegangen wird. Ziel ist dabei nicht eine erschöpfende Darstellung aller Kombinationsfarben, sondern eine kritische Sichtung der Möglichkeiten, von denen lediglich die sinnvollen, weil phänotypisch identifizierbaren eingehender vorgestellt werden. Einzelheiten zu den verschiedenen Vererbungsgängen - nach der Beschreibung wird jeweils festgehalten, ob es sich um eine rezessiv, dominant, intermediär oder geschlechtsgebunden vererbende Farbmutation handelt - und zu den erwartbaren Ergebnissen bestimmter Verpaarungen sollten im vorigen Kapitel nachgeschlagen werden. Der Weg zur Kombination verschiedener Mutationen wird jeweils kurz skizziert. Wenn dabei von Verpaarungen der F_1-Generation untereinander die Rede ist, sind damit nicht automatisch Geschwister-Verpaarungen gemeint, sondern im Idealfall blutfremde Tiere, die lediglich den gleichen Genotyp aufweisen, weil sie von verschiedenen Eltern mit den gleichen Anlagen abstammen. Wenngleich Inzucht bei Neumutationen nicht immer zu vermeiden ist, sollte man sich hüten, über mehrere Generationen nur mit verwandten Vögeln zu züchten, um möglichst schnell und direkt das angestrebte Ziel zu erreichen. In der Regel ist der Umweg der Weg zum Erfolg, nicht die Luftlinie.

Pastellblau

Die beim Wildvogel grünen Gefiederpartien sind pastellblau, tendieren also zu einem matten Türkis. Die Stirn erscheint mehr oder weniger intensiv lachsrosa und geht in dem unter dem Auge gelegenen Teil der Maske in eine zarte Cremefarbe über, die an den Rändern leicht rosa überhaucht ist. Das Blau von Bürzel und Oberschwanzdecken bleibt erhalten und ist deutlich vom Pastellblau des Hauptgefieders unterschieden. Bei den Abzeichen der äußeren Schwanzfedern ist das Orangerot durch Grauweiß ersetzt.

Pastellblau wird **rezessiv** vererbt, spalterbige Tiere sind folglich nicht als solche zu erkennen. Das pastellblaue Rosenköpfchen erscheint nicht reinblau, weil bei dieser Mutation die gelbe Fettfarbe - wir erinnern uns, daß Grün eine Mischfarbe ist, die sich aus Blau und Gelb zusammensetzt, - offensichtlich nicht ganz ausfällt, sondern in stark verdünnter Form eingelagert bleibt. Dadurch wirkt der Körper des Vogels grün überhaucht, und die Farbe der Maske erscheint lediglich aufgehellt, nicht weiß.
Eine echte Blaumutation existiert beim Rosenköpfchen noch nicht, und es ist nicht auszuschließen, daß sie von der Pastell-Mutation unabhängig vererbt wird. Vielleicht warten wir auch vergeblich auf eine punktuelle Genveränderung, wenn Blau bei *Agapornis roseicollis* - anders als bei den Augenring-Arten - nicht an einem einzigen Genort entstehen sollte, sondern im Zusammenspiel mehrerer veränderter Gene, so daß

Pastellblaues Rosenköpfchen

etwa zur Weißmasken-Anlage noch eine Anlage für die Ausdehnung auf den ganzen Körper kommen müßte. Oder aber die Einlagerung von Psittacin wird über ein vom Blau-Gen unabhängiges weiteres Gen gesteuert, das erst durch eine Mutation deaktiviert werden müßte. Solche Spekulationen könnten zwar helfen, aus dem Dilemma der Benennung herauszukommen, doch solange die Hoffnung auf eine echte Blaumutation von *Agapornis roseicollis* besteht, sollte der Begriff "Blaureihe" jener vorbehalten bleiben. Die Reihe mit pastellblauer Grundfarbe könnte man, zumal keine andere Rosenköpfchen-Mutation offiziell mit dem Zusatz "pastell-" bedacht ist, der Einfachheit halber und des besseren Klangs wegen als "Pastell-Reihe" bezeichnen.

DE GRAHL (1976) erwähnt, daß auch in freier Wildbahn ein blaues Rosenköpfchen beobachtet worden sei, und nimmt an, daß es sich dabei um die uns bekannte Mutation gehandelt hat, was sich allerdings nicht mehr nachprüfen läßt. Die ersten Pastellblauen in Gefangenschaft fielen 1963 bei dem holländischen Züchter Habats aus einem Paar miteinander verwandter Grünvögel. Auch bei Weber in der Schweiz traten 1967 Pastellblaue auf, deren Elterntiere nichts mit dem holländischen Stamm zu tun hatten.

Vögel der Pastell-Reihe sind bereits beim Schlupf als solche zu erkennen, da sie einen weißen Flaum haben, während die Jungen aus der Grünreihe mit einem rosa Flaum zur Welt kommen. Die Mutation ist bestens durchgezüchtet und jederzeit zu erhalten.

Gelb ("Japan-Golden Cherry")

Das Grün des wildfarbenen Vogels ist bei dieser Mutation durch ein stumpfes Zitronengelb ersetzt, das leicht grünlich überhaucht ist. Die intensiven Farben der Maske sind erhalten geblieben, der Bürzel ist gleichfalls kontrastreich, aber heller blau. Die Handschwingen sind grauweiß, Füße und Krallen hellbraun, die Iris schwarz.

Gelb japanischen Ursprungs vererbt **rezessiv**; Spalterbigkeit ist folglich nicht phänotypisch wahrzunehmen. Eine gelbe Mutation entsteht durch den Ausfall der Strukturfarbe Blau. Der leicht grüne Anflug dieser Vögel läßt jedoch erkennen, daß die Einlagerung von Melaninen in die zentrale Markschicht der Feder nicht vollständig unterbleibt, daß es sich also eigentlich um eine Pastellgelb-Mutation handelt.

Den ersten Vogel dieses Farbschlags züchtete der Japaner Iwata 1954 aus einem grünen Elternpaar. Er gab der Mutation den phantasievollen Namen

Foto: Kenning

Gelbes Rosenköpfchen japanischen Ursprungs

Golden Cherry Lovebird, der sich trotz seines geringen Beschreibungswerts ("Goldkirschen-Unzertrennlicher"?) bei den Züchtern gehalten hat.

Burkhard in der Schweiz importierte in der zweiten Hälfte der sechziger Jahre die ersten zwei Weibchen und ein Männchen nach Europa, doch nur vom Männchen erhielt er Nachzucht, die Weibchen legten durchweg unbefruchtete Eier. Es blieb ihm nichts anderes übrig, als die grünen Jungen spalterbig in Gelb erneut mit wildfarbenen Vögeln zu verpaaren, so daß er bei deren Nachkommen nicht sicher sein konnte, ob sie Anlagen von Japanisch Gelb in ihrem Erbmaterial trugen. Aus diesem Stamm gelangten eine Reihe von Verdachtspaltern nach Holland (Verstraeten) und Deutschland, wo Wagner 1974 die ersten Gelben aus einem Halbgeschwisterpaar zog.

Bei der planmäßigen Weiterzucht stellte sich heraus, daß Burkhards schlechte Erfahrungen mit Weibchen kein Zufall waren. Bis heute haben sich die allermeisten gelben Weibchen zumindest während der ersten drei Jahre als unfruchtbar erwiesen. Entwickelt sich doch einmal ein Embryo, stirbt er innerhalb kürzester Zeit noch im Ei ab. Die Vorstellung, daß hier ein "Letalfaktor" am Werk ist, erscheint - wie wohl in anderen Fällen auch - irreführend; wahrscheinlich ist die sichtbare Farbveränderung mit einem erst bei der Nachzucht feststellbaren Defekt bei der Eiproduktion gekoppelt. Es versteht sich von selbst, daß japanisch gelbe Weibchen deshalb nicht sonderlich gefragt sind, und es wäre nur fair, einen weniger versierten Interessenten auf diesen Sachverhalt hinzuweisen. Um den gewünschten Erfolg zu haben, bieten sich nur Verpaarungen mit gelben oder spalterbigen Hähnen und spalterbigen Hennen an, allerdings erst dann, wenn durch die Einkreuzung von kräftigen wildfarbenen Tieren der Stamm entsprechend gefestigt ist. Möglicherweise entstehen so doch noch gelbe Weibchen, die für die Weiterzucht verwendbar sind.

Nach anfänglich großem Interesse ist diese Mutation - wohl wegen der geschilderten Probleme und einer besonderen Anfälligkeit der Jungvögel gegen Infektionskrankheiten - nur noch selten in den Volieren von Vogelliebhabern anzutreffen. Gleiches gilt für Kombinationsfarben, zumal deren Junge während der Aufzucht und der Jugendmauser noch mehr Probleme bereiten.

Kombinationsfarbe

– **Pastellweiß, "Weiß" (Japanisch Gelb + Pastellblau, "Japan Silver Cherry"):**

Lediglich die aprikosenfarbene Stirn sticht etwas von der Färbung des Hauptgefieders ab, das sich als schwaches, silbrig überhauchtes Cremegelb beschreiben läßt, von dem sich der weißgraue untere Teil der Maske kaum abhebt. Bürzel und Oberschwanzdecken erscheinen nur mehr verwaschen hellblau, auch die cremefarbenen Abzeichen im Schwanzgefieder bilden keinen Kontrast.

Weiß ist dieser Vogel allerdings nicht, was sich aus der Kombination zweier unvollkommener Farben erklärt. Da die Pastellblau-Mutation das Gelb der Feder nur stark verdünnt und die japanisch gelbe Variante die für das Blau verantwortliche Einlagerung von Melaninen nur unvollständig unterbindet, bleiben Reste von beiden Farben übrig, deren Mischung die so schwer beschreibbare Farbe des Pastellweißen ergibt.

Vögel dieser Kombinationsfarbe treten, da es sich um zwei rezessive Mutationen handelt, erst in der zweiten Generation (F_2)auf. Aus der Ausgangsverpaarung von Pastellblau x Gelb (F_1) fallen nur phänotypisch wildfarbene Junge, die aber alle spalterbig in beide Mutationsfarben sind. Werden diese Spalter untereinander verpaart, entsteht u. a. ein geringer Prozentsatz von pastellweißen Vögeln. Dazu ist viel Geduld nötig, wenn man bedenkt, daß statistisch lediglich sechs von hundert Jungen die gewünschte Kombinationsfarbe tragen.

Gesäumtes Gelb, "Gelbgesäumt" ("US-Golden Cherry", "Imperial Cherryhead")

Die Grundfarbe ist gelbgrün, wobei die Variationsbreite einzelner Vögel von einem nahezu goldgelben Ton bis zu einem lediglich aufgehellten Grün reicht. Die Federn der Flügeldecken und gelegentlich auch des Rückens sind mehr oder weniger deutlich grauoliv gesäumt, bei den hellen Handschwingen wirkt die Säumung fast anthrazit. Bürzelgefieder und Oberschwanzdecken weisen lediglich einen türkisblauen Schimmer auf. Die Maske bleibt erhalten.

Auch Gesäumtes Gelb - wie die üblicherweise als "Gelbgesäumt" bezeichnete Mutation richtiger heißen muß, denn schließlich ist nicht die Säumung gelb - vererbt **rezessiv** und ist eine eigenständige Mutation, die trotz einer gewissen Ähnlichkeit mit Gelb japanischen Ursprungs nichts zu tun hat. Das stellte sich allerdings erst heraus, als man, durch ein Ausbleiben der erwarteten Ergebnisse verunsichert, zur Kontrolle Japan *Cherry*-Vögel und US *Cherry*-Vögel miteinander verpaarte und nur wildfarbene Junge erhielt, die spalterbig in beide Mutationen waren.

Die Mutation, von der BROCKMANN/LANTERMANN (1981 und später) annehmen, daß sie durch Veränderung der Kästchenzellen oder eine veränderte Melanineinlagerung die Strukturfarbe Blau in verschiedenen Partien der Feder unterschiedlich stark verändert, ist Ende der sechziger Jahre in den USA entstanden. Von dort aus gelangte sie Mitte der siebziger Jahre durch Erhart zunächst nach Holland und später in die Bundesrepublik. Im Vergleich mit den Gelben erwiesen sie sich als weniger problematisch in der Zucht, und in kurzer Zeit fand man gesäumte Gelbe bei fast allen Züchtern von *Agapornis roseicollis*. Da man aber in der ersten Euphorie versäumte, entsprechend oft gute Tiere der Wildfarbe einzukreuzen, litt die Qualität der Nachzuchten im Laufe der Zeit. Darüber hinaus wurden schon bald reingelbe Rosenköpfchen - Lutinos - erschwinglich, und der vergleichsweise unattraktive "Gelbgesäumte" begann, ein Schattendasein zu fristen. Heute ist auch diese Mutation nicht mehr allzu häufig anzutreffen.

Kombinationsfarben

– **Gesäumtes Pastellweiß, "Weißgesäumt" (Gesäumtes Gelb + Pastellblau, "US Silver Cherry")**

Gesäumte Gelbe in der Pastell-Reihe sind wegen der noch in stärkerem Maße vorhandenen Blauanteile des Gefieders sehr viel weiter von der Farbe Weiß entfernt als die im vorigen Abschnitt behandelten "Japan Silver Cherry". Ihre Körperfarbe wirkt, nicht zuletzt durch die dunklen Säume, eher schmutzig blaugrau, wobei der türkise Schimmer von Bürzel und Oberschwanzdecken nicht sehr kontrastreich erscheint. Die Maske ähnelt der des pastellblauen Vogels, fällt aber weniger intensiv aus.

Gesäumt gelbes und gesäumt weißes Rosenköpfchen im Vergleich ("US *Golden Cherry*" links, " US *Silver Cherry*" rechts)

Der Zuchtweg des amerikanischen "*Silver Cherry*" verläuft analog zu dem des japanischen.

– Von einer Kombination der beiden Gelbmutationen ist wegen der großen phänotypischen Ähnlichkeit abzuraten.

Dominante Gelbscheckung

Die Gefiederpartien, die nicht von der Scheckung erfaßt werden, entsprechen der Färbung des Wildvogels, sind allenfalls etwas aufgehellt. Unregelmäßig über den Körper verteilt, aber in der Regel unter Einbeziehung der Kopfplatte, der Brust und zumindest einiger Handschwingen, bewirken mehr oder weniger große reingelbe Flächen eine kontrastreiche Scheckung. Von den größeren Federn werden manche nur unvollständig von der Scheckung erfaßt und sind selbst gescheckt. Selbst die nicht befiederten Körperteile können einbezogen sein, so daß einige Krallen dunkel und einige hell sein können.

Diese Gelbscheckung vererbt **dominant**. Der Scheckfaktor ist entweder sichtbar, oder er ist nicht vorhanden. Es gibt also keine spalterbigen Vögel dieser Mutation, wohl aber welche, bei denen der Faktor doppelt auftritt, was phänotypisch jedoch nicht zu erkennen ist. Die genetische Veränderung bewirkt, daß in Teile des Gefieders kein Melanin eingelagert wird, dementsprechend erscheinen sie gelb, die Innenfahnen der betroffenen Schwungfedern weiß. Im übrigen schieben die zweiten Dunen der gescheckten Nestlinge knapp zwei Wochen nach dem Schlupf nicht dunkelgrau, sondern gelblich nach, so daß die Jungen daran sehr früh zu erkennen sind.

Das Aussehen gelbgescheckter Rosenköpfchen hat eine enorme Variationsbreite, da die Ausdehnung der Scheckung sich ebenso auf ein paar gelbe Federn beschränken kann, wie sie gelegentlich das Gefieder so komplett überzieht, daß lediglich ein

Foto: Raffenberg

Schwach geschecktes Rosenköpfchen der Grünreihe

paar grüne Federchen oder dunkle Flügelspitzen übrigbleiben. Der hier abgebildete schwach gescheckte grüne Vogel und der stark gescheckte Pastellblaue auf der nächsten Seite sollten einen Eindruck von der unterschiedlichen phänotypischen Ausprägung dieser Mutation vermitteln.

Die dominante Gelbscheckung gilt als die erste Mutation des Rosenköpfchens überhaupt, wenngleich die Angaben zum Zeitpunkt ihres Auftretens in der Literatur stark auseinandergehen. Vermutlich Ende der vierziger Jahre fiel kalifornischen Züchtern bei einigen Nachzuchtvögel eine leicht gelbe Kopfplatte auf. Erst als dieses Merkmal auch bei deren Nachkommen auftrat, begann man mit einer gezielten Auslesezucht, in deren Verlauf es gelang, die Scheckung immer weiter auszudehnen. Erst 1969 gelangten die ersten Schecken über den Schweizer Burkhard, der hier wie in so vielen Fällen in Europa die Nase vornhatte, nach Deutschland zu Bischoff, der aus eigener Erfahrung und Berichten anderer Züchter wesentlich zur Klärung der Vererbung beitragen konnte, die man bis dahin fälschlicherweise für rezessiv hielt. Es hatte sich nämlich gezeigt, daß aus der Verpaarung zweier vermeintlicher Spaltvögel nie

Foto: Kenning

Geschecktes Rosenköpfchen der Pastell-Reihe mit 90-%-iger Aufhellung

Schecken hervorgingen. Umgekehrt erbrachten auch garantiert reinerbige Wildfarbene in der Verpaarung mit einem Schecken selbst wieder gescheckte Junge. Und schließlich fielen aus Paaren, bei denen beide Partner die Gelbscheckung aufwiesen, auch grüne Rosenköpfchen. Es konnte also nur ein dominanter Erbgang vorliegen, in dem die entsprechende Eigenschaft sowohl einfaktorig wie zweifaktorig vererbt werden kann.

Das Ausstellungsideal sieht eine 50-%-ige symmetrische Scheckung vor, was sich in der Praxis aber kaum steuern läßt. Obwohl die tatsächliche Ausdehnung der Scheckenzeichnung dem Zufall überlassen bleibt, hat sich gezeigt, daß in der Nachzucht aus der Verpaarung eines 50- bis 60-prozentigen Schecken mit einem wildfarbenen Vogel noch am ehesten ein paar Junge mit der erwünschten Farbverteilung dabeisind. Attraktiver sind aber sicher die stärker aufgehellten Rosenköpfchen, die sich bei Liebhabern und Hobbyzüchtern auch weit größerer Beliebtheit erfreuen.

Waren noch vor gut zehn Jahren die Gelbgescheckten eine der häufigsten Rosenköpfchen-Mutationen überhaupt, sind ihre Bestände inzwischen zwar nicht gering, aber doch erstaunlich zurückgegangen. Das mag zum einen an der Unberechenbarkeit für den Aussteller liegen, zum anderen aber an der Konkurrenz durch den makellosen Lutino. Auch waren es manche Züchter leid, die zunächst begehrte, durch ihre Dominanz aber bald aufdringliche Mutation nur mehr mit Mühe in den Griff zu bekommen. Heute ist es fast nötig, diesem Farbschlag mehr Aufmerksamkeit zukommenzulassen, wenn auch die Zucht kontrollierter und vor allem mit einfaktorigen Tieren angegangen werden sollte.

Kombinationsfarben

– **Pastellscheckung (Dominante Gelbscheckung + Pastellblau)**

Die Gefiederpartien, die nicht von der Scheckung erfaßt werden, entsprechen der Färbung des pastellblauen Rosenköpfchens, sind aber im Vergleich damit insge-

samt aufgehellt. Dadurch wirkt die cremig überhauchte pastellgelbe Scheckung weniger kontrastreich als in der Grünreihe. Ansonsten trifft das dort Gesagte auch hier zu.

Wie bei allen Kombinationen mit der Pastell-Reihe bleibt ein Rest der gelben Fettfarbe erhalten, wodurch eine weiße Scheckung verhindert wird. Möglicherweise wird bei dieser Mutation noch zusätzlich Psittacin eingelagert, da die gescheckten Bereiche deutlicher gelb wirken als bei anderen Vermischungen von Gelb und Pastellblau.

Da bei diesem Farbschlag eine dominante und eine rezessive Mutation kombiniert werden, dauert es wegen der rezessiven Vererbung von Pastellblau zwar ebenfalls bis zur zweiten Generation, bis aus einem ein- oder doppelfaktorig gelbgescheckten grünen und einem pastellblauen Vogel ein Pastellschecke entstehen kann, doch erhält man in der F_2-Generation weit mehr Tiere in der Kombinationsfarbe, als das bei zwei rezessiven Vererbungsgängen der Fall wäre. Aus der Verpaarung eines F_1-Vogels des Genotyps Gelbgescheckt/pastellblau mit einem Pastellblauen ist immerhin ein Pastellschecke aus jedem Vierergelege zu erwarten.

– Die Kombination mit einer der beiden oder gar mit beiden Gelb-Mutationen bringt nichts, da das Ergebnis phänotypisch uninteressant und kaum in seiner Zusammensetzung erkennbar wäre. Bei den japanisch Gelben nähme man eine Verkleinerung der Maske auf Kosten der markanten Abgrenzung der roten Stirn in Kauf, und die Gesäumten Gelben würden zusätzlich ihre Säumung zumindest teilweise verlieren.

Rezessive Gelbscheckung ("Australisch Gelb")

Die Grundfarbe ist intensiv goldgelb, manchmal auch mit wenigen grünen Resten vorwiegend im Kleingefieder des unteren Rückenbereichs. Auch der hell türkisfarbene Bürzel ist gelb gefleckt. Das Gelb des Kopfs reicht bis tief in die Stirn hinein und verhindert die beim Wildvogel so kontrastreiche Rotfärbung der Maske, die bei dieser Mutation auch nach unten weniger weit ausgedehnt ist und bereits mit der Kehle endet. Das rote Band im Schwanzgefieder kann stark reduziert sein, aber auch voll erhalten bleiben. Die Augen sind schwarz.

Die Scheckmutation australischen Ursprungs vererbt **rezessiv**. Allerdings weisen viele spalterbige Jungvögel eine Reihe gelber Federchen auf, die meist mit der ersten Mauser verschwinden. Die Variationsbreite dieser Gelbscheckung ist zwangsläufig geringer als bei der dominanten Mutation, da sie stets fast den ganzen Körper erfaßt. Auf den ersten Blick wirken Australisch Gelbe wegen der unvollständigen Maske wie dominant gescheckte Lutinos, doch es handelt sich tatsächlich um eine eigenständige Mutation.

Wie aus der unter Züchtern gängigen Bezeichnung hervorgeht, entstand dieser Farbschlag in Australien, wo er Ende der sechziger Jahre erstmals bei Fisk auftrat. Da in australischen Beständen mehr olivfarbene als wildfarbige Rosenköpfchen anzutreffen sind, trugen einige der Vögel, die um das Jahr 1980 in die Bundesrepublik gelangten, bereits einen Dunkelfaktor, der sich aber lediglich im Bürzelgefieder bemerkbar macht. Nach wie vor ist dieser Farbschlag aber selten bei uns anzutreffen und nicht einfach zu festigen. Viele Jungvögel leiden unter Gefiederproblemen und kommen nicht durch die Jugendmauser.

Australisch gelbes Rosenköpfchen

Kombinationsfarben

– **Australisch Pastellweiß (Rezessive Scheckung + Pastellblau; "Primrose")**

Der Vogel ist von einer zart gelben Pastellfarbe überzogen und wirkt in seiner ganzen Erscheinung cremig weiß, wobei kaum mehr eine Maske wahrzunehmen ist.

Wenn dieser Vogel dem Ideal des weißen Vogels phänotypisch noch am nächsten kommt, liegt das vor allem daran, daß der beim Pastellblauen intensiver gefärbte Teil der Maske weitgehend von der Scheckung erfaßt wird und keinen Kontrast mehr darstellt. Es versteht sich von selbst, daß ansonsten auch hier die Beschränkungen der Pastell-Reihe zum Tragen kommen.
Der Weg zur Vereinigung dieser zwei rezessiven Mutationen verläuft analog dem im Abschnitt über Gelb beschriebenen Weg, dessen Ergebnis der (japanisch) Pastellweiße ist.

– **"Gelbe Schwarzaugen" (Rezessive Scheckung + Dominante Scheckung)**

Entgegen den Erwartungen vieler Züchter, die durch die Erfahrung mit Wellensittichen aus der Kombination der beiden Scheck-Mutationen den rein gelben Vogel mit schwarzen Augen erhoffen, verspricht diese Kombination beim Rosenköpfchen außer einem etwas intensiveren Gelb nicht viel, da das Rot der verbliebenen Maske davon unberührt bliebe. Ein Vogel mit beiden Scheckungs-Anlagen, der wie beim Pastellschecken zu erreichen wäre, würde sich nur unwesentlich vom Australisch Gelben unterscheiden und scheint deshalb nicht erstrebenswert. Ähnliches gilt für diese Kombination in der Pastell-Reihe.

– Auch die rezessive Scheckung eignet sich nicht für eine Kombination mit einer der beiden oder gar mit beiden Gelb-Mutationen, da das Ergebnis phänotypisch uninteressant und kaum in seiner Zusammensetzung erkennbar wäre.

Lutino

Lutino-Rosenköpfchen
(Kopfstudie)

Foto: Kenning

Sämtliche grüne Gefiederpartien des Wildvogels sind beim Lutino intensiv goldgelb gefärbt und bilden einen herrlichen Kontrast zur kräftig roten Maske, die ebenso erhalten geblieben ist wie das rote Band des Schwanzgefieders. Die Handschwingen sind weiß, der Bürzel schimmert silbrig. Die Augen sind zunächst hell-, später dunkelrot, die Füße und Krallen fleischfarben.

Die Lutino-Mutation vererbt im Gegensatz zu den bisher behandelten Farbschlägen **geschlechtsgebunden**. Es gibt also keine spalterbigen Weibchen. Das Gelb von Lutinos beruht auf einem totalen Melaninausfall, so daß lediglich das Psittacin in der Rindenschicht der Federn gebildet wird, das sowohl für das Gelb des Gefieders wie für das Rot der Maske verantwortlich ist. Die Augen erscheinen rot, weil wegen der fehlenden Pigmente die Blutfarbe sichtbar wird. Vögel dieser Mutation leiden unter der direkten Einwirkung von Son-

Foto: Raffenberg

Lutino-Rosenköpfchen

nenlicht und grellem Kunstlicht und sollten deshalb lichtgeschützt untergebracht werden.

Die ersten Lutinos tauchten 1969 bei der kalifornischen Züchterin Schertzer in der Nachzucht aus zwei dominanten Schecken auf, doch ist dieser Ursprung reiner Zufall und läßt nicht auf eine besonders vielversprechende genetische Konstellation schließen. Erneut gelangten die ersten Exemplare dieser Mutation, die viele Züchter für die schönste überhaupt halten, über Erhart nach Holland (van de Kamer) und Deutschland, wo Seipel und Bischoff Anfang 1976 die Nachzucht gelang. Nach einer ersten Phase, in der sich die Zucht von Lutinos als recht schwierig erwies und mit vielen Verlusten verbunden war, hat sich der Bestand aber schnell stabilisiert, da es bei geschlechtsgebundener Vererbung geradezu ideal ist, Lutino-Hähne mit wildfarbenen Weibchen zu verpaaren. Das Geschlecht der Nachzucht läßt sich nämlich schon im Nest bestimmen: Alle Jungen mit roten Augen sind Weibchen, alle mit schwarzen Männchen.

Inzwischen können Lutinos problemlos miteinander oder mit Vögeln der Kombinationsfarben verpaart werden, ohne daß sich das negativ auf Größe oder Vitalität auswirken würde. Rosenköpfchen dieser attraktiven Mutationsfarbe sind sehr beliebt und entsprechend häufig. So sind sie jederzeit und zu einem günstigen Preis zu haben.

Kombinationsfarben

– **Pastell-Albino, "Gelbgesicht-Albino", "Creme-Albino" (Lutino + Pastellblau)**

Foto: Raffenberg

Rosenköpfchen in Pastell-Albino

Die intensiv gelbe Grundfarbe von Lutino ist hier stark verdünnt und erscheint als helles, cremefarben überhauchtes Zitronengelb, die Stirn ist aprikosenfarben, der Rest der Maske cremig weiß. Die Augen sind rot, die Füße und Krallen fleischfarben.

Auch das gleichzeitige Vorkommen von Lutino und Pastellblau im gleichen Vogel kann keinen rein weißen Vogel ergeben, da nach wie vor - wenn auch in verdünnter Form - Psittacin in die Federn eingelagert wird. Immerhin unterbleibt - im Gegensatz zu den Pastellreihen-Varianten der beiden Gelb-Mutationen eine optische Mischung der Restfarbe mit Melaninrückständen, die hier ja tatsächlich fehlen.
Da bei diesem Farbschlag eine rezessive mit einer geschlechtsgebundenen Mutation kombiniert werden, dauert es wegen der rezessiven Vererbung von Pastellblau ebenfalls bis zur zweiten Generation, bis aus den beiden reinen Ausgangsfarben Pastell-Albinos gezüchtet werden können. Aus den günstigsten F_1-Verpaarungen erhält man immerhin bei jedem achten Nachzuchtvogel die gewünschte Farbkombination. So werden aus 1,0 Grün/pastellblau+lutino x 0,1 Pastellblau ein Viertel aller Weibchen Pastell-Albinos. Umgekehrt weiß man sofort, daß alle Junge mit roten Augen Weibchen sind. Unter den Nachkommen des gleichen doppelt spalterbigen Hahns mit 0,1 Lutino/pastellblau, die ja gleichfalls nach der ersten Generation zur Verfügung stehen, fallen ebenso viele Pastell-Albinos, von denen hier aber die Hälfte Männchen sind.

- Von der Kombination mit einer der beiden oder gar mit beiden Gelb-Mutationen ist abzuraten, da Lutino - mit Ausnahme von Australisch Zimt (s. dort) - alle anderen Farbschläge überdeckt.
- Das gleiche gilt im Prinzip für eine Koppelung mit dem dominanten Scheckfaktor in der Grünreihe, doch kann sie bei blassen Lutinos die Intensität des Gelb heben. Andrerseits besteht die Gefahr, daß sich die gelbe Kopfplatte der Scheck-Mutation auch beim Lutino in die Stirn ausdehnt und der roten Maske viel von ihrem Reiz nimmt.
- Gleichfalls unerwünscht sind Schattierungen in der Gefiederfarbe. In der Pastell-Reihe würde der dominante Scheckfaktor eher das Gegenteil dessen bewirken, was das Ziel sein sollte: der gelbe Anflug würde allenfalls intensiver.
- Die Kombination mit der rezessiven Scheck-Mutation hat gleichfalls zur Folge, daß die Maske verkleinert wird und der intensiv rote Teil der Stirnfärbung verlorengeht, doch erstreckt sich das Goldgelb des Körpergefieders auch auf den Bürzel. Ausgesprochen interessante Vögel entstehen durch die Einkreuzung dieser gescheckten Lutinos in die Pastell-Reihe: Der ganze Vogel erscheint einheitlich zitronengelb ohne Anzeichen einer Maske. Wie bei den Australisch Pastellweißen erstreckt sich die Scheckung auch auf die Stirn und den Bürzel, und der Gelbanflug wirkt intensiver als beim Pastell-Albino. Um solche Rosenköpfchen handelt es sich offenbar bei den "Priminos", die in einer der letzten Ausgaben des *Australian Birdkeeper* als geschlechtsgebunden vererbende Neumutation vorgestellt wurden.

Foto: Gaiser

Rosenköpfchen der Falb-Mutation mit Ursprung in der ehemaligen DDR

Falb

Die hellgelben Vögel mit einer markanten roten Maske und roten Augen sind auf den ersten Blick mit Lutinos zu verwechseln, doch ist die Farbe des Gefieders meist nicht ganz so intensiv. Auf dem Rücken und bei einigen Tieren auch auf der Unterseite ist das Gelb grünlich überhaucht, die Schwanzspitzen gehen ins Grünlich-Braune. Unverwechselbar werden sie jedoch durch ihren ausgedehnten, leuchtend hellblauen Bürzel. Während die roten Augen von Lutinos mit der Zeit dunkler werden, bleiben sie bei Falben auch im Alter leuchtend hellrot.

Die Falb-Mutation vererbt **rezessiv** und muß in diesem konkreten Fall angesichts der reinen Gelbfärbung ebenfalls daraus resultieren, daß die Einlagerung von Melaninen in die zentrale Markschicht der Feder weitgehend unterbleibt. Normalerweise fallen bei Falben nur die (schwarzen) Eumelanine aus, während die (braunen) Phaeomelanine erhalten bleiben, wie das bei einer anderen, weit weniger aufgehellten Falb-Mutation des Rosenköpfchens, auf die später noch kurz einzugehen ist, der Fall sein dürfte.

Die hier beschriebenen Falben stammen aus der ehemaligen DDR und entstanden 1977 aus der Verpaarung von zwei grünen Rosenköpfchen fast gleichzeitig mit der angesprochenen eigenständigen Falb-Mutation, die in der Bundesrepublik auftrat. Wegen ihres ungleich attraktiveren Erscheinungsbilds konnte sich die helle Variante trotz großer Probleme bei der Weiterzucht einigermaßen halten, während die dunklere aus unseren Volieren verschwunden zu sein scheint.

Die Zucht von Falben ist nach wie vor ein schwieriges Unterfangen und mit vielen Rückschlägen verbunden, vor allem wenn man versucht, den schnellstmöglichen Weg zu gehen. Oft werden junge Falben nicht angefüttert, sie erweisen sich als überaus anfällig, und von den wenigen nachgezogenen erreichen bei weitem nicht alle die Zuchtreife. Selten gibt es Tiere, die an die Größe wildfarbener Vögel herankommen. Hier sind besondere Anstrengungen nötig, wenn nicht auch diese Falb-Mutation verlorengehen soll.

Kombinationsfarben

– Pastellfalb (Falb + Pastellblau)

Das Gelb des Falben ist hier stark verdünnt und erscheint als sehr helle Cremefarbe, die Stirn ist nur noch lachsrosa angedeutet. Das Blau des Bürzels bleibt in etwas aufgehellter Form erhalten und steht in auffallendem Kontrast zu dem ansonsten fast weißen Vogel. Die Augen sind hellrot.

Der Weg zur Kombination zweier rezessiver Mutationen wurde bereits beschrieben (vgl. Pastellweiß), erwies sich aber hier wegen der hohen Ausfallrate bei Falben als ungleich mühevoller und langwieriger. Immerhin gibt es inzwischen die Pastellfalben, etwa bei Gehlen, der die Falbmutation erfolgreich in fast alle Farbschläge eingebracht hat.

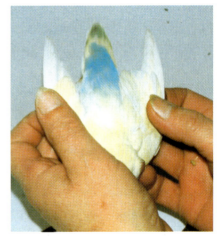

Foto: Gehlen

Bürzel eines Pastellfalben

– Mit den anderen bisher behandelten Mutationen erscheint eine Kombination überflüssig, da unvermischte Falben in der Grün- und in der Pastell-Reihe so makellose Vögel sind, daß ihre Erscheinung nur unter den weniger markanten Farbschlägen leiden könnte. Anders verhält es sich mit dem Violett- und den Dunkelfaktoren, doch davon soll bei diesen Mutationen die Rede sein.

Foto: Kenning

Rosenköpfchen in Amerikanisch Zimt

Amerikanisch Zimt

Die Farbe des Hauptgefieders ist verglichen mit dem Wildvogel stark aufgehellt und wirkt matt grün, wohingegen die Maske und das Blau des Bürzels nahezu unverändert erscheinen. Dabei ist die Federstruktur feiner als bei anderen Farbschlägen. Die Handschwingen und die Schwanzfedern sind zimtbraun, die Abzeichen aufgehellt orange. Füße, Zehen und Krallen sind hell, die Augen dunkel, bei starkem Lichteinfall rötlich-braun.

Zimt wird wie Lutino **geschlechtsgebunden** vererbt. Es kann folglich auch bei dieser Mutation keine spalterbigen Weibchen geben. Die Aufhellung des Gefieders wird durch den teilweisen Ausfall von Melaninen bewirkt: es werden nur mehr braune, keine schwarzen gebildet. Das erklärt auch, warum die ansonsten schwarzen Handschwingen eine braune Färbung aufweisen. In den übrigen Federn wird mehr Licht reflektiert, was das Auge als helleren Grünton wahrnimmt.

Diese beliebte Mutation entstand Anfang der siebziger Jahre in Texas und gelangte 1976 erneut über Erhart in die Niederlande und die Bundesrepublik. Der Farbschlag konnte sich rasch etablieren, da hier die üblichen Probleme einer neuen Mutation ausblieben: Die amerikanischen Zimter zogen starke und kräftige Junge nach und vermehrten sich rasch. Auch läßt sich aus der Verpaarung 1,0 Zimt x 0,1 Wildfarbe (oder eine beliebige Mutation außer Zimt) bereits im Nest zweifelsfrei das Geschlecht der Nachzucht bestimmen: alle Zimter sind Weibchen, alle anders gefärbten sind Männchen, die spalterbig in Zimt sind. Die jungen Zimter sind bereits in den ersten Lebenstagen als solche zu erkennen, da ihre Augen zunächst weinrot schimmern, aber schon bald nachdunkeln.

Heute gibt es einen gesicherten Bestand an guten US-Zimtern, wenngleich er zahlenmäßig nicht mehr so groß ist wie noch vor einigen Jahren, vielleicht auch wegen der Konkurrenz einer neueren und für viele ansprechenderen Zimt-Mutation australischen Ursprungs. Amerikanische Zimter füllen deshalb zwar nicht mehr die Auslagen der Zoogeschäfte, sind aber für den interessierten Züchter jederzeit günstig zu haben.

Kombinationsfarben:

– Pastellzimt (Amerikanisch Zimt + Pastellblau):

Die Färbung von Maske und Bürzel entspricht der des pastellblauen Rosenköpfchens. Das aufgehellte, bläulichgrüne Hauptgefieder wirkt matt und steht kaum noch im Kontrast zum unteren Teil der Maske. Die Handschwingen sind zimtfarben, und auch die nicht befiederten Partien entsprechen denen des amerikanischen Zimters in der Grün-Reihe.

Wie beim Pastell-Albino werden hier eine rezessive und eine geschlechtsgebundene Mutation kombiniert, so daß alle Aussagen dort voll übertragbar sind.

– Zimtscheckung (Amerikanisch Zimt + Dominante Scheckung)

Die gelb gescheckten Gefiederbereiche wirken auf der ohnehin bereits aufgehellten Grundfarbe nicht sehr auffallend, zumal auch die rote Maske oft ihre Kontur verliert. Diese Mutation wirkt in der Grün-Reihe fast noch dezenter als in der Pastell-Reihe.

Die Kombination von einer geschlechtsgebundenen und einer dominanten Mutation läßt sich bereits in der ersten Generation

Foto: Raffenberg

Rosenköpfchen in Amerikanisch Pastell-Zimt mit Dunkelfaktor (Kobalt-Zimt)

erreichen, wenn nämlich ein Zimt-Hahn (selbst Spalterbigkeit in Zimt würde zum gewünschten Ergebnis führen) mit einer gescheckten Henne verpaart wird. Besitzt sie zwei Scheckfaktoren, sind alle jungen Weibchen zimtgescheckt, besitzt sie nur einen, lediglich die Hälfte.

– "Lacewing" (Amerikanisch Zimt + Lutino)

Die gelben Gefiederpartien sind dunkler als beim Lutino und wirken zimtfarben überhaucht, die Handschwingen zeigen einen deutlicheren Zimtanflug. Die Maske erscheint dunkelrot, ebenso die Augen. Der Bürzel ist blau und stellt somit das sicherste Unterscheidungsmerkmal zu reinen Lutinos dar. In der Pastell-Reihe fällt der intensiv gelbe Bestandteil der Körperfarbe aus, und der Vogel ist ein Pastell-Albino mit Zimt-Anflug.

Im Gegensatz zu den anderen Farbkombinationen, die planmäßig erzüchtet werden können, ist der "Lacewing" ein Zufallsprodukt und könnte fast als eigenständige Mutation behandelt werden. Da sowohl Zimt als auch Lutino geschlechtsgebunden vererben, müssen beide Farbschläge auf dem X-Chromosom liegen. Das bedeutet aber auch, daß sie eigentlich nicht auf dem gleichen Chromosom vorkommen können, denn aus 1,0 Zimt x 0,1 Lutino findet sich auf dem X-Chromosom aller jungen Weibchen das Zimt-Gen, während junge Männchen ein X-Chromosom mit dem Zimt- und eines mit dem Lutino-Gen mitbekommen und dementsprechend nur das eine ODER andere an die eigene Nachkommenschaft weitergeben können. Das gleiche trifft auf die Verpaarung 1,0 Lutino x 0,1 Zimt zu, nur sind die Weibchen alle lutino. Eine Kombination der beiden Gene kann nur bei den Männchen durch den genetischen Unfall des *crossing over* entstehen, wenn nämlich die beiden X-Chromosomen auseinanderbrechen und die falschen Bruchstellen aneinandergefügt werden. Ist das einmal geschehen, sind die beiden Gene miteinander gekoppelt und können umgekehrt nicht mehr getrennt voneinander vererbt werden. Dem Züchter mit dem Ziel des "Lacewing" - den es in den USA bei Erhart bereits seit Anfang der achtziger Jahre gibt - bleibt also nur der Weg über möglichst viele der beiden genannten Verpaarungen, um zunächst einmal Hähne mit dem Zimt-Gen auf dem einen und dem Lutino-Gen auf dem anderen Chromosom zur Verfügung zu haben und für den Zufall des *crossing over* überhaupt erst die Vorbedingung zu schaffen. Solche doppelt spalterbigen Männchen sind dann erneut mit Lutino- oder Zimt-Weibchen zu verpaaren, und irgendwann könnten in der folgenden oder einer der nächsten Generationen "Lacewings" fallen. Am vielversprechendsten erscheint dafür die Konstellation 1,0 Lutino/zimt oder Zimt/lutino x 0,1 Wildfarbe. Sind erst einmal "Lacewings" verfügbar, lassen sie sich im Prinzip wie eine eigenständige geschlechtsgebundene Mutation behandeln und festigen.

– Eine Kombination mit den beiden Gelb-Mutationen erscheint wegen der relativen Ähnlichkeit phänotypisch ebensowenig sinnvoll wie mit der rezessiven Scheckung und mit Falb, denen der Zimteinfluß die leuchtende Farbe verderben würde.

Australisch Zimt ("Isabell")

Wie beim japanisch gelben Rosenköpfchen ist die Hauptgefiederfarbe stumpf hellgelb. Die markante rote Maske ist erhalten geblieben, der Bürzel ist intensiv blau. Die Handschwingen sind schwach zimtfarben, Füße und Krallen hellbraun, die Iris schwarz.

Auch diese Zimt-Mutation vererbt **geschlechtsgebunden**, aber unabhängig von der weit dunkleren amerikanischen Zimtvariante und den vom Erscheinungsbild her ähnlichen Gelben, erstaunlicherweise jedoch nicht unabhängig von Lutino. Tatsächlich handelt es sich bei Lutino und Australisch Zimt um Veränderungen ein und desselben Gens auf dem X-Chromosom, wobei Zimt dominant über Lutino ist. Das heißt, daß es keine Kombination der beiden Farbschläge und damit keinen australischen "Lacewing" geben kann.

Wegen dieses ungewöhnlichen Sachverhalts, auf den im allgemeinen Vererbungsteil nicht eingegangen wurde, sollen hier die Ergebnisse aus einigen interessanten Verpaarungen vorgestellt werden. Der Phänotyp ist jeweils fettgedruckt.

| 1,0 **Lutino** | 1,0 **Austr. Zimt**/lutino |
| x 0,1 **Austr. Zimt**: | 0,1 **Lutino** |

| 1,0 **Austr. Zimt** | 1,0 **Austr. Zimt**/lutino |
| x 0,1 **Lutino**: | 0,1 **Austr. Zimt** |

| 1,0 **Austr. Zimt**/lut. | 1,0 **Lutino** <u>oder</u> **Austr. Zimt**/lutino |
| x 0,1 **Lutino**: | 0,1 **Austr. Zimt** <u>oder</u> **Lutino** |

| 1,0 **Wildfarbe**/austr. Zimt | 1,0 **Wildfarbe**/lutino <u>oder</u> **Austr. Zimt**/lutino |
| x 0,1 **Lutino** | 0,1 **Wildfarbe** <u>oder</u> **Austr. Zimt** |

| 1,0 **Wildfarbe**/lutino | 1,0 **Wildfarbe**/lutino <u>oder</u> **Austr. Zimt**/lutino |
| x 0,1 **Austr. Zimt** | 0,1 **Wildfarbe** <u>oder</u> **Austr. Zimt** |

Wie die Beispiele zeigen, kann ein Zuchtstamm von australischen Zimtern mithilfe von Lutinos sehr einfach und rasch vermehrt werden. Jemand, dem die erstaunliche Verteilung von Australisch Zimt und Lutino in der Nachzucht nicht einleuchtet, kann zum besseren Verständnis das Gen für Australisch Zimt als Lutino-Gen mit einer fest gekoppelten Zimt-Komponente betrachten. Bei allen phänotypisch erkennbaren Australisch Zimtern und Lutinos tragen die X-Chromosomen (beim Hahn also beide, bei der Henne nur das eine) im Prinzip die Anlagen für Lutino, nur daß bei der Zimt-Mutation zumindest eine der Lutino-Anlagen durch die Zimt-Komponente überdeckt wird. Insofern ist es nicht verwunderlich, wenn aus Australisch Zimt (= z-Lutino) x Lutino 100% "(z-)Lutinos" fallen. Es versteht sich von selbst, daß Weibchen nicht spalterbig in Australisch Zimt sein können. Wie bei der amerikanischen Variante haben die Jungen beim Schlupf rote Augen, die aber bald nachdunkeln.

Foto: Kenning

Vergleich der beiden Zimt-Mutationen des Rosenköpfchens: links australisch zimt, rechts amerikanisch zimt

Bei Zimtvögeln, die Lutino verdecken, fallen Körperfarbe und Bürzel blasser aus, und man sollte, auch der Vitalität wegen, immer wieder mit wildfarbenen Rosenköpfchen arbeiten. Immerhin konnte die attraktive Mutation, die Ende der siebziger Jahre entstand, auf diese Weise auch bei uns gut etabliert werden, wenngleich sie noch nicht annähernd so häufig anzutreffen ist wie der amerikanische Farbschlag.

Kombinationsfarben:

– Australisch Pastellzimt (Australisch Zimt + Pastellblau, "Ivory"):

Wie die in Australien gebräuchliche Bezeichnung "Ivory" andeutet, wirkt der ganze Vogel elfenbeinfarben, wenn auch mit grünlich beigem Überhauch. Die Färbung der Stirn ist weit weniger intensiv als beim pastellblauen Rosenköpfchen. Einen deutlichen Kontrast bildet lediglich der Bürzel, dessen Blau nur leicht verwaschen erscheint. Die Handschwingen sind schwach zimtfarben, und auch die nicht befiederten Partien entsprechen denen des australischen Zimters in der Grün-Reihe.

Auch hier verläuft der Weg zur Kombination einer rezessiven und einer geschlechtsgebundenen Mutation wie beim Pastell-Albino.

– Von den anderen der bisher behandelten Mutationen bietet sich am ehesten noch die Kombination mit dominanter oder rezessiver Scheckung an, da das zu einem intensiveren Gelb und weißen Schwingen beitragen könnte. Doch auch hier würde die Maske beeinträchtigt, und man fragt sich, wozu man australische Zimter einkreuzen soll, wenn sie dabei die hervorstechenden Merkmale einbüßen. Eine Koppelung mit den gelben Farbschlägen und mit amerikanischen Zimtern würde zwar jene aufhellen, Australisch Zimt aber verschlechtern. Die rotäugigen Falben unterscheiden sich im Gefieder nur unwesentlich und würden folglich nicht von einer Vermischung profitieren.

Dunkelfaktoren

Im Gegensatz zu den bisher behandelten Mutationen verläuft die Vererbung von Dunkelfaktoren **intermediär**, d. h. es treten zwei phänotypisch unterscheidbare Farbstufen auf, je nachdem, ob ein Vogel einen (1DF) oder zwei Dunkelfaktoren (2DF) besitzt. Es sind also zwei verschiedene Farbschläge zu unterscheiden: dunkelgrün und oliv.

Dunkelgrün (1DF)

Der Grünton der Gefiederfarbe wirkt beim dunkelgrünen Rosenköpfchen matter, aber nur unwesentlich tiefer als der der Wildfarbe und ist fast nur im direkten Vergleich wahrzunehmen. Sehr viel deutlicher ist der Unterschied im Blau des Bürzelgefieders, das intensiv kobalt erscheint. Ansonsten ähnelt der Vogel dem wildfarbenen.

Oliv (2DF)

Beim Rosenköpfchen mit zwei Dunkelfaktoren sind sämtliche grüne Partien zu einem stumpfen Oliv hin verändert, der Bürzel ist mauvefarben, also dunkelgrau mit bläulichem Schimmer. Die Farbe der Maske bleibt voll erhalten.

Die intermediäre Vererbung von Oliv bewirkt gleichzeitig, daß Dunkelgrün sich wie eine dominante Mutation verhält. Ein olivgrünes und ein wildfarbenes Rosenköpfchen haben stets dunkelgrüne Junge, ein dunkelgrünes vererbt seine Farbe mit einem normalgrünen Partner an die Hälfte seiner Nachkommen weiter, und bei zwei Dunkelgrünen, die miteinander verpaart werden, fallen alle drei Grüntöne: Wildfarbe, Dunkelgrün und Oliv im Verhältnis 1:2:1. Im Prinzip gilt hier Ähnliches wie bei dominanter Scheckung, nur tritt Doppelfaktorigkeit dort phänotypisch nicht in Erscheinung, hier sehr wohl. Spalterbigkeit gibt es folglich auch hier nicht. Die Dunkelfarben sind offenbar das sichtbare Ergebnis einer graduellen Veränderung der Federstruktur, die dazu führt, daß mehr Licht von den Melaninen absorbiert und entsprechend weniger zurückgeworfen wird, was das Auge als dunkleren Farbton registriert.

Oliv soll 1968 in Australien bei Hollingsworth entstanden sein, doch möglicherweise gab es da schon seit geraumer Zeit Dunkelgrüne, ohne daß sie als solche erkannt worden waren. Da es sich um kräftige Vögel handelte und die Dunkelfaktoren direkt an die Jungen weitergegeben wurden, breitete sich die Mutation rasch aus. Zeitweise

Foto: Kenning

Wildfarbenes und dunkelgrünes Rosenköpfchen im Vergleich: der Dunkelfaktor des rechten Vogels ist fast nur an der Kobaltfärbung des Bürzelgefieders sicher zu erkennen.

waren dunkelfaktorige Rosenköpfchen in Australien weit zahlreicher vertreten als wildfarbene. Über Burkhard in der Schweiz gelangten Vögel in den Dunkelfarben nach Europa, und auch hier war der Bestand rasch gefestigt. Da eine unterschiedliche Farbtiefe in allen Mutationen attraktiv wirkt, gibt es heute auch bei uns kaum mehr Zuchtlinien ohne einen gewissen Anteil an Vögeln mit Dunkelfaktoren. Entsprechend häufig sind dunkelfaktorige Rosenköpfchen anzutreffen.

Kombinationsfarben

– **Pastellkobalt (Pastellblau + 1 Dunkelfaktor)**

Anders als in der Grün-Reihe wirkt sich der einfache Dunkelfaktor bei Pastell-blauen auch in der Gefiederfarbe deutlich aus: Das Graublau der Oberseite und die aufgehellte Unterseite wirken intensiver und klarer und tendieren nur mehr un-wesentlich nach Grün. Der Bürzel ist intensiv kobaltblau, die Maske entspricht der des pastellblauen Vogels.

– **Pastellmauve (Pastellblau + 2 Dunkelfaktoren)**

Auf der Oberseite ist der Vogel schiefergrau, fast anthrazit, auf der Unterseite mittelgrau, gelegentlich von einem purpurnen Schimmer überzogen. Der Bürzel ist mauve-farben, die Maske entspricht der des pastellblauen Vogels.

Foto: Kenning

Rosenköpfchen der Pastell-Reihe mit 2 Dunkelfaktoren (Pastellmauve)

Es wäre zu erwarten, daß eine Kombination der Dunkelfaktoren mit der rezessiven Mutation "Pastellblau" auf ähnlichem Weg zu erreichen ist wie bei dominanter Scheckung. Doch das stellte sich zunächst als Irrtum heraus. Denn während alle bisher behandelten Mutationen - außer Lutino und die beiden Zimt-Varianten - auf ver-schiedenen Chromosomen ange-siedelt sind und damit frei kombi-niert werden können, liegen der Ort von Pastellblau und der Ort der Dunkelfaktoren auf dem glei-chen Chromosom. Es besteht da-mit eine Koppelung des Dunkel-faktors an die Grundfarbe.

Wenn in einem ersten Schritt zur Kombination der beiden Mutationen Vögel des Genotyps Dunkelgrün/pastellblau herausgezüchtet werden, liegt der Dunkelfaktor zwangsläufig auf dem Chromosom, das vom dunkelgrünen oder olivfarbenen Aus-gangsvogel stammt, ist also an dessen Grün gekoppelt. Werden nun zwei solche Spaltvögel miteinander verpaart, geben sie jeweils nur entweder das Chromosom, auf dem Dunkelgrün liegt, an ihre Nachkommen weiter oder das, welches das rezessive Pastellblau-Gen trägt. Um sichtbar pastellblaue Vögel zu erhalten, müssen beide Chromosomen dieses Gen tragen, sie entstehen also nur, wenn das Chromosom mit der Dunkelgrün-Veränderung nicht an sie weitergegeben wird. Also fallen nur Junge in Pastellblau, Dunkelgrün und Oliv, aber keine in Pastellkobalt oder -mauve. Ein Zusammenwirken des Dunkelfaktors mit Pastellblau kann nur auf die gleiche Weise erfolgen wie die Koppelung von Amerikanisch Zimt und Lutino beim "Lacewing": durch *crossing over*. Das ist aber wiederum nicht steuerbar und muß dem Zufall überlassen bleiben. Ist dieser Fall jedoch erst einmal eingetreten (was gar nicht so selten ist), existiert mit DF+Pastellblau eine neue Kopplungsgruppe, die seinerseits nur gemeinsam vererbt werden kann. Inzwischen kommen beide Kopplungsgruppen genügend häufig vor, so daß das anfängliche Problem der Übertragung des Dunkelfaktors in die Pastell-Reihe keines mehr ist.

Bei der gezielten Zucht mit Dunkelfaktorigen stellt sich die Frage nach der Koppelung vor allem bei dunkelgrünen Rosenköpfchen, die spalterbig in Pastellblau sind, da man ihnen nicht ansieht, ob der Dunkelfaktor auf dem Chromosom mit dem Gen für Pastellblau liegt oder auf dem anderen. Vereinfacht läßt sich sagen, daß die Kopplungsgruppe DF+Wildfarbe (man spricht hier in Anlehnung an die Wellensittichzucht von "Typ I") in der Regel entsteht, wenn der grüne Elternteil dunkler als der pastellfarbene ist, DF+Pastellblau ("Typ II") im umgekehrten Fall. Verpaart man dunkelgrüne Spalter von Typ I mit einem Partner aus der Pastell-Reihe, gehören die dunkelfaktorigen Nachzuchttiere der Grün-Reihe an, bei Typ II dagegen der Pastell-Reihe, es sei denn, (erneutes) *crossing over* hätte stattgefunden.

Zur Veranschaulichung sollen die Ergebnisse aus einigen solchen Verpaarungen (ohne eventuelles *crossing over*) kurz dargestellt werden (der Phänotyp ist fettgedruckt):

Dunkelgrün/pastellblau Typ I
x **Pastellblau:**

Dunkelgrün/pastellblau Typ I
Pastellblau

Dunkelgrün/pastellblau Typ II
x **Pastellblau:**

Wildfarbe/pastellblau
Pastellkobalt

Dunkelgrün/pastellblau Typ I
x **Dunkelgrün**/pastellblau Typ I

Dunkelgrün/pastellblau Typ I
Oliv
Pastellblau

Dunkelgrün/pastellblau Typ I
x **Pastellkobalt:**

Dunkelgrün/pastellblau Typ I
Oliv/pastellblau
Pastellblau
Pastellkobalt

Pastellkobalt
x **Wildfarbe**/pastellblau

Dunkelgrün/pastellblau Typ II
Wildfarbe/pastellblau
Pastellkobalt
Pastellblau

Umgekehrt läßt sich natürlich aus den Ergebnissen der Nachzucht auf den Typ der dunkelgrünen Elterntiere schließen.

Foto: Kenning

Rosenköpfchen der Pastell-Reihe in Kombination mit Dunkelfaktor(en) und einer weiteren Mutation: links Australisch Pastellweiß mit 2 Dunkelfaktoren ("Australisch Mauve-Weiß"), rechts Australisch Pastellzimt mit einem Dunkelfaktor ("Australisch Kobalt-Zimt")

Nachdem die Koppelung des Dunkelfaktors an Pastellblau längst verfügbar ist, lassen sich nicht nur Rosenköpfchen in Pastellmauve aus Pastellkobalt x Pastellkobalt züchten, sondern auch alle Mutationen in der Pastell-Reihe mit einem oder zwei Dunkelfaktoren kombinieren, was durchweg interessante Vögel ergibt.

– In Kombination mit den meisten der stark aufgehellten Mutationen - Gelb, "Australisch Gelb", Falb, Australisch Zimt - bewirkt Dunkelfaktorigkeit sowohl in der Grün- als auch in der Pastell-Reihe lediglich eine nuancierte, meist aber nicht auf den ersten Blick bemerkbare Farbabstufung des Hauptgefieders. Weitgehend unberührt davon bleibt die Farbe der Maske. Am Bürzel jedoch läßt sich zweifelsfrei erkennen, ob ein Vogel zwei, einen oder keinen Dunkelfaktor besitzt, denn in diesem Bereich erscheint er dementsprechend mauve, kobalt oder hellblau, gelegentlich nur etwas matter als bei den Grünvögeln. Bei den bescheidener aufgehellten amerikanischen Zimtern und den gesäumten Gelben macht sich zumindest der doppelte Dunkelfaktor daneben auch an der Farbe des Hauptgefieders gut bemerkbar. Anders verhält es sich bei Lutinos, die selbst Dunkelfaktoren verdecken.

– Besonders ansprechende Vögel sind dunkelfaktorige Dominante Schecken, da der Kontrast zwischen dunklerer Grundfarbe und unverändert intensiver Gelbscheckung noch verstärkt wird.

Foto links: Kenning

Geschecktes Rosenköpfchen der Grün-Reihe mit 2 Dunkelfaktoren (Olivschecke)

Weißmaske

Phänotypisch sichtbar wird diese Mutation nur in der Pastell-Reihe, so daß im folgenden der pastellblaue Weißmaskenvogel beschrieben wird:

Auf der Oberseite tendiert das Gefieder noch stärker nach Grün als beim pastellblauen Rosenköpfchen, die Unterseite aber erscheint rein hellblau ohne Grünanflug. Die Stirn - und damit die gesamte Maske - ist rein weiß und deutlich abgesetzt.

Die weiße Maske wird, wie die Dunkelfaktoren, im Prinzip **intermediär** vererbt, doch scheinen die Verhältnisse gerade hier komplizierter zu sein und noch eine rezessive Komponente mit einzubeziehen, ohne daß die genauen Zusammenhänge geklärt sind.
Verpaart man eine Pastellweißmaske mit einem Pastellblauen, entsprechen die Jungvögel phänotypisch keiner der beiden Ausgangsfarben; ihr Erscheinungsbild hat ihnen die Bezeichnung "Meerblau" eingebracht.

Meerblaue Rosenköpfchen wirken im Hauptgefieder eher lindgrün als blau. Das Lachsrosa der Stirn ist intensiver als beim pastellblauen Vogel.

Trotz des grün erscheinenden Phänotyps handelt es sich dabei aber um Rosenköpfchen der Pastell-Reihe, wie eine Weiterverpaarung beweist. Offensichtlich wird bei den Meerblauen zusätzlich Psittacin, also gelbe bzw. - in der Maske - rote Fettfarbe eingelagert, wie das

Foto: Kenning

Weißmasken-Mutation des Rosenköpfchens in der Pastell-Reihe

Foto: Ochs

Meerblaues Rosenköpfchen (pastellblau mit 1 Weißmaskenfaktor)

auch bei Gelbgesicht-Wellensittichen der sogenannten Mutation I (vgl. VINS 1993) der Fall ist. Wellensittiche mit zwei solchen Gelbgesicht-Anlagen, die im übrigen nur mit Blau weitervererbt werden, besitzen gleichfalls eine weiße (!) Maske, so daß die Schlußfolgerung naheliegt, daß es sich hier um analoge Mutationen handelt. Offenbar besteht eine gegenläufig ausgerichtete Koppelung zwischen einer dominant wirksamen Einlagerung von Psittacin und einer sich rezessiv verhaltenden Anlage für dessen Reduktion. Tritt diese Koppelungsgruppe einfach auf, wird zusätzlich Psittacin eingelagert, und es entstehen "Meerblaue", tritt sie doppelt auf, kann die zweite Anlage wirksam werden und die Bildung von Psittacin unterbinden, wodurch "Weißmasken" entstehen.

Aus der Verpaarung Meerblau x Meerblau fallen den Vererbungsgesetzen zufolge 25 % Weißmasken. Bei Rosenköpfchen der Grün-Reihe ist der Weißmasken-Faktor zwar nicht erkennbar, kann aber spalterbig vorhanden sein und weitergegeben werden. Demnach können auch aus phänotypisch wildfarbenen Rosenköpfchen, die den Weißmaskenfaktor verdeckt tragen, wieder Weißmasken gezogen werden.

Allerdings ist die Variationsbreite unter den "Weißmasken" unannehmbar groß: Nur wenige besitzen eine rein weiße Maske, während andere ihrer Bezeichnung zum Trotz eine unliebsam markante Stirnfärbung zur Schau stellen, auch der Grünanteil auf den Flügeldecken variiert von einem deutlichen bis zu einem kaum wahrnehmbaren Anflug. Es ist deshalb nicht von der Hand zu weisen, daß möglicherweise noch eine weitere, nicht gekoppelte Anlage in die Weißmasken-Mutation mit hineinspielt, wovon offenbar bei Ria und Ber VAN DE KAMER (1991) ausgegangen wird. Darin läge dann die Erklärung dafür, warum nur relativ wenig genotypische "Weißmasken" tatsächlich weiße Masken haben. Vorläufig läßt sich zumindest raten, Pastellblaue mit möglichst aufgehellter Stirn, die im übrigen auch das am ehesten nach Blau tendierende Gefieder besitzen, in einen Weißmaskenstamm einzubringen, bei dem nur mehr wenige Vögel mit guter Maske fallen.

Seit die Mutation 1975 erstmals bei dem belgischen Züchter Eyckermann auftrat, ohne gleich als solche erkannt zu werden, und in Deutschland 1979 zuerst von Ochs gezüchtet wurde, ist diesem Farbschlag stets viel Aufmerksamkeit zuteil geworden, da er - vor allem mit Dunkelfaktor - dem Ideal des Blauvogels am nächsten kommt. Trotz aller Anstrengungen ist der Bestand an wirklich guten Weißmasken, wohl aus den oben genannten Gründen, enttäuschend klein. Gerade von dieser Mutation aber wäre eine Kombination mit allen Farbschlägen der Pastell-Reihe wünschenswert, da durch sie nicht nur die Stirnfärbung ausgeschaltet, sondern auch eine weitgehende Reduktion des restlichen Psittacins bewirkt wird.

Kombinationsfarben:

– **Pastellkobalt-Weißmaske (Pastellblau + 1 Dunkelfaktor + Weißmaske)**

Das durch den Dunkelfaktor ohnehin verbesserte Graublau der Oberseite und der kobaltblaue Bürzel bleiben erhalten, die satt blaue Unterseite erscheint noch klarer und intensiver. Die Maske ist rein weiß und in der dunkelblauen Umgebung besonders markant.

– **Pastellmauve-Weißmaske (Pastellblau + 2 Dunkelfaktoren + Weißmaske)**

Noch kontrastreicher wirkt die weiße Maske gegen das auf der Oberseite schiefergraue, auf der Unterseite mittelgraue Gefieder ohne jeden störenden Überhauch beim pastellmauven Rosenköpfchen.

Dunkelfaktorige Weißmasken gehören sicher zu den unter ästhetischen Gesichtspunkten ausgewogensten Vögeln der Pastell-Reihe. Wie bereits festgestellt, ist es aber nicht ganz so einfach sie mit rein weißer Maske zu bekommen. Auch für eine Ausgangsverpaarung mit guten Weißmasken sind Pastellmauve-Vögel mit aufgehellter Stirn zu bevorzugen. Aus deren kobalt-meerblauen Nachkommen lassen sich dann in der nächsten Generation sowohl Weißmasken mit einem wie mit zwei Dunkelfaktoren züchten.

"Weißmasken-Albino" (Pastellblau + Lutino + Weißmaske)

Von vorn erscheint der Vogel rein weiß. Lediglich das Rücken- und Schultergefieder zeigt noch einen zitronengelben Anflug.

Für die Verbindung der drei Mutationen, die noch dazu alle unterschiedlich vererben, empfiehlt sich der Einstieg mit einem Pastell-Albino-Hahn und einer Weißmaskenhenne, da sich das Geschlecht der Jungen, die alle ein Weißmasken-Gen tragen, sofort erkennen läßt: alle Weibchen sind Pastell-Albinos, alle Männchen meerblau. Da auch die Männchen das Lutino-Gen auf einem X-Chromosom mitbekommen haben, sind bereits in der nächsten Generation Weißmasken-Albinos beiderlei Geschlechts zu erwarten.

Die besten Weißmasken-Albinos fallen aus der Verpaarung zweier Pastell-kobalt-Weißmasken, von denen der Hahn spalterbig für Pastell-Albino ist. Die Hälfte der nachgezogenen Weibchen vereinigt alle drei Mutationen auf sich, und sie kommen, vor allem in der Jugend, dem Ideal des rein weißen Rosenköpfchens schon sehr nah. Später vertieft sich der gelbe Anflug etwas.

Foto: Erhart

Weißmasken-Albino des Rosenköpfchens

– Bei allen übrigen bisher behandelten Mutationen in der Pastell-Reihe - Pastellweiß, Gesäumtes Pastellweiß, dominante Pastellscheckung, Australisch Pastellweiß, Pastellfalb, Amerikanisch Pastellzimt, Australisch Pastellzimt - bewirkt die Kombination mit Weißmaske die Entfernung des Gelbanflugs und somit ein reineres Restblau auf der Unterseite des Vogels bis hin zu fast Weiß in den helleren Farbschlägen ohne Dunkelfaktor, sowie eine im Idealfall rein weiße Maske. Die Gefiederfärbung auf der Oberseite wird nicht verbessert, sondern erscheint eher noch verwaschener und eine Spur gelblicher als bei der jeweiligen Ausgangskombination. Die Bürzelfarbe bleibt vom Weißmasken-Faktor unberührt.

Orangemaske

Der rote Teil der Maske des Wildvogels ist bei dieser Mutation nach Orange hin verändert und erscheint nach unten entsprechend abgestuft. Die Gefiederfärbung ist lediglich eine Nuance aufgehellt, entspricht ansonsten aber der des wildfarbenen Rosenköpfchens.

Foto: Erhart

Rosenköpfchen mit Orangemaske (links) im Vergleich mit einem wildfarbenen Vogel.

Die Orangemasken-Mutation vererbt **rezessiv**. Allerdings läßt sich Spalterbigkeit im direkten Vergleich mit der Wildfarbe erkennen. Das Grün auf der Unterseite ist eine Spur heller, und der unbefiederte schmale Augenring ist leicht orange getönt. Die Bezeichnung "Orangemaske" wurde in Anlehnung an den inzwischen gängigen Begriff "Weißmaske" gewählt und sollte die bisher gebräuchlichen "Orangegesicht" und "Orangekopf" ersetzen. Offensichtlich sind die Psittacine, die für die Rotfärbung der Maske verantwortlich sind, hier verdünnt oder teilweise durch gelbe ersetzt, was sich bei Gefiederpartien ohne Rot nur unwesentlich auswirkt.

Die ersten Orangemasken entstanden 1980 in Kalifornien bei Biggs aus der Verpaarung Wildfarbe/pastellblau x Wildfarbe/pastellblau, und 1984 gelangten die ersten, erneut über Erhart, nach Deutschland zu Lichau. Ihre Verbreitung verlief eher schleppend, was zum einen an einem allgemeinen Rückgang der Mutationszucht lag, aber sicher auch daran, daß nicht jeder sich mit dem weniger kontrastreichen Erscheinungsbild anfreunden konnte. Als Farbschlag für Liebhaber eher gedeckter Töne sind Orangemasken heute nach wie vor nicht sehr häufig, aber doch in gesicherter Zahl anzutreffen. Als eigenständige Mutation läßt sich die orangefarbene Maske in jeden Farbschlag einkreuzen.

Kombinationsfarben

– Orangemasken-Lutino (Lutino + Orangemaske)

Das intensive Goldgelb des Gefieders bleibt weitgehend erhalten, die Maske wirkt durch ihre Orangefärbung weniger auffallend.

Der Weg für die Kombination einer rezessiven mit einer geschlechtsgebundenen Mutation wurde beim Pastell-Albino vorgestellt und kann hier analog beschritten werden, am besten mit einem Lutinohahn und einer Orangemasken-Henne als Ausgangsvögel.

– Die Orangemaske läßt sich in gleicher Farbqualität in alle Mutationen der Grün-Reihe einkreuzen und dürfte dabei überall attraktiv wirken, insbesondere bei einer (gleichzeitigen) Kombination mit einem oder zwei Dunkelfaktoren.

Foto: Hammer/van Dam

Lutino-Rosenköpfchen mit Orangemaske

– **"Gelbmaske" (Pastellblau + Orangemaske):**

Das kräftige Gelb der Stirn verliert im unteren Teil der Maske an Intensität. Die pastellblaue Grundfarbe ist etwas aufgehellt.

Da viele der aus den USA importierten Ausgangsvögel aus Verpaarungen mit Tieren der Pastell-Reihe stammten, sind die meisten unserer Orangemasken bereits spalterbig. Aber auch sonst ist diese Mutation problemlos in die Pastell-Reihe zu übertragen, wenn man den Regeln für die Kombination von zwei rezessiven Mutationen folgt, wie sie bei Pastellweißen japanischen Ursprungs dargestellt wurden. Die Maske erscheint gelb, weil wohl durch das Zusammenspiel der beiden beteiligten Mutationen, die jeweils für sich das Rot nur unvollständig und auf unterschiedliche Weise verändern, die Bildung von roter Pigmentfarbe ganz unterbunden wird und statt dessen nur mehr gelbe Diffusfarbstoffe einlagert werden.

– In der Pastell-Reihe verspricht der Kontrast der gelben Maske zu den Dunkelfaktoren ein interessantes Erscheinungsbild, während die Kombination mit Pastellweißen jeder Herkunft einen Versuch darstellt, Kontraste zu reduzieren, vor allem wenn der Vogel im Hauptgefieder einen deutlich gelben Anflug zeigt, etwa beim Pastell-Albino oder beim rezessiven Pastellschecken. Von Weißmaske müßte die Orangemasken-Mutation in der Pastell-Reihe überdeckt werden, allerdings liegen uns dazu keine entsprechenden Ergebnisse vor.

Violett

Wenngleich der Violettfaktor auch in der Grünreihe auftritt und für entsprechend sensibilisierte Züchter an einem stumpfen Überhauch der Körperfarbe und einem deutlich ins Violette veränderten Bürzelgefieder phänotypisch wahrnehmbar ist, handelt es sich hier um eine Mutation, die erst in der Pastell-Reihe, und da vor allem bei den Rosenköpfchen in Pastellkobalt, augenfällig wird. Sinnvollerweise soll deshalb ein violettfaktoriger Pastellblauer beschrieben werden:

Die ansonsten pastellblauen Gefiederpartien, vor allem aber die der Unterseite, weisen eine dunklere und intensivere Blaufärbung auf und wirken ähnlich dem Dunkelfaktor. Der Bürzel tendiert deutlich nach violett. Die Maske bleibt gegenüber dem Pastellblauen unverändert.

Tatsächlich violett wird die Gefiederfärbung bei Pastellvögeln mit einem Dunkelfaktor, zumal wenn es sich dabei um Pastellkobalt-Weißmasken handelt.

Der Violettfaktor vererbt **dominant** und erscheint intensiver, wenn er doppelfaktorig vorliegt. Es gibt also keine Spalterbigkeit in Violett, wenngleich dieser Faktor nicht in allen Fällen zweifelsfrei identifiziert werden kann. Denn er wirkt sich nur auf die Gefiederpartien aus, an deren Farbwirkung Melanine beteiligt sind. Am sichersten ist deshalb die Beurteilung der Bürzelfärbung. Je weniger Blaukomponenten eine Feder aufweist, desto geringer wird ihre Farbe durch diesen Faktor beeinflußt. In Lutinos dürfte ein Violettfaktor also überhaupt nicht zu bemerken sein. Es kann aber durchaus sinnvoll sein, ihn verdeckt an eine rezessive Kombinationsfarbe in der Pastell-Reihe weitergeben zu lassen.

Die ersten Violetten werden von Burkhard dokumentiert, bei dem bereits 1976 welche aus einer Verpaarung Pastellkobalt x Pastellschecke aufgetreten sind, ohne daß die

Foto: Kull

Violette Kobalt-Weißmasken des Rosenköpfchens (einfaktorig)

Elterntiere den Faktor selbst getragen hätten. Möglicherweise gibt es die Mutation aber schon bedeutend länger und wurde lediglich nicht als solche erkannt. Dieser Farbschlag ist, zumindest in den attraktiveren Kombinationen, auch heute nur selten und zu einem verhältnismäßig hohen Preis zu haben, da die Weiterzucht eine starke Spezialisierung erfordert und durch die Konzentration auf wenige Farben doch recht mühsam ist.

Kombinationsfarben

Phänotypisch interessant erscheinen aus den oben genannten Gründen fast nur die bereits beschriebenen Kombinationen mit Pastellkobalt und zusätzlich mit Weißmaske. Dunkelfaktorige Violett-Weißmasken lassen sich am besten aus den Nachkommen der Verpaarung Violett-Kobalt x Kobalt-Weißmaske ziehen.

Foto: Hammer/van Dam

Kobalt-Weißmaske mit doppeltem Violettfaktor

Alle bisher beschriebenen Mutationen sind in den deutschen Volieren mehr oder weniger häufig vorhanden. Daneben gibt es aber noch eine Reihe von Mutationen, die entweder verschwunden oder nur (noch) im weit entfernten Ausland anzutreffen sind. Andere wurden nie bestätigt, oder sie erwiesen sich als nicht vererbbare Modifikationen. Auf sie soll im folgenden Abschnitt kurz eingegangen werden.

Sonstige Mutationen, Gerüchte und Modifikationen

Südafrikanisches Gelb

Im Jahre 1957 berichtete der Südafrikaner Parker über das Entstehen einer Gelb-Mutation in seinen Volieren. Danach sollen Jungvögel dieser Mutation das Nest stets normal grün verlassen und erst später butterblumengelb werden. Der Ausgangsvogel soll ein wildfarbener Vogel mit einigen wenigen gelben Federn gewesen sein. Aus Inzuchtverpaarungen entstanden dann in der dritten Generation Gelbe, aus denen später zwei gänzlich rote Rosenköpfchen gefallen sein sollen. Es ist zu vermuten, daß auch die südafrikanische Gelb-Mutation **rezessiv** vererbt. Da über deren weiteren Werdegang allerdings nichts mehr bekannt wurde, scheint es zweifelhaft, ob diese Mutation noch existiert.

Foto: Ochs

Rosenköpfchen der Falbmutation westdeutschen Ursprungs

Westdeutsche Falb-Mutation

Etwa gleichzeitig wie die Falben in der ehemaligen DDR entstand eine andere, unabhängige Falb-Mutation im Westen, die zuerst von Grau weitergezogen wurde. Er hatte 1976 zwei Paare wildfarbene Rosenköpfchen mit einem Jungen erworben, das sich von den Eltern deutlich unterschied:

Das Grundgefieder war gelbgrün, die Schwingen bräunlich, die Augen rot. Maske und Bürzel glichen denen des Wildvogels, Füße, Zehen und Krallen waren hell.

Die Mutation erwies sich als **rezessiv** und wurde bei Grau und Ochs mit mäßigem Erfolg gezüchtet. Die Falben erwiesen sich als äußerst anfällig; besonders Weibchen starben gerade, als sie ins zuchtfähige Alter kamen. In Deutschland dürfte es gegenwärtig kaum noch Tiere dieser Mutation geben, vermutlich aber in Belgien und Brasilien, wo es Slagmolen und Kammer gelungen war, sie in ihrem Bestand zu festigen und in andere Farbschläge - vor allem in Dunkelfaktorige, Pastellblaue und Weißmasken - einzukreuzen.

Grau

1978 fielen bei Ochs aus einem Stamm von gesäumt gelben und pastellblauen Rosenköpfchen graue Pastell-Vögel. Unterschiede in der Färbung sind vor allem im direkten Vergleich mit Pastellblauen zu erkennen:

Das Hauptgefieder wirkt schmutzig bläulich-grau, auf der Unterseite heller, fast graugrün. Maske und Bürzel sind etwas aufgehellt.

Die Mutation vererbt dominant und ist in der Grün-Reihe phänotypisch kaum auszumachen. Da der Graufaktor auch in der Pastell-Reihe nicht unbedingt die Herzen höherschlagen läßt, war das Interesse an dem Farbschlag nicht sonderlich groß. Heute gibt es pastellgraue Rosenköpfchen aus diesem Stamm wohl nur noch in Brasilien. Meldungen von Grauen in den USA konnten von Erhart nicht bestätigt werden. Möglicherweise trauert man dem Graufaktor noch nach, wenn nämlich eine echte Blau-Mutation auftritt und damit rein Graue möglich würden.

Foto: Ochs

Rosenköpfchen der Pastell-Reihe mit Graufaktor

Foto: Ochs

Pastellblaues Rosenköpfchen mit opalisierend schimmerndem Gefieder

Opalisierend Pastellblau

Bei Ochs fiel 1980 ein blaues Männchen, dessen Blau intensiver war als bei einem Vogel mit Dunkelfaktor, ohne allerdings einen solchen zu besitzen. Die Maske glich der des pastellblauen Rosenköpfchens, doch fehlte dem Körpergefieder der charakteristische grüne Überhauch. Statt dessen zeigte es einen markanten Opalschimmer.

Leider wurde der Vogel abgegeben, doch könnte er bei der Entwicklung des Violettfaktors in Dänemark beteiligt gewesen sein.

Grauflügel
Schwarz
Rezessive amerikanische Scheckung

Gelegentlich findet man solche Mutationen in der Literatur erwähnt, doch wurde bisher keine der hier genannten bestätigt. Bei den angeblichen "Grauflügeln" handelt es sich wohl um Gesäumte Gelbe bzw. Pastellweiße, die "Schwarzen" könnten Pastellmauve-Weißmasken sein, und von dem einzelnen Gelbgescheckten aus zwei wildfarbenen Elterntieren, von dem BROCKMANN/LANTERMANN (1981 und später) berichten, wäre denkbar, daß er das Ergebnis einer Originalmutation ist, denn warum sollte eine Genveränderung nur ein einziges Mal auftreten?

Rotscheckung

Die erste Farbabweichung, die bei den *Agapornis*-Arten überhaupt registriert wurde, war die komplett rosarote Färbung eines Rosenköpfchens, das der Londoner Zoo als Importvogel erhielt. Seit der Erwähnung durch Seth-Smith im *Avicultural Magazine* von 1921 gehört das rote Rosenköpfchen zum Traum aller Agaporniden-Züchter. Immer wieder schien er sich zu verwirklichen, wenn man rotgescheckte, rotgesäumte oder rotüberhauchte Junge in einem Nest fand, doch eine Weiterzucht nach den Gesetzen der Vererbungslehre ist bisher noch niemandem gelungen. Inzwischen hat man ernüchtert eingesehen, daß es sich zumindest bei den bisher aufgetreten Fällen von Rotfärbung um Modifikationen gehandelt hat und somit nicht vererbt werden konnten.

Foto: Kenning

Australisch gelbes Rosenköpfchen mit intensiver Rotscheckung (*"pink suffused"*)

Für die in den Erbanlagen nicht vorgesehene Rotfärbung von Federn gibt es verschiedene Erklärungsansätze. Brockmann führte Ende der siebziger Jahre eine Reihe von Experimenten durch, die bestätigten, daß einseitige Ernährung und Mangel an Tageslicht zu einer Rotsäumung führen kann, die bei entsprechend veränderten Haltungsbedingungen bei der nächsten Mauser wieder verschwindet. Einige Wissenschaftler führen Modifikationen in den Federfarben auf das Fehlen bestimmter Aminosäuren während der Aufzucht oder Mauser zurück. In den USA und in England unternahm man Versuche mit Lebertran und erreichte damit die Rotfärbung handaufgezogener Jungvögel. Vieles spricht aber dafür, daß ein Leberschaden für die Rotfärbung verantwortlich ist, zumal diese Vögel meist nicht lange leben.

Ausgeschlossen ist eine Rotmutation allerdings nicht, da ja beim wildfarbenen Vogel Rot produziert wird. Die an sich gelbe Pigmentfarbe kann durch biochemische Vorgänge alle Schattierungen bis zu einem intensiven Rot annehmen, wie das in der Maske des Wildvogels der Fall ist. Durch eine gen-gesteuerte Veränderung des Farbverteilungsplans könnten auch andere Gefiederpartien statt gelber rote Diffusfarbstoffe produzieren. Besonders attraktiv wirkt die Rotfärbung bei gelbgrundigen Vögeln, die auch am ehesten zu einer solchen Veränderung neigen.

Partieller Albinismus

Gelegentlich berichten Züchter von "Nichtinos" mit roten Augen. So fiel bei Wurche ein dominanter Schecke, bei Kammer ein Gesäumt Weißer mit roten Augen. Wenn es sich dabei nicht um Falben handelte, liegt bei diesen Tieren wohl partieller Albinismus vor, also ein Pigmentausfall, von dem lediglich begrenzte Körperpartien erfaßt werden, ohne daß eine planmäßige Weiterzucht möglich wäre. BROCKMANN/LANTERMANN vermuten, daß es sich dabei um eine Ausdehnung der Scheckung auf die Augen handeln könnte.

Halbseitertum

Hin und wieder tauchen auch Halbseiter in einem Nest ansonsten erwartungsgemäß gefärbter Junger auf. Bei Eisenbarth etwa fiel aus der Verpaarung Dunkelgrün x Oliv ein Rosenköpfchen mit einer dunkelgrünen und einer olivgrünen Seite, wobei die Trennlinie exakt durch die Körperlängsachse verlief. Ebenso können aber auch asymmetrische Farbverteilungen vorkommen.Phänotypisch kann man sich kaum einen interessanteren Vogel vorstellen, doch ist ebensowenig wie in der Wellensittichzucht zu erwarten, daß diese Laune der Natur weitervererbt werden kann. Offenbar trägt ein Halbseiter nur die Erbinformationen von einer seiner "Seiten".

Perspektiven

Trotz der vielen hier beschriebenen Mutationen warten die Züchter noch immer auf eine ganz bestimmte: auf das rein blaue Rosenköpfchen mit weißer Maske, die echte Blau-Mutation mit farbloser Rindenschicht. Es wurde bereits angedeutet, daß es bei *Agapornis roseicollis* vielleicht gar keine so punktuelle Blau-Mutation geben könnte wie bei *Agapornis personatus* und "reines" Blau damit lediglich aus der Kombination einer ganzen Reihe von Mutationen zu erhalten wäre, doch so recht glauben mag das niemand. Wir warten also weiter und hoffen auf unser Glück.

Wenn es diese Blau-Mutation aber eines Tages tatsächlich gibt, wird die Zahl möglicher Kombinationen von Farbschlägen noch einmal in die Höhe schnellen. Mehr denn je wird dann der verantwortliche Züchter sortieren müssen und sich in freiwilliger

Beschränkung auf einige Mutationsfarben konzentrieren und Wert auf phänotypisch klar erkennbare Kombinationen legen. Das sollte dann jedoch nicht auf Kosten der weniger attraktiven Farbschläge gehen, und eine Koordination der Zuchtbemühungen wäre nötig, um zu verhindern, daß weitere Original-Mutationen des Rosenköpfchens aus unseren Volieren verschwinden, während nicht mehr identifizierbare Farbkombinationen überhandnehmen.

Hybriden

Rosenköpfchen nehmen innerhalb der Gattung *Agapornis* eine Zwischenstellung zwischen den Arten mit Geschlechtsdimorphismus und der Art mit weißen Augenringen (*Agapornis personatus*) ein.

Entsprechend ist es möglich, Hybriden mit nahezu allen *Agapornis*-Arten zu fördern. Bisher hatte man immer angenommen, daß solche Artenmischlinge unfruchtbar sind und sich damit nicht negativ auf unsere Bestände auswirken können. Doch es hat sich gezeigt, daß die Verwandtschaft zwischen den einzelnen Arten erstaunlich nah ist. So haben Hybriden aus Rosenköpfchen und Schwarzköpfchen bereits in zweiter und dritter Generation Junge gezogen, wenngleich sich solcher Nachwuchs in den uns bekannten Fällen erst einstellte, als die Elterntiere zumindest drei Jahren alt waren.

Solche Experimente waren von unschätzbarem Wert, solange es darum ging, verläßliche Aussagen über den Verwandtschaftsgrad von verschiedenen Arten und Unterarten zu machen. Heute sind diese Fragen geklärt, und Experimente dieser Art sind sicher nicht mehr zu vertreten. Vor allem waren und sind sie gänzlich wertlos, wenn sie dazu dienen sollten, Mutationen des Rosenköpfchens auf die Unterarten mit weißem Augenring zu übertragen. Von derartigen Versuchen muß dringend abgeraten werden.

Foto: Kenning

Hybride aus einem dunkelgrünen Rosenköpfchen und einem weißblauen Schwarzköpfchen

Agapornis personatus
Unzertrennliche mit weißem Augenring

Während bei allen anderen *Agapornis*-Arten bis heute kaum auf die Reinerhaltung der Unterarten, so welche vorhanden sind, geachtet wurde, schon weil man die Importe meist nicht richtig einordnen konnte, hielt man die vier Unterarten von *Agapornis personatus* von Anfang an getrennt, und so gibt es von allen heute reine Stämme, die noch dazu so gefestigt sind, daß man inzwischen ohne Blutauffrischung durch Wildfänge auskommt. Diese erfreuliche Bilanz ist in erster Linie dem Umstand zu verdanken, daß man Schwarzköpfchen, Pfirsichköpfchen, Erdbeerköpfchen und Rußköpfchen lange Zeit für eigene Arten hielt. Ihr Erscheinungsbild - und das haben sie den Unterarten des Grauköpfchens und des Orangeköpfchens voraus, vom Grünköpfchen braucht hier nicht gesprochen zu werden, - unterscheidet sie zumindest in der Wildform so deutlich voneinander, daß beim Züchter und selbst beim unbedarften, nur einigermaßen informierten Vogelhalter auch ohne direkten Vergleich kein Zweifel bezüglich der Einordung bestehen kann. Deshalb sollen die Unterarten hier auch getrennt behandelt werden.

Es wurde bereits im einleitenden Kapitel zur Systematik darauf eingegangen, warum wir es - wie im übrigen die meisten Autoren - für erwiesen halten, daß die Unzertrennlichen mit weißem Augenring einer gemeinsamen Art angehören.

Da sind zunächst die Ähnlichkeiten in Aussehen und Verhalten, die allein zwar nicht genügen würden, die Artzugehörigkeit zu definieren, aber doch bestens ins Bild passen und die gewichtigeren Argumente untermauern. Bei allen vier Unterarten fehlt jedes Anzeichen von Geschlechtsdimorphismus, die Geschlechter sind nicht an der Gefiederfärbung zu erkennen. Nur sie transportieren ihr Nistmaterial im Schnabel und verwenden dabei ziemlich lange Pflanzenteile, während die übrigen Arten - selbst das nahe verwandte Rosenköpfchen - Blätter und Äste zerkleinern, ins Klein- und Bürzelgefieder stecken und auf diese unkonventionelle Weise in die Bruthöhle eintragen. Dort bauen die Augenring-Unzertrennlichen ein umfangreiches, meist überdachtes, gelegentlich sogar unterteiltes Nest, die anderen Arten begnügen sich demgegenüber mit einer bescheidenen Nistunterlage.

Was sich inzwischen auch in freier Wildbahn bestätigt hat, kann vor allem in der gemeinsamen Volierenhaltung von mehreren Unterarten beobachtet werden: Die Unzertrennlichen mit weißem Augenring hybridisieren bereit- und freiwillig und sorgen für fruchtbare Nachkommenschaft, mehr noch natürlich dann, wenn man ihnen bei paarweiser Haltung keine andere Wahl läßt. Diese Erkenntnis hatten sich vor allem die Mutations-Züchter Ende der siebziger, Anfang der achtziger Jahre zunutzegemacht. Denn es stellte sich heraus, daß nicht nur die Verteilung der artdefinierenden Anlagen auf den Chromosomen gleich sein mußte, sondern daß darüber hinaus auch die Farbmutationen den jeweils identischen Gen-Ort einnehmen und somit problemlos von einer Unterart auf die andere übertragen werden können. Darunter litt selbstverständlich der Phänotyp ebenso wie der Genotyp der Augenring-Unzertrennlichen, und es bestand die akute Gefahr, Unterartenmischlinge zur Regel werden zu lassen. Während solche Bemühungen insgesamt folgenlos für die häufig gehaltenen und gezüchteten Schwarz- und Pfirsichköpfchen bleiben, da stets ein genügend großes Reservoir an reinen wildfarbenen Vögeln existiert, bedeuten sie eine ernsthafte Bedrohung für den Fortbestand der beiden seltenen Unterarten. Glücklicherweise ist man von der Tendenz der Mutationsübertragung in Deutschland inzwischen wieder völlig abgekommen. Ein Teil der Züchter hat sich ganz dem Wildtyp der jeweiligen Unterart verschrieben, ein anderer der Etablierung der Mutationen in der für jede Unterart idealtypischen Form und Zeichnung.

Man sollte sich in Zukunft vor den Fehlern der Vergangenheit hüten und sich darüber freuen, daß wir wenigstens bei einer *Agapornis*-Art über reinerhaltene Unterarten in unseren Volieren verfügen. Und wir sollten die Geduld aufbringen, die Entstehung von Mutationen innerhalb der jeweiligen Unterart abzuwarten, auch wenn sie in einer anderen bereits existieren und somit im Prinzip übertragen werden könnten.

Die vier Unterarten von *Agapornis personatus*:
(von oben nach unten)
Schwarzköpfchen (*Agapornis personatus personatus*)
Pfirsichköpfchen (*Agapornis personatus fischeri*)
Rußköpfchen (*Agapornis personatus nigrigenis*)
Erdbeerköpfchen (*Agapornis personatus lilianae*)

oberstes Foto: Kenning, alle übrigen: Raffenberg

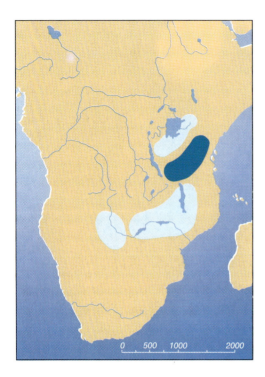

Agapornis p. personatus
Schwarzköpfchen

auch: Maskenunzertrennlicher

engl.:   *Masked Lovebird,*
          Yellow-collared Lovebird

franz.:   *Inséparable à tête noire*

niederl.: *Zwartmasker Dwergpapegaai*

wiss. Benennung durch REICHENOW 1887
nach dem Erscheinungsbild (lat. *persona*:
Maske)

Verbreitung:

auf die nordöstliche Hälfte und das
Innere Tansanias beschränkt; erfolgreich
eingebürgerte Populationen auch in der
Küstengegend um Dar es Salaam und in
einigen Gebieten in Kenia.

Artbeschreibung:

Die Geschlechter lassen sich bei dieser ca. 15 cm großen Unterart äußerlich nicht unterscheiden.

Wie bei allen Agaporniden ist die Grundfarbe grün, wobei die Flügeldecken bedeutend dunkler erscheinen als der grasgrüne Bauch. Die Unterflügeldecken sind blaugrün. Im Idealfall ist der gesamte Kopf einschließlich Kehle, Wangen und Nacken tiefschwarz und zeigt lediglich am Hinterkopf eine Aufhellung nach Olivbraun hin. Die daran anschließenden Partien - Hals und Brust - sind intensiv gelb gefärbt und bilden ein breites, markant abgegrenztes gelbes Band zwischen dem Schwarz des Kopfs und dem Grün des Körpers. In vielen Fällen - vor allem auch in freier Wildbahn - wird dieses Idealbild aber nicht erreicht: der Kopf geht dann etwas ins Bräunliche, und das gelbe Band erscheint hinten oliv überhaucht und hat im vorderen Bereich des Halses einen mehr oder weniger ausgedehnten orangeroten Anflug. Bürzel und Oberschwanzdecken sind oliv mit deutlichem ultramarinblauem Schimmer. Geschlossen wirkt das Schwanzgefieder grün mit gelblichen Spitzen, die verdeckten äußeren Schwanzfedern tragen nahe der Wurzel ein nur mehr angedeutetes, dunkel gesäumtes orangefarbenes Abzeichen. Der Schnabel ist korallenrot, die Wachshaut weiß. Die braunen Augen werden von einem breiten, unbefiederten weißen Augenring umgeben, die Füße sind blaugrau, die Krallen dunkler grau.

Manche Züchter glauben, daß das Schwarz der Maske bei Weibchen weniger intensiv und nicht ganz so klar abgegrenzt ist; auch soll der weiße Augenring breiter und mehr oval als rund sein. Angesichts der großen Variationsbreite gerade bei diesen Merkmalen,

1,1 Schwarzköpfchen (*Agapornis personatus personatus*)

sollte man sich allerdings nicht darauf verlassen und eher die Statur begutachten, die beim Weibchen tatsächlich massiger ausfällt als beim Männchen.

Jungtiere sind in allen Farben matter, vor allem im Bereich von Maske und Brust. Der Schnabel weist einen dunklen Fleck an der Basis auf, der im Alter von etwa drei Monaten verschwindet. Die Jugendmauser beginnt mit knapp sechs Monaten.

Brutverlauf:

Das Gelege umfaßt 4 - 6 Eier, gelegentlich auch mehr. Die Jungen schlüpfen nach einer Brutdauer von 22 - 23 Tagen und fliegen im Alter von 38 - 42 Tagen aus. Mit 7 - 8 Wochen sind sie selbständig.

Der ursprüngliche Lebensraum des Schwarzköpfchens ist die Hochebene von Tansania auf 1100 bis 1800 m ü.M., wo baumbestandene Buschsavanne und offene Grassteppe vorherrschen. War die Art früher auf ihrem kleinen Verbreitungsgebiet recht häufig anzutreffen, scheinen die Bestände - in erster Linie durch massenhaften Fang - inzwischen besorgniserregend zurückgegangen zu sein und nur mehr knapp 50'000 Vögel umfassen (vgl. ARNDT 1990ff.). Auch die Gebiete, auf denen ausgewilderte Schwarzköpfchen anzutreffen sind, könnten nur bedingt als Reservoir für eventuelle Arterhaltungsprogramme herhalten, da sich dort die Nominatform und die Unterart *A. p. fischeri* vermischt haben.

Schwarzköpfchen sind gesellige Vögel, die sich in Schwärmen von 20 bis 80 Vögeln auf Nahrungssuche begeben und in Mais-, Getreide- und Hirsefelder einfallen. Ansonsten besteht ihre Nahrung aus Gras- und Wildkräutersamen, Knospen, Beeren und Früchten.

Auch zur Brutzeit, die in die trockene Jahreszeit von März bis August fällt, bleiben größere Gruppen von Schwarzköpfchen zusammen und brüten im Koloniesystem. Sie bauen ihre aufwendigen Nester in morsche und hohle Stämme und Äste vor allem von Akazien und Affenbrotbäumen, übernehmen aber auch Webervogel- und Schwalbennester. In der Nähe von Siedlungen bauen sie sogar in Gebäudenischen und -ritzen.

Entdeckt wurde das Schwarzköpfchen 1877, doch es dauerte bis zum Jahr 1925, daß Exemplare dieser Art in Züchterhände gelangten. Der amerikanische Vogelliebhaber Painter brachte von einer Afrikareise drei dieser Vögel nach Hause und konnte schon im folgenden Jahr die erste Nachzucht vermelden. Von 1927 bis zum Beginn des Zweiten Weltkriegs wurden Schwarzköpfchen eine alltägliche Erscheinung auf dem Importvogelmarkt, und Nachzuchten ließen nirgendwo lange auf sich warten. Dem Marquis von Tavistock war in England und Europa der erste Zuchterfolg beschieden (1927), der Österreicher Rambausek war im folgenden Jahr erfolgreich. Die europäischen Zuchtstämme waren, nicht zuletzt dank ständiger Importe, in kürzester Zeit gefestigt. Nach den Kriegsjahren erholten sich die enorm dezimierten Bestände nur mühsam. Inzwischen gehört *A. p. personatus* aber zu den in unseren Volieren am häufigsten vertretenen *Agapornis*-Arten. Auch ohne Blutauffrischung durch Importe verfügen wir heute über stabile Zuchtstämme, die in der Lage sind, mit ihren Nachzuchten den Bedarf zu decken und sogar noch Zoohandlungen mit den ausgesprochen attraktiven Tieren zu versorgen. Auch das Auftreten von zahlreichen Farbmutationen, von denen einige bereits billiger zu haben sind als wildfarbene Vögel, hat sehr zur Popularität der Art beigetragen.

Obwohl die Zucht von Schwarzköpfchen nicht ganz so problemlos verläuft wie die von Rosenköpfchen, zählen sie zu den fast schon domestizierten Arten, die auch dem Anfänger empfohlen werden können. Sie sind genügsam und anpassungsfähig und schreiten sowohl in Kistenkäfigen wie in Volieren bereitwillig zur Brut. Ihren Nistgewohnheiten sollte mit hochformatigen Bruthöhlen Rechnung getragen werden, denn darin können sie ein zweigegliedertes Nest bauen: Die eigentliche Brutkammer ist nur faustgroß und wird mit lang belassenem Nistmaterial überdacht, so daß der Bereich hinter dem Einflugloch eine Vorkammer darstellt, von der aus ein enger Gang schräg nach unten ins Nest führt. Das erschwert zwar Kontrollen, doch kann man das bereits bei der Konstruktion berücksichtigen und eine Öffnung in der unteren Hälfte des Nistkastens einbauen. Wegen des enormen Bedarfs an Nistmaterial müssen stets frische Weidenzweige zur Verfügung gestellt werden, nach der ersten Eiablage aber sollte man ältere und damit bereits verholzte Zweige entfernen, um zu verhindern, daß das eine oder andere Ei durch unachtsame Ausbesserungsarbeiten zerstört wird. Nach einer erfolgreichen Brut werden meist bereits wieder Eier gelegt, noch ehe die Jungen selbständig sind. Oft wird ihnen auf recht schmerzliche Weise klargemacht, daß sie nichts mehr im Nest verloren haben, und bei manchen Paaren bleibt nichts anderes übrig, als die Jungvögel durch ein Gitter abzutrennen, durch das sie noch gefüttert werden können. Nach zwei, bei älteren Zuchtpaaren drei Bruten sollte der Kasten rechtzeitig entfernt werden, um eine weitere Eiablage zu verhindern.

Eine Vergesellschaftung von zuchtreifen Schwarzköpfchen mit Vögeln der eigenen oder einer anderen Art ist nur in genügend großen Volieren anzuraten, da es sonst unweigerlich zu Beißereien kommen würde. Ebenso sollte man es im Winter nicht auf den Versuch ankommen lassen, die gelegentlich gepriesene Unempfindlichkeit dieser Art gegen Frost zu testen. Sollten die Vögel auch sonst keinen Schaden nehmen, wäre der Verlust von Zehen vorprogrammiert, da sich alle Agaporniden gern an die Gitter hängen und bei großer Kälte zwangsläufig die Zehen erfrieren.

Mutationen

Blau

Alle grünen Gefiederpartien des Wildvogels sind kräftig blau mit klar hellerem Farbton auf der Unterseite, der Bürzel geht ins Violette und hebt sich deutlich vom Rücken ab. Die schwarz gesäumten Abzeichen auf den äußeren Schwanzfedern sind schmutzig grau und fallen deshalb kaum mehr auf. Das ansonsten gelbe Hals- und Brustband ist weiß und zeigt im Nacken gelegentlich einen grauen Anflug. Die Maske bleibt in ihrer intensiv schwarzen Farbe erhalten, der Schnabel dagegen erscheint zart pastellrosa. Die übrigen Merkmale, vor allem die Ausdehnung der verschiedenen Farbpartien, bleiben unverändert.

Blau vererbt **rezessiv**, spalterbige Tiere sind damit nicht als solche zu erkennen. Im Gegensatz zum Pastellblau der Rosenköpfchen handelt es sich hier um eine echte Blau-Mutation, bei der jegliche Psittacin-Bildung unterbleibt. Selbst die Pigmente des Schnabels werden stark verdünnt.

Der Ursprung der blauen Schwarzköpfchen, der ersten belegten Farbmutation bei der Gattung *Agapornis* überhaupt, liegt in freier Wildbahn. Mit dem letzten Import des Jahres 1927 gelangte ein blaues Männchen aus dem heutigen Tansania zu dem englischen

Foto: Kenning

Blaues Schwarzköpfchen

Tierhändler Chapman, der den Vogel an den Londoner Zoo verkaufte. Dort gelang es, aus den spalterbigen Nachkommen 1931 die ersten blauen Jungen nachzuziehen, was gleichzeitig einen ersten erfolgreichen Versuch der planmäßigen Weitergabe einer Mutationsfarbe bei Agaporniden darstellte. Ob Tiere aus diesem Stamm oder spalterbige Wildfänge nach Kalifornien gelangten oder dort dieselbe Mutation auftrat, ist nicht mehr endgültig zu klären, doch auch dort fielen bereits 1932 Blaue bei Cross. In Frankreich war Morin 1935 erfolgreich. Anfangs waren blaue Schwarzköpfchen sehr klein und hinfällig, doch gerade in Kalifornien - und in Japan - existierten schon bald stabile Zuchtstämme, aus denen dann nach dem Zweiten Weltkrieg Vögel nach Europa abgegeben wurden und einen neuen Anlauf ermöglichten. Heute ist Blau eine völlig gefestigte Mutation, die nicht mehr Probleme bereitet als die Wildfarbe. Längst können blaue Schwarzköpfchen miteinander verpaart werden, ohne daß das Folgen für Größe, Typ, Farbe oder Vitalität hätte. Inzwischen sind sie sogar billiger zu haben als gute Vögel der Wildfarbe.

Dennoch wird die gelegentliche Einkreuzung idealtypischer wildfarbener Schwarzköpfchen mit tiefschwarzem Kopf und rein gelbem, breitem Halsband zu einer weiteren Qualitätsverbesserung beitragen. Die farblich besten Vögel stammen aus Verpaarungen von Spalttieren und guten Blauen, die jeweils nicht gleichzeitig spalterbig in Pastellgelb sind.

Bei allen Unzertrennlichen mit weißem Augenring sind Jungvögel der Blau-Reihe bereits beim Schlupf am weißen Flaum zu erkennen. Junge der Grün-Reihe haben nämlich einen rosa Flaum.

Pastellgelb

Das Hauptgefieder ist gelblich grün, wirkt aber meist nicht gleichmäßig, da vor allem im Bereich der Flügeldecken intensiver hell- bis fast dunkelgrüne Federn für eine Art Scheckung sorgen. Nur das als solches nicht mehr deutlich abgesetzte Hals- und Brustband erscheint rein gelb. Auch die Maske hat ihren markanten Kontrast zu den angrenzenden Körperpartien verloren. Sie ist am Oberkopf und an der Stirn dunkelbraun und geht dann über Zimt in das Gelb von Brust und Nacken über, wobei sie nicht selten einen mehr oder weniger starken orangefarbenen Anflug zeigt. Orange sind auch die Abzeichen der äußeren Schwanzfedern geblieben, die Säumung aber ist hier beige. Die Handschwingen sind rahmweiß, der Bürzel silbrig graugrün, Füße und Krallen aufgehellt grau. Der Schnabel bleibt rot.

Pastellgelbes Schwarzköpfchen

Die Vererbung von Pastellgelb ist gleichfalls **rezessiv**. Wie aus der Beschreibung ersichtlich wird, ist ein Vogel dieser Mutation eher aufgehellt grün als gelb, wobei die Variationsbreite beachtlich ist. Ein erheblicher Teil der Melanine, die für den Blau-Anteil der Federfarbe verantwortlich sind, bleibt also offenbar eingelagert.

Die ersten gelben Schwarzköpfchen wurden bereits 1935 von Upland in Kalifornien gezüchtet, doch auch in Japan entstand ein Stamm Gelber, aus dem wohl die Mehrheit der Vögel stammt, die nach Europa gelangten. Wegen des oft beträchtlichen Orangeanflugs der Maske, vor allem bei Jungvögeln vor der ersten Mauser, wurde gelegentlich der Verdacht geäußert, daß man in den Ursprungsländern vielleicht Pfirsichköpfchen eingekreuzt hatte. Spätestens aber seit es Schwarzköpfchen-Schecken gibt, wissen wir, daß die schwarze Maske lediglich eine rote Psittacin-Färbung überlagert, was auch die verwandtschaftliche Nähe der Unzertrennlichen mit weißem Augenring untermauert. Je mehr Melanine ausfallen, desto deutlicher kommt die rote Grundierung der Maske zum Vorschein.

Nach einigen Anlaufschwierigkeiten konnte die Mutation auch hier etabliert werden. Im Lauf der Jahre wurden die Pastellgelben robuster und erreichten bald die Größe des Wildvogels, Verpaarungen von Gelben untereinander waren nicht mehr mit Verlusten verbunden. Ende der siebziger Jahren gab es dann plötzlich so viele Gelbe, daß niemand sie mehr haben wollte, zumal sie nicht gerade dazu beitrugen, die wildfarbenen Bestände zu verbessern. Als Konsequenz tauchten sie, nachdem man zuvor Phantasiepreise bezahlt hatte, in Zoohandlungen auf und verschwanden dafür bei den meisten Züchtern, denen gerade die idealtypisch wildfarbenen Vögel mit einem Mal zu schade für die Einkreuzung in Mutationsbestände waren. So ist es gegenwärtig gar nicht mehr so einfach, gute Pastellgelbe zu bekommen, und man sollte sich hüten, diese sicher nicht übermäßig ansprechende Mutation völlig den Zufallszuchten zu überlassen.

Kombinationsfarbe

Weißblau, "Weiß" (Pastellgelb + Blau)

Die Grundfarbe ist ein vor allem auf der Unterseite deutlich aufgehelltes Himmelblau. Wie beim pastellgelben Vogel wirken die Flügeldecken nicht ebenmäßig gefärbt, wobei die verwaschenen dunkleren Partien bei verschiedenen Tieren von Blau bis Zimt variieren können. Die nur mehr bis knapp unterhalb von Augen und Schnabel reichende Maske ist an der Stirn dunkelgrau und geht abgestuft in das reine Weiß von Hals, Brust und Nacken über. Der Bürzel ist graublau und vom helleren Rückengefieder abgesetzt, die silberne Bänderung des Schwanzgefieders ist kaum mehr sichtbar. Der Schnabel zeigt die pastellrosa Farbe aller Schwarzköpfchen der Blaureihe.

Da es sich bei den Weißblauen - auch Pastellweiß wäre als Farbbezeichnung denkbar - um Vögel handelt, die zwei rezessive Mutationen auf sich vereinigen, fallen Tiere dieses Farbschlags erst in der zweiten Generation (F_2), wenn man von Blauen und Pastellgelben ausgeht und mit den doppelt spalterbigen Tieren der F_1-Generation weiterzüchtet. Da der Erbgang genau dieser Kombinationsfarbe im Kapitel zur Genetik als Beispiel herangezogen wurde, braucht hier nicht weiter darauf eingegangen zu werden.

Wie nicht anders zu erwarten, kann ein "weißes" Schwarzköpfchen nicht weiß sein, solange eine der beteiligten Mutationen - hier Pastellgelb - keine reine Farbe ermöglicht.

Weißblaues Schwarzköpfchen

Trotz des wenig attraktiven Erscheinungsbilds waren Weißblaue, von denen die ersten übrigens kurz nach dem Krieg in Japan gezogen wurden, lange eine gefragte Kostbarkeit. Zu dem mühsamen Zuchtverlauf - bei der erwähnten F_1-Verpaarung von zwei Doppelspaltern kommen 15 Geschwister auf ein weißblaues Junges - kam anfangs noch eine frustrierende Sterblichkeitsrate. Da man schon bald auch hier den richtigen Weg ging und über die zwischenzeitliche Einkreuzung wildfarbener Schwarzköpfchen die drohende Inzuchtdepression verhinderte, verfügte man in der zweiten Hälfte der siebziger Jahre über stabile Zuchtstämme, die nichts mehr von den Problemen der Vergangenheit erahnen ließen. Wie bei den pastellgelben Schwarzköpfchen nahm aber auch hier die Nachfrage rapide ab, und Weißblaue wurden zur ungeliebten Randerscheinung. Erst mit der Entstehung von Dunkelfaktoren wurde ihnen wieder mehr Interesse entgegengebracht, ohne daß bisher eine echte Trendwende eingesetzt hätte.

Lutino

Die Grundfarbe ist ein reines, leuchtendes Goldgelb. Der gesamte Oberkopf einschließlich Nacken, Wangen und Kehle ist orangerot, wobei die hinteren Partien meist leicht gelb durchsetzt sind und dadurch nicht so intensiv wirken wie etwa die Stirn. Das Auge ist hellrot, die Handschwingen sind weiß, das eher gelbe Bürzelgefieder ist

107

Foto: Raffenberg

Lutino-Schwarzköpfchen

lediglich weiß überhaucht. Die Abzeichen der äußeren Schwanzfedern erscheinen kräftig orangerot. Der Schnabel bleibt korallenrot, Füße und Krallen sind fleischfarben.

Anders als bei den Rosenköpfchen wird Lutino in der Augenring-Gruppe im Prinzip **rezessiv** vererbt. Es gibt also sowohl spalterbige Männchen wie spalterbige Weibchen, was bedeutet, daß beide Partner das Lutino-Gen in sich tragen müssen, wenn man von ihnen Junge in diesem vielleicht ansprechendsten aller Farbschläge bekommen will. Bei einem Lutino unterbleibt jegliche Melaninbildung, so daß die Farbgebung des Vogels nur noch auf die gelben Fettfarben von Gelb bis Rot zurückgreifen kann. Auf die beim Wildvogel überdeckte rote Grundfarbe des Kopfs, die hier voll zum Vorschein kommt, wurde bereits bei Pastellgelb eingegangen. Da der Bürzel beim wildfarbenen Schwarzköpfchen nur einen Blauschimmer aufweist, kann er bei dieser Mutation auch nicht weiß erscheinen, sondern lediglich mit weißem Überhauch über gelbem Grund (vgl. dagegen Lutino-Pfirsichköpfchen).

Zumindest in Verbindung mit der Pastellgelb-Mutation sind Spaltvögel phänotypisch erkennbar, also verhält sich die Vererbung dort **intermediär**.

Spalterbigkeit in Lutino bewirkt bei pastellgelben und pastellweißen Schwarzköpfchen, daß der in diesen Mutationsfarben nur unvollständige Melaninabbau in den Federn - vor allem bei Jungvögeln - augenfällig verstärkt wird. Das Gelb bzw. Weiß des spalterbigen Vogels erscheint, da es weitgehend ohne Grün- bzw. Blauanflug bleibt, fast rein. Die Maske des gelben Vogels ist nur schwach braun überzogen und gibt mehr oder weniger das Rot des Untergrunds frei. Bei den meisten weißen Vögeln ist eine Maske nur noch in Andeutung vorhanden, zumindest aber stark aufgehellt. Die Augen sind schwarz.

Gute blaue und wildfarbene Spaltvögel sollten phänotypisch nicht von Vögeln der Ausgangsfarbe zu unterscheiden sein, doch bei vielen leidet die Maske unter einem vom Optischen her unerfreulichen Melaninverlust, von dem nicht sicher ist, ob auch dafür ein abgeschwächt intermediärer Erbgang verantwortlich ist oder ob sich darin eine frühere Einkreuzung von anderen Unterarten bemerkbar macht. Dieser Verdacht ist ohnehin der kritische Punkt, der manche Züchter davon abhält, Lutino-Schwarzköpfchen in ihrem Bestand zu halten.

Denn tatsächlich begann die Lutino-Zucht nicht in der Nominatform, sondern bei *A. p. lilianae*. Die ersten reingelben rotäugigen Unzertrennlichen mit weißen Augenringen waren nämlich Erdbeerköpfchen. Ein einzelner Hahn, der in den siebziger Jahren von Australien über Deutschland zu Postema nach Holland gelangte und zunächst erfolglos an Erdbeerköpfchen verpaart wurde, gilt als Urvater der meisten unserer Lutino-Schwarzköpfchen. Nach den Fehlschlägen in der eigenen Unterart versuchte der Züchter, die seltene Mutation wenigstens innerhalb der Art weiterzugeben und so zu erhalten. Mit Schwarzköpfchen klappte es schließlich problemlos, und Postema gelang mit dem gleichen Ausgangsvogel Nachzucht von verschiedenen Weibchen in Blau, Pastellgelb und Pastellweiß. Von diesen spalterbigen Unterartmischlingen erhielt er dann die ersten Inos, mit denen er innerhalb weniger Jahre einen vitalen Stamm aufbaute.

In der Folgezeit wurde mithilfe von sogenannter "Verdrängungszucht" gezielt versucht, durch ständige Einkreuzung von guten wildfarbenen Schwarzköpfchen Lutinos zu erhalten, die voll und ganz dem Phänotyp des oben beschriebenen Vogels entsprechen. Vor allem in den ersten Generationen traten dabei natürlich Vögel auf, die Merkmale von beiden Unterarten trugen. Durch konsequente Auslese vor allem bei spalterbigen Grünen kamen jedoch nur die Vögel in der Zucht weiter zur Verwendung, die dem Erscheinungsbild wildfarbener Schwarzköpfchen am nächsten kamen. Selbstverständlich trifft nicht zu, wovon BROCKMANN 1993 (vgl. S. 167ff.) ausgeht, daß nämlich sämtliche Anlagen auf allen Chromosomen die jeweilige Unterart definieren und es somit unmöglich wäre, aus solchen Mischlingen wieder reinerbige Tiere zu erhalten. Tatsächlich sind nicht nur Zahl und Aufbau der Chromosomen, sondern darüber hinaus noch nahezu alle Gene - selbst diejenigen, die für die Gefiederfarbe zuständig sind, - baugleich und haben genau den gleichen Gen-Ort auf dem jeweiligen Chromosom. Das macht letztlich ja die nahe Verwandtschaft der vier Unterarten und die uneingeschränkte Fruchtbarkeit ihrer gemeinsamen Nachkommen aus. Ihre Erbanlagen unterscheiden sich wohl individuell, soweit aber die Artkonstanz betroffen ist nur ganz punktuell, etwa was die Farbverteilung, die Größe oder die Statur angeht. Insofern war es gar nicht so abwegig, auf eine Verdrängung der unerwünschten Merkmale hinzuarbeiten.

Einen herben Rückschlag bei diesen Bemühungen stellte die überzogene Reaktion einiger Vogelzuchtverbände in Deutschland - und nur hier - dar, die Besitz und Zucht von Lutinos regelrecht kriminalisierten und Zuwiderhandelnden massiv mit Ausschluß drohten. Nicht nur aus heutiger Sicht scheinen die hysterischen Anzeigenkampagnen zu diesem Thema in den achtziger Jahren unverständlich, denn auch damals kümmerte sich niemand um eine Unterscheidung oder gar Reinerhaltung der Unterarten etwa von *A. canus*, und es paßt auch nicht ins Bild, daß gleichzeitig ein "Prachtrosella"-Ideal im Ausstellungs-Standard festgeschrieben wurde, das ganz bewußt die Vermischung der verschiedenen Unterarten von *Platycercus eximius* akzeptierte, ja sogar forderte (vgl. *AZ Standard* 1986). Im übrigen ist es durchaus von Bedeutung, daß hier lediglich ein Exemplar einer seltenen Unterart in die massenhaft gehaltene und nachgezogene Nominatform eingekreuzt wurde und dort eine eigene Linie begründete, die den Fortbestand der Wildform in keiner Weise gefährden konnte. Der umgekehrte Fall - etwa die Übertragung der Blau-Mutation vom Schwarzköpfchen auf das Erdbeerköpfchen - wäre weit bedenklicher. Obwohl sich die Wogen inzwischen geglättet haben und stillschweigend Abstand von solchen Extrempositionen genommen wurde, sind die Folgen für den Fortbestand der Lutino-Mutation in Züchterhand kaum wieder gutzumachen. Viele ließen sich durch die Abdrängung an den Rand der Legalität nämlich tatsächlich davon abschrecken, sich ernsthaft diesem Farbschlag zu widmen. Möglicherweise ist die Lutino-Mutation längst auch bei Schwarzköpfchen aufgetreten, und der verschämte und eingeschüchterte Züchter hat wissentlich oder unwissentlich den Mantel des Schweigens über den unerwünschten Zufall gebreitet, um nicht in Verdacht zu geraten, gegen das Diktat der Verbandsmächtigen verstoßen zu haben.

Es wäre schon erstaunlich, wenn es bei einer so häufig nachgezogenen Art nicht des öfteren zu identischen Farbmutationen kommen sollte. Ohnehin ist es ein unzulässiger Schluß, aus der Existenz von Hybriden die Nicht-Existenz einer echten Lutino-Mutation bei Schwarzköpfchen zu folgern, auf die die erwähnten Polemiken aufbauen. Die wenigen, die gegen alle Trends konsequent am Zuchtziel des idealtypischen Lutino-Schwarzköpfchens festgehalten haben, verfügen längst über Tiere, deren spalterbige Nachzucht sich nicht neben Tieren der Ausgangsfarbe verstecken müssen. So ist beispielsweise das abgebildete blaue Schwarzköpfchen, das bei einigen Schauen ganz vorne stand, spalterbig in Lutino. Generell aber muß gesagt werden, daß bis jetzt die Lutino-Bestände mager und nicht so gefestigt sind, daß die Zucht dieses attraktiven Farbschlags von einem Tag auf den anderen einen gewaltigen Aufschwung erleben könnte. Nach wie vor ist von Lutino x Lutino-Verpaarungen abzuraten, da die Sterblichkeitsrate in den allermeisten Fällen noch zu hoch ist. Hier müßte tatsächlich von Grund auf Mutationszucht getrieben werden, und das heißt: mit reinen wildfarbenen Tieren auf eine Stabilisierung hinzuarbeiten.

Kombinationsfarben

– Albino (Lutino + Blau)

Das gesamte Gefieder ist rein weiß und zeigt nur bei bestimmtem Lichteinfall einen leicht bläulichen Schimmer. Die Augen sind hellrot, der Schnabel milchig rosa, Füße und Zehen fleischfarben.

Da es sich auch beim Albino um die Kombination zweier rezessiver Mutationen handelt, entspricht der Erbgang dem bei der Zucht eines weißblauen Schwarzköpfchens. Der beim Rosenköpfchen nach wie vor in weiter Ferne schwebende Wunschtraum des rein weißen Vogels ist beim Schwarzköpfchen Wirklichkeit geworden: Nachdem in der Blau-Reihe kein Psittacin gebildet wird und durch das Lutino-Gen auch die Melanine ausfallen, ist jede Pigmentbildung unterbunden, wenn beide Mutationen zusammen auftreten. Wenngleich damit ein Ideal erreicht ist, scheinen farbigere Vögel mehr Anhänger zu besitzen, denn sonderlich gefragt waren Albinos nur anfangs. Mit ihrer Diskriminierung sind sie fast ganz aus den Volieren verschwunden, während an Lutinos, wohl wegen ihrer Leuchtkraft, doch wenigstens von einigen Liebhabern festgehalten wurde. Ansonsten gilt für beide Farbschläge das gleiche: Es wird einige Mühe bereiten, vitale und phänotypisch makellose Zuchtstämme zu schaffen.

Foto: Ochs

Albino-Schwarzköpfchen

– Eine Kombination von Lutino und Pastellgelb erlaubt offensichtlich keine unabhängige Vererbung der beiden Farben, denn die Nachkommen in der F_1-Generation sind nicht Wildfarbige, wie zu erwarten wäre, sondern hellgelbe Spaltvögel, wie sie oben beschrieben wurden. Offenbar handelt es sich bei Lutino um ein Allel von Pastellgelb, so daß von beiden Elternteilen die entsprechende Genstelle nach Gelb hin verändert und die Mutationsfarbe so sichtbar wird.

Dunkelfaktoren

Ebenso wie bei den Rosenköpfchen werden Dunkelfaktoren **intermediär** vererbt, es treten also zwei verschiedene Farbstufen auf, deren Farbtiefe davon abhängt, ob der Dunkelfaktor einfach (1DF) oder doppelt (2DF) vorliegt. In der Grün-Reihe unterscheidet man zwischen Dunkelgrün und Oliv.

Oliv (2DF)

Zwei Dunkelfaktoren bewirken eine deutliche Veränderung des Gefieders hin zu einem stumpfen Oliv. Das Gelb von Brust und Hals bleibt erhalten, ebenso das Rot des Schnabels.

Dunkelgrün (1DF)

Der Grünton der Gefiederfarbe wirkt beim dunkelgrünen Schwarzköpfchen matter und dunkler als der der Wildfarbe, was aber fast nur im direkten Vergleich sicher wahrnehmbar ist. Auch das Bürzelgefieder ist nur unwesentlich dunkler blau überhaucht.

Es sei noch einmal erwähnt, daß die **intermediäre** Vererbung von Oliv bewirkt, daß Dunkelgrün sich wie eine **dominante** Mutation verhält. So hat ein wildfarbener Vogel, dessen Partner olivgrün ist, stets dunkelgrüne Junge, aber auch ein dunkelgrüner Partner vererbt seine Farbe an die Hälfte der Nachkommen weiter. Spalterbigkeit gibt es demzufolge nicht, wenngleich die einfaktorige Mutationsfarbe, die durch eine Veränderung der Federstruktur mehr Licht absorbiert und so dunkler erscheint, oft nur mühsam zu erkennen ist.

Aus diesem Grund scheint die Annahme plausibel, daß es bereits dunkelgrüne Schwarzköpfchen gab, ehe man sich

Foto: Kenning

Dunkelgrünes Schwarzköpfchen

dessen bewußt war. Anfang der sechziger Jahre sollen in der Schweiz welche existiert haben, deren Spur sich allerdings wieder verliert, so daß das Auftreten der Mutation bei dem holländischen Züchter Snip Ende der siebziger Jahre als die erste gesicherte Meldung gelten darf. Aufgrund ihres intermediären Erbgangs, der ja eine ständige Zufuhr von blutfremden wildfarbenen Tieren erlaubt, ohne dadurch die phänotypische Ausprägung eine Generation hinauszuschieben, dauerte es nicht lang, bis die Mutation stabilisiert und etabliert war. Nachdem anfänglich Phantasiepreise für dunkelfaktorige Schwarzköpfchen bezahlt wurden, sind sie heute relativ häufig anzutreffen und somit durchaus erschwinglich geworden.

Kombinationsfarben

– Kobalt (Blau + 1 Dunkelfaktor)

Anders als in der Grün-Reihe wirkt sich der einfache Dunkelfaktor bei Blauen auch in der Gefiederfarbe deutlich aus, die intensiv kobaltblau erscheint. Der Bürzel ist

Foto :Raffenberg

Mauvefarbenes Schwarzkopfchen

violett, die schwarze Maske und das in der Blau-Reihe charakteristische breite weiße Brustband, sowie der blaß rosa Schnabel bleiben erhalten.

Mauve (Blau + 2 Dunkelfaktoren)

Auf der Oberseite ist der Vogel schiefergrau, fast anthrazit, auf der Unterseite mittelgrau, gelegentlich von einem bläulichen Schimmer überzogen. Der Bürzel ist mauvefarben, die schwarze Maske bleibt ebenso erhalten wie der blaß rosa Schnabel und das weiße Brustband, das aber häufig einen Grauanflug zeigt.

Die intermediäre Vererbung des Dunkelfaktors erlaubt im Prinzip eine schnelle Übertragung auf die Blau-Reihe, doch offenbar liegen hier die Verhältnisse ähnlich wie bei der Oliv-Mutation des Rosenköpfchens. Nachdem erst einmal eine Kopplungsgruppe von Blau und Dunkelfaktor entstanden war, wurde die ungehinderte Einkreuzung innerhalb der Blau-Reihe möglich. Mittlerweile stehen genügend kobaltblaue und mauvefarbene Schwarzköpfchen in guter Qualität zur Verfügung und können ohne weiteren Umweg in blaue Zuchtstämme eingebracht werden.

- Dunkelfaktorige Pastellgelbe zeigen über der grüngelben Grundfarbe einen auffallend dunkel- bzw. olivgrünen Anflug am ganzen Körper, besonders aber in den auch sonst fast grünscheckigen Flügelpartien. Auch die Kopfmaske ist intensiver braun. In der zusätzlichen Kombination mit Blau wird die Aufhellung noch deutlicher zurückgenommen und beim einfaktorigen weißblauen Vogel - vor allem auf der Unterseite - in Richtung eines Violettons gelenkt, beim doppelfaktorigen aber hin zu einem schmutzigen Graubraun ("Isabell"), das auf den scheckigen Flügeldecken nur mehr wenig attraktiv wirkt. Bei den wenigen Exemplaren, bei denen die Scheckung zugunsten eines ebenmäßigen Farbtons zurücktritt, erscheinen die aufgehellten Kombinationen ausgesprochen interessant, da all diese Vögel phänotypisch gut zu unterscheiden sind.

- Da Lutinos und Albinos Dunkelfaktoren überdecken, macht deren Kombination nur wenig Sinn.

Sonstige Mutationen, Gerüchte und Modifikationen

Scheckung

In unseren Volieren befindet sich eine ganze Reihe gelb- bzw. weißgescheckter Schwarzköpfchen, die den Züchtern einiges Kopfzerbrechen bereiten. Denn offensichtlich handelt es sich bei den meisten dieser Vögel um Modifikationen, bei einigen jedoch um eine dominante, und bei anderen um eine rezessive Mutation. Eine Klärung steht noch aus, denn gegenwärtig wird eher versucht, die Schecken miteinander zu verpaaren, ohne daß bisher gesicherte Erkenntnisse gewonnen wurden. Das Problem liegt nicht nur darin, daß erst nach mehreren Generationen klar wird, daß bestimmte Nachzuchten von Modifikationen abstammen müssen, vielmehr läßt sich ein Erbgang solange nicht klären, als unter Umständen unabhängige Scheckmutationen und zusätzlich Modifikationen miteinander vermischt werden. Wenn daraus Schecken fallen, läßt das zunächst keine Rückschlüsse auf die tatsächlichen genetischen Verhältnisse zu. Im übrigen treten auch Schecken auf, die wildfarbig oder blau das Nest verlassen und erst nach der zweiten Mauser phänotypisch erkennbar sind. Das könnte der Ausdruck von Mangelerscheinungen sein, aber auch eine besondere vererbbare Anlage. Zum gegenwärtigen Zeitpunkt läßt sich deshalb nur eine Arbeitshypothese aufstellen, die erst durch entsprechende Zuchtergebnisse zu bestätigen oder zu widerlegen ist. Von gescheckten Schwarzköpfchen, bei denen lediglich einzelne Federn und kleinere Flecken auf dem Rücken oder in den Schwingen von völligem Melaninausfall betroffen sind, ist nicht zu erwarten, daß sie ihre Scheckung weitervererben. Erfaßt die Scheckung dagegen größere Flächen und vor allem die Maske, und da insbesondere die Kopfplatte, wie bei dem hier abgebildeten Vogel, ist die Wahrscheinlichkeit groß, daß eine echte Mutation vorliegt. Solche Vögel fielen bereits Anfang der achtziger Jahre etwa bei Bauer und Rößer und schienen rezessiv zu vererben. Gerade diese vielversprechendere Variante wirkt beim grünen Vogel allerdings oft wenig ansprechend, da die Kopfflecken nicht gelb werden wie die Scheckung des Körpergefieders, sondern orangerot. Immerhin beweisen diese Schwarzköpfchen, daß die schwarzen Melanine der Maske eine rote Psittacineinlagerung in den Kopffedern optisch überlagern, die zum Vorschein

Foto: Raffenberg

Gelbgeschecktes Schwarzköpfchen der Wildfarbe

kommt, wenn modifikations- oder mutationsbedingt keine Melanine gebildet werden. Wo die gelben Diffusfarbstoffe ausfallen, ist auch deren Abstufung nach Rot betroffen, so daß gescheckte Blaue tatsächlich weiße Flecken in der Maske zeigen. Nach wie vor treten Gescheckte nur sporadisch auf und sind züchterisch bisher nicht gefestigt, was ohnehin erst zu erwarten ist, wenn Klarheit über die Vererbungsfragen herrscht.

Zimt

Anfang der fünfziger Jahre trat in Japan eine Zimt-Mutation auf, die auch nach Holland importiert wurde. Allerdings konnten diese Tiere damals nicht am Leben gehalten werden. Es scheint, daß es seit geraumer Zeit keine Zimt-Schwarzköpfchen mehr gibt, doch könnte die Mutation jederzeit neu auftreten. Die Nestlinge müßten in den ersten Lebenstagen rote Augen haben, die ausgefärbten Vögel wären aufgehellt grün, die Maske braun, die Schwingen zimtfarben. Die Vererbung dürfte wie bei anderen Vogelarten geschlechtsgebunden sein.

Falb

Ein blauer Falbe fiel 1982 in Kalifornien in der Zuchtanlage von Horton und Dubuc, doch starb er noch vor der Zuchtreife. Der rotäugige Vogel muß außer verdünnten braunen Melaninen fast pigmentfrei gewesen sein. Von weiteren Nachzuchten dieser Mutation wurde nichts bekannt.

Orangebrust

Hin und wieder tauchen Schwarzköpfchen auf, deren Hals- und Brustband nicht gelb, sondern gleichmäßig orange gefärbt ist. Bis jetzt ist nicht geklärt, ob es sich tatsächlich um eine Mutation handelt, was durchaus denkbar ist, da Psittacin dann eben nicht in der gelben Form des Wildvogels eingelagert wird, sondern in einer der vielen möglichen Abstufungen nach rot. Das Schwarz des Kopfs bliebe davon unberührt.

Man sollte sich allerdings davor hüten, den mehr oder weniger ausgedehnten orangefarbenen Anflug vieler grüner Schwarzköpfchen am Oberhals zu kultivieren oder gar durch Einkreuzen von Pfirsichköpfchen zu intensivieren. Das Zuchtideal muß zunächst der Wildvogel mit schwarzem Kopf und breitem gelbem Hals- und Brustband sein. Wo eine Orangebrust-Mutation ins Spiel kommt, ist damit eine spontane Veränderung des Phänotyps verbunden, die nicht erst durch lange Auslesezucht zustandekommt.

Foto: Kammer

Orangebrüstiges Schwarzköpfchen

Roter Schnabel in der Blau-Reihe

Auf den ersten Blick erscheint ein roter Schnabel bei Schwarzköpfchen nichts Besonderes zu sein, doch ist bei diesem Vogel der Blaureihe der Pigmentausfall im Schnabel rückgängig gemacht. Erhart spricht von einer rezessiven Vererbung dieser Mutation, die in den siebziger Jahren sowohl in den USA wie in Belgien auftrat, doch auch sie ist von der Bildfläche verschwunden. Die roten Federchen im Brustgefieder lassen aber eher vermuten, daß es sich hier lediglich um einen Defekt in der Farbverteilung handelt, der dann wohl auch nicht vererbbar sein dürfte.

Blaues Schwarzköpfchen mit rotem Schnabel

Halbseitertum

Auch bei den sogenannten "Halbseitern" handelt es sich den bisherigen spärlichen Erkenntnissen zufolge um eine Modifikation. Bei Schwarzköpfchen scheinen solche Vögel bisher noch kaum aufgetreten zu sein. Hilpert besitzt ein weißblaues Männchen, das etwa zur Hälfte gelb gefärbt ist, und bei Gaiser fiel ein kobaltweißes Weibchen, dem auf etwa 40 % des Gefieders der Dunkelfaktor fehlt. Die Gunst der Stunde nutzend, wurden die beiden Vögel 1994 verpaart. Alle sechs Jungvögel, die bisher ausgeflogen sind, sind weißblau, was umso erstaunlicher ist, als das Weibchen aus Mauve x Weißblau stammt und somit eigentlich auch den Dunkelfaktor weitervererben müßte. Immerhin konnte widerlegt werden, daß Halbseiter unfruchtbar sind. Und vielleicht sollte man die Hoffnung noch nicht ganz aufgeben, daß Halbseitertum als Farbverteilungsfaktor vererbt werden könnte.

Dänisch Gelb
Pastellblau
Grauflügel

Eine echte Gelbmutation mit schwarzen Augen und nur leichtem Grünanflug im Alter soll in den siebziger Jahren in Dänemark bei Frandsen existiert haben, aus der auch ein rein weißer

Halbseiter-Schwarzköpfchen: weißblau und pastellgelb

Vogel ohne jegliche Spur von Pigmentierung hervorgegangen ist. Dieses Tier starb allerdings ebenso mit vier Monaten wie zwei pastellblaue Schwarzköpfchen, die beim

gleichen Züchter 1973 auftauchten. Von beiden Mutationen war in der Folgezeit nichts mehr zu erfahren.
Bei der Grauflügel-Mutation, die DE GRAHL (1976) erwähnt, handelt es sich der Beschreibung zufolge wohl um nichts weiter als ein stark aufgehelltes weißblaues Schwarzköpfchen.

Violett

Die jüngste aller *Agapornis*-Mutationen, um die noch ein großes Geheimnis gemacht wird, gehört sicher auch zu den attraktivsten. 1993/94 tauchte in einem Benelux-Staat erstmals der Violettfaktor bei einem Schwarzköpfchen der Blau-Reihe auf, der dem reinen Blau des Vogels einen intensiv violetten Einschlag verleiht. Wie deutlich der Unterschied zu Kobaltblau ausfällt, belegt unser Bild. Diese Mutation hat nichts mit den angeblich violetten Vögeln zu tun, die Ende der achtziger Jahre als weißlila bezeichnet wurden, aber lediglich Weißblaue mit Dunkelfaktor waren.
Der Violettfaktor wird wie bei den Rosenköpfchen dominant vererbt und kann folglich einfaktorig und doppelfaktorig vor-

Foto: Lutz

Violettes Schwarzköpfchen (rechts) im Vergleich mit einem kobaltblauen

kommen. Wenngleich er auch in der Grünreihe phänotypisch wahrnehmbar sein müßte, wird er dort nicht annähernd so attraktiv wirken wie in der Blau-Reihe. Obwohl bereits die ersten Vögel dieser Mutation nach Deutschland gelangt sein sollen, wird es noch eine Weile dauern, ehe sie allgemein und zu einem annehmbaren Preis verfügbar sind.

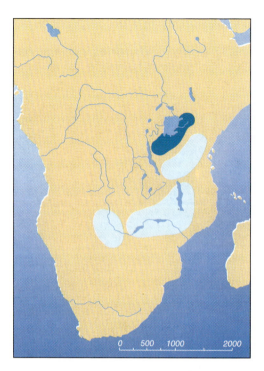

Agapornis p. fischeri
Pfirsichköpfchen

auch: Fischers Unzertrennlicher, Fischéri

engl.:   *Fischer's Lovebird*

franz.:   *Inséparable de Fischer*

niederl.: *Fischer's Dwergpapegaai*

wiss. Benennung durch Reichenow 1887 nach dem Entdecker G. A. Fischer (1877)

Verbreitung:

Nordwesten Tansanias südlich des Victoriasees, gelegentlich auch in Ruanda und Burundi anzutreffen; erfolgreich eingebürgerte Populationen auch in der Küstengegend um Dar es Salaam und in einigen Gebieten in Kenia.

Artbeschreibung:

Die Geschlechter lassen sich auch bei dieser ca. 15 cm großen Unterart äußerlich nicht unterscheiden.

Das Grün der Grundfarbe und dessen Abstufungen entsprechen denen des Schwarzköpfchens: die Flügeldecken sind dunkelgrün, der Bauch grasgrün. Die Gesichtsmaske endet hinter den Augen und umfaßt den Bereich von der Stirn bis zur Brust. In der oberen Hälfte ist die Färbung ein kräftiges Orangerot, das nach unten hin an Intensität verliert und auf der Brust gelborange wirkt. Nach hinten ist die Maske gegen einen deutlich dunkleren Farbton abgesetzt, der von bräunlich orange bis oliv variieren kann. Entsprechend heller oder dunkler fallen der Nacken und der hintere Teil des Halses aus. Die weniger markante und die kontrastreichere Variante können hier im Bild miteinander verglichen werden. Bürzel und Oberschwanzdecken leuchten - im

Foto: Kenning

Junges Pfirsickköpfchen mit wenig kontrastreicher Maske

1,1 Pfirsichköpfchen (*Agapornis personatus fischeri*)

Gegensatz zur verwaschenen Farbe der Nominatform - ultramarinblau. Das ge-
schlossene Schwanzgefieder ist grün mit bläulichen Spitzen, die verdeckten äußeren
Schwanzfedern tragen nahe der Wurzel ein dunkel gesäumtes orangefarbenes Ab-
zeichen. Der Schnabel ist korallenrot, die Wachshaut weiß. Die braunen Augen wer-
den von einem breiten, unbefiederten weißen Augenring umgeben, die Füße sind
blaugrau, die Krallen schwarzbraun, im Alter heller.

Jungtiere sind in allen Farben matter, vor allem im Bereich der Maske. Der Schnabel
ist noch nicht so intensiv rot und weist einige dunkle Streifen nahe der Wurzel auf, die
ebenso im Alter von etwa drei Monaten verschwinden wie schwarze Flecken an den
Füßen. Die Jugendmauser beginnt mit knapp sechs Monaten.

Brutverlauf:

Das Gelege umfaßt 4 - 6, gelegentlich bis zu 10 Eier. Die Jungen schlüpfen nach einer
Brutdauer von 22 - 23 Tagen und fliegen im Alter von 38 - 42 Tagen aus. Sie sind mit
7 - 8 Wochen selbständig.

Der flächenmäßig nur wenig größere Lebensraum der Pfirsichköpfchen liegt nord-
westlich von dem der Schwarzköpfchen und schließt sich fast nahtlos daran an. Die
Landschaft trägt den selben Charakter und liegt ebenfalls im Hochland bis auf eine
Höhe von 2000 m ü.M. Durch die Einbeziehung des Serengeti- und Arusha-National-
parks, sowie des Südufers und einiger Inseln des Viktoriasees sind die Bestände trotz
anhaltender Exporte weit weniger gefährdet als die der Nominatform. Offensichtlich ist
A. p. fischeri nicht nur die vermutlich ursprünglichste, sondern auch die mit Abstand
häufigste der Unterarten mit weißem Augenring.
Ernährung und Lebensweise entsprechen in jeder Hinsicht denen von *A. p. personatus*. Auch Pfirsichköpfchen sind in größeren Verbänden unterwegs und ernähren sich
weitgehend in Bodennähe von Getreide- und Wildsamen, Beeren und Früchten, wobei
sie zur Reifezeit auch vor Einfällen in kultiviertes Land nicht zurückschrecken. Ihre
Brutzeit scheint früher zu beginnen, da Eiablagen schon im Januar registriert wurden.
Bezüglich der Nistgelegenheiten sind sie ebensowenig wählerisch wie Schwarzköpfchen. Brutkolonien wurden sowohl in der baumbestandenen Savanne wie in Palmen-
hainen beobachtet.
Die Pfirsichköpfchen wurden von dem Ornithologen Fischer 1877 auf der selben Reise
entdeckt wie die Schwarzköpfchen. Auch die Haltungsgeschichte ähnelt sehr der der
Nominatform, wurden die ersten Pfirsichköpfchen doch auch erst 1925 von Painter mit
in die USA gebracht, und innerhalb von zwei Jahren kamen regelmäßige Importe in
alle Länder der westlichen Welt. Als Erstzüchter gilt der Marquis von Tavistock, bei
dem im Januar 1928 vier Junge das Nest verließen. Allerdings soll Whitley bereits ein
gutes Jahr vorher Nachzucht gehabt haben, ohne den Erfolg zu veröffentlichen. Auch
in Frankreich (Decoux) und Deutschland erwiesen sich die Pfirsichköpfchen als fort-
pflanzungsfreudig, so daß der Berliner Zoo bereits 1931 nicht weniger als 68 Jungvögel vermelden konnte. Die Nachzuchten blieben auch in der Folgezeit nicht aus,
und da - im Gegensatz zu den meisten *Agapornis*-Arten - ständig neue Importe eintra-
fen, war es kein Problem, diese Unterart in Gefangenschaft zu etablieren. Pfirsichköpfchen sind nach Rosen- und erstaunlicherweise auch nach Schwarzköpfchen die
am häufigsten gehaltenen und gezüchteten Unzertrennlichen und werden nicht selten
auch in Zoohandlungen angeboten.

Brut und Aufzucht unterscheiden sich nicht von denen der anderen Unterarten mit weißem Augenring. Angeblich eignen sich Pfirsichköpfchen gut für die Gemeinschaftshaltung, doch unserer Erfahrung nach legen sie in weniger geräumigen Volieren ein ebenso aggressives Sozialverhalten an den Tag wie Schwarzköpfchen. Auch wenn genügend Nistgelegenheiten bereitgestellt werden, sind Streitigkeiten an der Tagesordnung, frisch ausgeflogene Jungvögel sind ständig in Gefahr, von anderen Volierenbewohnern bis zur Erschöpfung gejagt und getötet zu werden. Paarweise Haltung empfiehlt sich deshalb auch hier. Allerdings werden die Jungen von den Eltern meist recht lang im gleichen Käfig geduldet, wenn sie gelernt haben, sich vom Nistkasten fernzuhalten.

Bei den Pfirsichköpfchen dauerte es bedeutend länger als bei den anderen quasi-domestizierten Arten, bis Mutationen auftraten und gefestigt werden konnten, doch inzwischen gibt es auch bei dieser Unterart eine breite Palette von Farbschlägen.

Foto: Raffenberg

Pfirsichköpfchen in der Wildfarbe, in Albino, Blau und Pastellgelb

Mutationen

Blau

Alle grünen Gefiederpartien des Wildvogels sind intensiv blau mit klar hellerem Farbton auf der Unterseite, der violette Bürzel hebt sich deutlich vom Rücken ab. Die schwarz gesäumten Abzeichen auf den äußeren Schwanzfedern fallen wegen ihrer schmutzig grauen Färbung kaum mehr auf. Die gesamte Maske, an deren Ausdehnung sich nichts ändert, ist weiß. Dabei ist besonders die Stirn markant gegen den grauen Scheitel abgesetzt, mit dem der allmählich nach hellgrau tendierende Bereich des Hinterkopfs beginnt. Der Schnabel dagegen wirkt zart pastellrosa. Die Augen sind braun, die Füße blaugrau, die Zehen schwarz.

Foto: Raffenberg

Blaues Pfirsichköpfchen

122

Blau vererbt **rezessiv**, Spalterbigkeit ist folglich phänotypisch nicht zu erkennen. Auch beim Pfirsichköpfchen handelt es sich um eine echte Blau-Mutation, bei der jegliche Psittacin-Bildung unterbleibt und selbst die Pigmente des Schnabels stark verdünnt werden.

Die ersten blauen Pfirsichköpfchen wurden 1957 aus Südafrika gemeldet, wo Horsham Wildfangnachzuchten mit besonders intensiver Maske aneinander verpaart hatte und nach einigen Generationen Inzucht drei blaue Junge erhielt, ohne sie allerdings weiterzüchten zu können. Nachdem 1959 in Kalifornien bei Warford aus wildfarbenen Pfirsichköpfchen ein Blauer gefallen war, wird diese Mutation in den USA erst wieder 1975 erwähnt, wo sie zunächst bei Grunewald auftauchte und über Erhart und Smith nach Europa gelangt sein könnte.

Die meisten blauen Pfirsichköpfchen in Europa dürften jedoch von Vorfahren abstammen, die aus der ehemaligen CSSR in die ehemalige DDR und auch in den Westen gelangt waren. Diese Mutation war erstmals 1964 aufgetreten und konnte sich in beiden Ländern zu ansehnlichen Beständen entwickeln. Allerdings könnte die Isolation auch genutzt worden sein, um über viele Generationen Verdrängungszucht mit blauen Schwarzköpfchen zu betreiben.

Diesen Weg schlugen zumindest einige Züchter in Holland und Deutschland ein, die sich die erstaunliche Erkenntnis zunutze machten, daß alle Unzertrennliche mit weißem Augenring durch ihre nahe Verwandtschaft identische Mutationen am identischen Gen-Ort hervorbringen und weitergeben. Aus einer Verpaarung von blauem *A. p. fischeri* und blauem *A. p. personatus* entstehen nämlich keine grünen Hybriden, die spalterbig in Pfirsichköpfchen-Blau und Schwarzköpfchen-Blau sind, sondern blaue (!) Unterartenmischlinge.

Als Ausgangsvögel für die angesprochene Verdrängungszucht dienten mehrere Paare, von denen ein Partner jeweils ein wildfarbenes Pfirsichköpfchen und der andere ein Schwarzköpfchen der Blau-Reihe war. In den folgenden Generationen war es nun das Ziel, die Anlagen und Merkmale der Schwarzköpfchen so weit zurückzudrängen, bis man den Nachkommen ihre Herkunft aus einer anderen Unterart der Augenring-Unzertrennlichen nicht mehr ansah. So wurden jeweils nur die Vögel in der Zucht weiterverwendet, die Pfirsichköpfchen phänotypisch noch am nächsten kamen, die anderen wurden an Privatleute oder Zoohandlungen abgegeben. Die verhältnismäßig besten Blauen der F_2-, F_4- und F_6-Generation wurden erneut an reine wildfarbene Pfirsichköpfchen verpaart, bis das Erscheinungsbild der blauen Nachkommen tatsächlich dem Beschreibungs-Ideal entsprach. So mancher Züchter, der diesen mühsamen Weg einschlug, war jedoch nicht konsequent genug und ließ auch Vögel zur Brut schreiten, die ihn dem Ziel nicht näherbringen konnten und statt dessen nur die Zahl der augenfälligen Unterartenmischlinge erhöhten. Dazu kamen noch Blaue und Spaltvögel aus Lutinobeständen, die gleichfalls die Hypothek der Unterartenvermischung mit sich schleppten.

Heute ist es absolut unmöglich zu entscheiden, welchen Werdegang ein phänotypisch einwandfreies blaues Pfirsichköpfchen hinter sich hat: es kann ebenso der Nachzucht einer Originalmutation entstammen wie das Ergebnis eines erfolgreichen Verdrängungsprozesses darstellen. Letztlich muß jedes Pfirsichköpfchen der Blau-Reihe daran gemessen werden, inwieweit sein Erscheinungsbild dem Ideal entspricht. Wirklich gute Blaue sind nach wie vor selten und haben ihren Preis, doch gibt es immerhin genügend für eine gesicherte Zukunft. Bei Verpaarungen Blau x Blau ist die Sterblichkeitsrate inzwischen nicht mehr so hoch wie früher, doch ist es nach wie vor empfehlenswert, mit zumindest einem spalterbigen Partner zu züchten, zumal sich gerade an dessen Phänotyp die Qualität eines Stamms besonders gut erkennen läßt.

Pastellgelb

Das mehr oder weniger scheckige, gelblich grüne Hauptgefieder entspricht weitgehend dem der pastellgelben Schwarzköpfchen. Die ausgedehnte Maske ist jedoch intensiv orangerot und reicht auf dem Scheitel meist weiter nach hinten als beim wildfarbenen Vogel. Der Übergang zum Nacken ist bräunlich überhaucht. Die Bürzelfedern sind ultramarinblau gesäumt und wirken dadurch als deutlich vom Rücken abgegrenzter blauer Bereich. Die orangefarbenen Abzeichen der äußeren Schwanzfedern sind beige abgeschlossen. Die Handschwingen sind rahmweiß, Füße und Krallen grau. Der Schnabel bleibt rot.

Die Vererbung von Pastellgelb ist **rezessiv**. Der Vogel ist eher aufgehellt grün als gelb, wobei die Grundfarbe stark variiert. Auch hier bleibt offenbar ein erheblicher Teil der Melanine, die für den Blau-Anteil der Federfarbe verantwortlich sind, eingelagert.

Erstaunlicherweise ist über die Geschichte der pastellgelben Pfirsichköpfchen kaum etwas in Erfahrung zu bringen, da stets nur von einer Gelb-Mutation die Rede ist, auf die später einzugehen sein wird, da sie mit der hier besprochenen wahrscheinlich nichts zu tun hat und nur noch in wenigen Exemplaren existieren dürfte.

Foto: Raffenberg

Pastellgelbes Pfirsichköpfchen

Die Spuren der pastellgelben Pfirsichköpfchen scheinen bis in die vierziger Jahre zurückzureichen, doch verläßliche Angaben fehlen. Es könnte auch sein, daß sie schon früh durch Verdrängungszucht mit Schwarzköpfchen dieser Mutation entstanden sind und deshalb heute keinerlei Anzeichen einer Hybridisierung mehr zeigen, weder bei Mutations- noch bei Spalttieren. Sicher ist Pastellgelb die zuerst etablierte Pfirsichköpfchen-Mutation, die immer noch häufiger als andere anzutreffen und so gut durchgezüchtet ist, daß sie kaum Probleme bei der Aufzucht bereitet.

Kombinationsfarbe

– Weißblau, "Weiß" (Pastellgelb + Blau)

Auf der Unterseite ist der Vogel himmelblau, die Oberseite kann fast ganz weiß erscheinen, aber auch einen deutlichen, scheckig wirkenden Blauton zeigen. Die Stirn sollte ebenso weiß sein wie der Rest der Maske, die durch die zarten Pastellfarben aber kaum mehr abgesetzt ist. Der Bürzel dagegen sticht violettblau hervor. Der Schnabel ist pastellrosa.

Weißblaue sind das Ergebnis der Kombination zweier rezessiv vererbender Mutationsfarben und fallen in wenigen Exemplaren aus doppelt spalterbigen Tieren der F_1-Generation der Verpaarung Blau x Pastellgelb. Da Pastellgelb Reste von Melanin zurückbehält, kann daraus kein wirklich weißes Pfirsichköpfchen entstehen. Die geringe Zahl von Blauen in unseren Beständen ist dafür verantwortlich, daß Weißblaue noch zu den Seltenheiten bei *Agapornis*-Züchtern gehören.

Foto: Ochs

Lutino-Pfirsichköpfchen

Lutino

Die Grundfarbe ist ein reines, leuchtendes Goldgelb. Die Maske bleibt in Form und Farbe erhalten: sie umfaßt also den Bereich von der Stirn bis zur Brust und ist kräftig orangerot. Der Hinterkopf ist vorwiegend gelb und nur leicht orange durchsetzt. Das Auge ist hellrot, die Handschwingen sind weiß, ebenso das Bürzelgefieder. Die Abzeichen der äußeren Schwanzfedern erscheinen kräftig orangerot. Der Schnabel bleibt korallenrot, Füße und Krallen sind fleischfarben.

Wie bei den anderen Unzertrennlichen mit weißem Augenring wird Lutino **rezessiv** vererbt. Es gibt also sowohl spalterbige Männchen wie spalterbige Weibchen. Bei Lutino-Vögeln unterbleibt jegliche Melaninbildung, während die Psittacine in sämtlichen Abstufungen von Gelb bis Rot erhalten bleiben. Im Gegensatz zum Lutino-Schwarzköpfchen ist der Bürzel markant weiß, da er in der Wildfarbe kräftig blau erscheint. Die Spitzen der Schwanzfedern erscheinen ebenfalls weißlich. Auch an der Form der Maske sind die beiden Unterarten zu erkennen: sie erstreckt sich beim Lutino-Pfirsichköpfchen

125

Foto: Raffenberg

Spalterbigkeit in Lutino bewirkt bei einem pastellgelben Pfirsichköpfchen eine fast reingelbe Gefiederfärbung

nicht über den ganzen Hinterkopf und reicht dafür bis weit in die Brust.

Während gute blaue und wildfarbene Spaltvögel phänotypisch nicht von Vögeln der Ausgangsfarbe zu unterscheiden sind, erkennt man bei pastellgelben Pfirsichköpfchen Spalterbigkeit in Lutino. Bei ihnen verhält sich die Vererbung somit **intermediär**.

Spalterbigkeit in Lutino *ist bei den schwarzäugigen pastellgelben und weißblauen Pfirsichköpfchen daran zu erkennen, daß das Gelb bzw. Weiß fast rein und nur mit schwachem Grün- bzw. Blauanflug erscheint. Das Blau des Bürzelgefieders ist etwas aufgehellt. An der Maske des gelben Vogels ändert sich nichts, die des weißblauen Vogels verschwindet in der gleichfalls weißen Umgebung.*

Zumindest ein Teil unserer Lutino-Pfirsichköpfchen stammt gleichfalls von den bereits erwähnten Unterartenmischlingen aus der Zucht Postemas ab und wurde seit Ende der siebziger Jahren in Holland und später auch in Deutschland durch Verdrängungszucht innerhalb wildfarbener Pfirsichköpfchenstämme dem oben beschriebenen Ideal angenähert. So ist es nicht verwunderlich, daß auch auf sie der Bann der großen deutschen Zuchtverbände fiel und daß auch sie ihren Fortbestand während jener zehnjährigen Phase der Diskriminierung nur einigen engagierten Züchtern verdanken. Es gibt Anhaltspunkte, daß bei den Pfirsichköpfchen in der Zwischenzeit eine Lutino-Originalmutation aufgetreten sein könnte, ohne daß das in dem feindseligen Klima jener Jahre erkannt wurde. Zumindest aus Frankreich ist eine solche bekannt, doch scheint es nicht gelungen zu sein, sie am Leben zu halten (LE BRETON 1992). Und möglicherweise existiert daneben gar noch eine geschlechtsgebundene Lutino-Mutation, wie einige Beschwerden von Züchtern vermuten lassen, bei denen aus garantierten Spalttieren (wenn die Vererbung rezessiv wäre) in mehreren Bruten kein einziger Lutino fiel. Um diese Fragen zu klären, wird es Zeit, daß man sich dem wohl attraktivsten aller Farbschläge wieder ernsthaft widmet und durch gezielte Testverpaarungen verlorenen Boden wiedergutmacht. Die Bestände an Lutino-Pfirsichköpfchen und vor allem an Spaltvögeln sind zweifellos größer als vielleicht zu erwarten wäre, da kaum einem Züchter entgangen war, daß Pastellgelbe durch die Einkreuzung von Lutinos entschieden verbessert werden. So ist es kein Zufall, daß auf nahezu allen großen

Vogelschauen der letzten Jahre in der Schauklasse für gelbe Pfirsichköpfchen spalterbige Tiere den Sieg davontrugen, die es offiziell gar nicht hätte geben dürfen.

Kombinationsfarben

– Albino (Lutino + Blau)

*Das gesamte Gefieder ist rein weiß und zeigt nur bei bestimmtem Lichteinfall einen
leicht bläulichen Schimmer. Die Augen sind hellrot, der Schnabel milchig rosa, Füße und Zehen fleischfarben.*

Als Kombination zweier rezessiver Mutationen verläuft der Erbgang, wie bereits
mehrfach dargestellt, über Spaltvögel der ersten Generation. Da sowohl Blaue als
auch Lutinos derzeit noch seltene Vögel sind, gibt es noch entschieden weniger
Albinos. Da wie beim Schwarzköpfchen keinerlei Pigmentbildung erfolgt und der
Vogel rein weiß ist, sind Albinos der beiden Unterarten vom Erscheinungsbild her
nicht zu unterscheiden. Neben Vertrauen in den Züchter hilft auch ein Blick auf die
Spaltvögel einer Verpaarung bei der Einschätzung solcher Vögel.

– Für eine Kombination von Lutino und Pastellgelb trifft das gleiche zu wie bei den
Schwarzköpfchen: Nachkommen in der F_1-Generation sind nicht wildfarbene, sondern hellgelbe Spaltvögel, wie sie oben beschrieben wurden.

Dunkelfaktoren

Wie stets werden Dunkelfaktoren **intermediär** vererbt: es treten folglich zwei verschiedene Farbstufen auf. In der Grün-Reihe bewirkt ein Dunkelfaktor (1DF) die dunkelgrüne Gefiederfärbung, durch einen weiteren (2DF) erscheint der Vogel oliv.

Foto: Hammer/van Dam

Olivfarbenes Pfirsichköpfchen

Dunkelgrün (1DF), Oliv (2DF)

*Die dunkelgrüne Gefiederfarbe wirkt mat-
ter als die Wildfarbe und einen Ton
dunkler, was aber fast nur im direkten
Vergleich sichtbar ist. Mit zwei Dunkelfaktoren erscheint die gesamte Körperfarbe stumpf oliv. Maske und übrige
Merkmale bleiben bei beiden Farbtiefen
erhalten.*

Als Konsequenz aus der **intermediären**
Vererbung von Oliv verhält Dunkelgrün
sich wie eine **dominante** Mutation, bei
der es keine verdeckte Spalterbigkeit
gibt. Mit einem wildfarbenen Vogel fallen
bereits in erster Generation Dunkelgrüne.
Unseres Wissens stammen alle dunkelfaktorigen Pfirsichköpfchen, die ohnehin
erst in den letzten Jahren erwähnt werden, bisher aus Verdrängungszucht. In
Holland werden die Dunkelfaktoren der

Schwarzköpfchen zum Teil schon in zehnter Generation auf Pfirsichköpfchen übertragen. Wegen der intermediären Vererbung, die es erlaubt, in jeder Generation wildfarbene Vögel einzubringen, erinnern gut durchgezüchtete dunkelfaktorige Pfirsichköpfchen im Phänotyp heute nicht mehr an die Einkreuzungsvögel und entsprechen voll dem Erscheinungsbild der eigenen Unterart. Gegenwärtig sind sie noch sehr gefragt und entsprechend teuer.

Kombinationsfarben

– **Kobalt (Blau + 1 DF), Mauve (Blau + 2 DF)**

Bei Blauen fällt bereits der einfache Dunkelfaktor als intensive Kobaltfärbung ins Auge und stellt einen besonders deutlichen Kontrast zur rein weißen Maske dar. Der doppelte Dunkelfaktor bewirkt nahezu eine Schwarzfärbung der Oberseite und ein intensives Grau auf der Körperunterseite. Auch hier bleiben Maske und Schnabel unverändert.

Während bereits eine ganze Reihe von kobaltblauen Pfirsichköpfchen existiert, sind mauvefarbene noch kaum vorhanden, doch dürfte es sich auch hier lediglich um eine Frage der Zeit handeln.

– Dunkelfaktorige pastellgelbe - auch weißblaue - Pfirsichköpfchen müßten in der Gefiederfärbung den entsprechenden Schwarzköpfchen ähneln, von denen sie sich jedoch deutlich durch Maske und Bürzelfärbung unterscheiden. Offenbar hat man dieser Kombination mit dem Dunkelfaktor bisher noch nicht viel Aufmerksamkeit geschenkt. Ebenso dürfte kein Interesse an einer Kombination mit Inos bestehen, da sie Dunkelfaktoren überdecken würden.

Sonstige Mutationen, Gerüchte und Modifikationen

Gelb

Eine echte Gelbmutation scheint bereits des öfteren aufgetreten zu sein, ohne daß es bisher gelungen wäre, sie zu festigen und auf Dauer am Leben zu halten. Unter Umständen handelte es sich auch um verschiedene Mutationen, was sich inzwischen jedoch nicht mehr nachprüfen läßt. Im Gegensatz zu den eher nach grün tendierenden Pastellgelben zeigen schwarzäugige Gelbe kaum einen Grünanflug im Hauptgefieder, die Maske ist orangerot, der Bürzel blau.

Die ersten dieser rezessiv vererbenden Gelben wurden in den fünfziger Jahren in Japan gezogen und gelangten von dort nach Holland und weiter nach Deutschland, wo Heiser und Rekow zunächst erfolgreich Junge nachzogen und sogar Tiere dieser Mutation an Erhart in die USA abgeben konnten, wo sie offenbar noch anzutreffen sind. Vermutlich

Foto: Hammer/van Dam

Gelbes Pfirsichköpfchen

versäumte man jedoch, rechtzeitig - und das heißt: im Anfangsstadium - wildfarbene Pfirsichköpfchen einzukreuzen, und so waren die Bestände in kürzester Zeit wieder nahe dem Nullpunkt. In Deutschland schien der Stamm bereits Anfang der achtziger Jahre ausgestorben zu sein, doch mit den wenigen spalterbigen Tieren, die aus der Zucht des unlängst verstorbenen Erich Kaiser von Ochs und Huth übernommen wurden, fielen 1994 wieder Gelbe, so daß die Hoffnung auf eine Erhaltung dieser Mutation, deren rein gelbe Farbe ohne Lutino-Einfluß zustandekommt, noch nicht aufgegeben werden muß. Möglicherweise existieren auch noch Gelbe aus der ehemaligen DDR, wo 1984 bei König aus wildfarbenen Vögeln phänotypisch rein gelbe Pfirsichköpfchen fielen, aber nicht die Jugendmauser erreichten.

Säumung ("Richard")

Über eine sowohl phäno- als auch genotypisch interessante Mutation berichtet der holländische Züchter Hammer, bei dem 1984 Gesäumte Grüne auftraten, deren Farbschlag er zu Ehren seines Zuchtfreunds Wolfensberger "Richard" nannte. Die Federn auf der Oberseite sind in Schaftnähe deutlich aufgehellt, so daß die unveränderte Färbung an den Rändern als dunkle Säumung erscheint. Die Unterseite des Vogels ist nahezu gelb. Von dieser Mutation werden offenbar fest umrissene Bereiche erfaßt, in denen die Melanine nur verdünnt eingelagert werden.
Die Vererbung bereitet hier Kopfzerbrechen, da Hammer angibt, es handle sich um eine dominante Mutation, die praktisch nur bei den Männchen sichtbar wird. Die Weibchen können die Mutationsmerkmale aber dennoch weitergeben.

Fotos: Hammer/van Dam

Gesäumtes Pfirsichköpfchen ("Richard") der Grün-Reihe mit aufgefächerten Flügeln und von vorn

Seit dem ersten Auftreten wurde die Säumung mit einer ganzen Reihe von Farbschlägen kombiniert, vor allem mit Blauen und Dunkelfaktoren. Das ins Auge fallende Merkmal ist stets eine stark aufgehellte Bauchpartie, was bei gesäumten blauen Pfirsichköpfchen besonders attraktiv wirkt.

Scheckung

Wie bei den Schwarzköpfchen traten und treten sowohl bei importierten wie bei nachgezogenen Tieren immer wieder unregelmäßig gelb- bzw. weißgescheckte Pfirsichköpfchen auf, was aber in den allermeisten Fällen keine genetischen Ursachen hat, also eine Modifikation darstellt.

Das trifft vermutlich auch auf den Siegervogel der AZ-Bundesschau 1975 in Koblenz zu, ein "gelbes" Pfirsichköpfchen, das ursprünglich grün war und später völlig gelb umfärbte. Leider brachte dieser Vogel keine Nachzucht, aber auch in ähnlich gelagerten Fällen waren Zuchtbemühungen meist vergebens.

In Südafrika soll es eine dominant vererbende Scheck-Mutation geben, während aus Holland rezessive Schecken mit ausgedehnten Gelbpartien bekannt wurden. Hammer zog 1992 aus Importvögeln nahezu reingelbe Pfirsichköpfchen, die lediglich noch einige grüne Federchen im Flügel und einige Schwungfedern mit dunklen Spitzen hatten.

Foto: Hammer/van Dam

Gelbgescheckes Pfirsichköpfchen, rezessive Mutation

Falb

Erstaunlich erscheint die Entstehung der Falb-Mutation bei einem süddeutschen Vogelliebhaber ohne Zuchtgenehmigung, da er die wildfarbenen Elterntiere aus zwei verschiedenen Zoohandlungen erworben hatte. Bei mehreren Bruten fielen Vögel, die auf den ersten Blick pastellgelb schienen, jedoch rote Augen und einen intensiv blauen Bürzel besaßen. 1979/80 konnte Ochs diese Falben und einige grüne Geschwister erwerben, doch starben die schwachen, schlecht befiederten Tiere jeweils im Alter von 6-8 Monaten. Das

Foto: Ochs

Falb-Mutation des Pfirsichköpfchens

Zuchtpaar wollte der Besitzer jedoch nicht abgeben, und so war dieser rezessiven Mutation keine Zukunft beschieden.

Foto: Raffenberg

Pastellgelbes Pfirsichköpfchen mit zimtfarbenen Schwingen und weißblaues mit Zimtüberhauch

Zimt - Zimtflügel

Aus Japan gelangte ein zimtfarbenes Pfirsichköpfchen in die Schweiz, doch der Vogel starb, ohne für Nachkommen gesorgt zu haben. Eine echte Zimt-Mutation scheint es zumindest in Europa gegenwärtig nicht zu geben.

Allerdings fallen bei Pastellgelben des öfteren Vögel, die am ganzen Körper bräunlich überhaucht sind und statt weißer Handschwingen zimtgesäumte bis mehr oder weniger zimtfarbene besitzen. Auch das Schultergefieder wirkt gesäumt. Um Zimt-Vögel kann es sich dabei jedoch nicht handeln, da die Nestlinge sonst in den ersten Lebenstagen rote Augen haben müßten, was bei diesen Pfirsichköpfchen nicht der Fall ist.

Haubenbildung

Gelegentlich hört man von Pfirsichköpfchen mit Haube, doch sind uns bisher nur Vögel zu Gesicht gekommen, bei denen einige Kopffedern verdreht nach oben standen, was auch eine Folge des Rupfens im Nest sein kann.

Federfüßigkeit

Aus Polen und der ehemaligen DDR stammen belatschte Pfirsichköpfchen, die intermediär vererben sollen. Hilpert erwarb solche Tiere zu Beginn der neunziger Jahre. Auf der Oberseite der normalerweise nackten Füße wachsen relativ lange Federn in der Grundfarbe, die die Zehen zum Teil bedecken. Bei einfaktorigen Vögeln erkennt man dort kurze Federkiele.

Foto: Raffenberg

Federfüßiges Pfirsichköpfchen

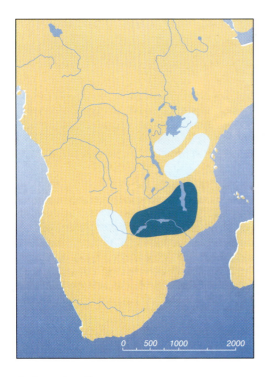

Agapornis p. lilianae
Erdbeerköpfchen

auch: Njassa-Unzertrennlicher

engl.:   *Nyasa Lovebird,*
            Lilian's Lovebird

franz.:   *Inséparable de liliane*

niederl.: *Nyassa Dwergpapegaai*

wiss. Benennung durch SHELLEY 1894 nach Lilian, der Schwester des Ornithologen Sclater

Verbreitung:

schmaler Landstrich vom südlichen Tansania durch Malawi (das ehemalige Njassaland), Gebiete von Mozambique und Sambia das Sambesi-Tal entlang nach Südwesten bis in den Norden von Zimbabwe.

Artbeschreibung:

Die Geschlechter lassen sich bei dieser nur knapp 14 cm großen Unterart äußerlich nicht unterscheiden.

Auch beim Erdbeerköpfchen ist die Hauptgefiederfarbe grün, wobei die Körperunterseite deutlich heller erscheint als die Oberseite. Die erdbeerrote Maske ist zum Hinterkopf hin weiter ausgedehnt als beim Pfirsichköpfchen und erfaßt im Idealfall den ganzen Scheitel und die Wangen, zum Körper hin aber ist sie kleiner und endet knapp unterhalb der Kehle, wo auch das Rot nicht mehr so intensiv wirkt. Die gleichfalls von einem breiten, unbefiederten weißen Augenring umgebenen hellbraunen Augen liegen dadurch deutlich innerhalb der Maske, nicht am Rand. Die Nacken- und die hintere Halspartie erscheinen olivgrün. Der Bürzel ist grün (!) ohne jeglichen Blauanflug. Geschlossen wirkt das Schwanzgefieder grün, die Spitzen gelbgrün; die verdeckten äußeren Schwanzfedern tragen nahe der Wurzel ein schwarz gesäumtes orangegelbes Abzeichen. Die Schnabelfarbe ist korallenrot, erscheint aber in der Nähe der Wachshaut weißlich verdünnt. Füße und Krallen sind grau.

Jungtiere sind in allen Farben matter und zeigen einen schwarzen Anflug auf den Wangen, der sich aber mit der Jugendmauser im Alter von sechs Monaten verliert. Der Schnabel weist nur einen kleinen dunklen Fleck an der Basis auf. Bei manchen Weibchen färben Gefieder und Maske nicht so deutlich um wie bei den Männchen.

Brutverlauf:

Das Gelege umfaßt 4 - 5 Eier. Die Jungen schlüpfen nach einer Brutdauer von 22 Tagen und fliegen im Alter von 38 - 40 Tagen aus. Mit 7 - 8 Wochen sind sie selbständig.

1,1 Erdbeerköpfchen (*Agapornis personatus lilianae*)

Das Verbreitungsgebiet der Erdbeerköpfchen liegt, durch ein Gebirgsmassiv abgetrennt, südlich vom Habitat der Nominatform. Ihr Biotop unterscheidet sich deutlich
von dem der beiden größeren, nördlichen Augenring-Unterarten. Sie halten sich außer
an den Ufern des Njassasees vorwiegend in den Flußtälern des locker bewaldeten
Flachlands bis 1000 m ü.M auf, vor allem entlang des Sambesi. Sie scheinen eine
ganz bestimmte Flora zu bevorzugen und auf Veränderungen im Ökosystem sehr
empfindlich zu reagieren. Das erklärt auch eine Konzentration auf bestimmte Gebiete
bei gleichzeitigem Rückgang der Gesamtbestände in freier Wildbahn, zu dem sicher
auch der großangelegte Fang für den Handel beigetragen hat. Besonders unglücklich
erscheint dabei der Umstand, daß der natürliche Lebensraum der Erdbeerköpfchen
mehrere Nationalstaaten berührt, was devisenträchtige Exporte lange Zeit unkontrol-
lierbar machte. Erst in den achtziger Jahren ist hier ein Bewußtseinswandel bei den
zuständigen Behörden eingetreten, und Exporte von Wildfängen wurden zunächst nur
noch sporadisch und in geringen Stückzahlen zugelassen; inzwischen unterbleiben sie
offenbar ganz.
Wie alle Unzertrennlichen mit weißem Augenring schließen sich Erdbeerköpfchen vor
allem bei der Futtersuche zu relativ großen Schwärmen zusammen und fallen zur Erntezeit in Felder ein, wo sie einen gedeckten Tisch vorfinden und nicht selten erheblichen Schaden anrichten. Abgesehen von einer Vorliebe für Blüten und Knospen unterscheidet sich ihre Ernährungsweise nicht von der der anderen Unterarten. Dasselbe
gilt für das Verhalten während der Brutzeit in den Monaten Januar bis März, örtlich
auch bis Juli, allerdings sind diesbezüglich von freilebenden Vögeln nur spärliche Informationen verfügbar.
Aus der *A. personatus*-Gruppe sollen die Erdbeerköpfchen zwar zuerst entdeckt worden sein (KOLAR 1984 zufolge im Jahr 1864), aber erst dreißig Jahre danach wurden
sie wissenschaftlich beschrieben und eine weitere Generation später, 1926, erstmals
nach Europa eingeführt. Obwohl bereits Monate später die ersten Nachzuchten gemeldet wurden und die Anfangserfolge beachtlich waren, versäumte man es, stabile
Zuchtstämme aufzubauen. Vielleicht waren es aber auch gar keine Erdbeerköpfchen,
die da nachgezogen wurden, denn anfangs hielt man *A. p. lilianae* für eine Unterart
von *A. roseicollis*, und in Australien wurden die *Agapornis*-Arten jahrzehntelang allgemein als *"Nyasas"* bezeichnet (LE BRETON 1992). Der Zweifel scheint durchaus angebracht, denn im Gegensatz zu Schwarz- und Pfirsichköpfchen fällt es dieser Unterart
schwer, sich an veränderte Bedingungen anzupassen, und die Zucht ist stets mit Problemen verbunden. Darüber konnte man zu Zeiten massenhafter Importe noch hin-
wegsehen, doch mit deren Ausbleiben wurde die schwere Züchtbarkeit zum echten
Prüfstein. Waren reinrassige Erdbeerköpfchen Anfang der achtziger Jahre noch eine
kostbare und entsprechend teure Rarität, ist ihre Zahl in Gefangenschaft durch vermehrte Nachzuchten inzwischen deutlich gestiegen. Gegenwärtig scheint ihr Bestand
zwar noch nicht gesichert, zumal sich nur ein relativ bescheidener Kreis von Züchtern
diesem Problemvogel angenommen hat, doch die Entwicklung stimmt zuversichtlich.
Die Schwierigkeiten bei der Nachzucht, die im Prinzip genauso verläuft wie beim
Schwarzköpfchen, liegen weniger an einer mangelnden Bereitschaft, überhaupt zur
Brut zu schreiten, als vielmehr in den Stadien danach. Selbst bei gut harmonierenden
Paaren kommt es vor, daß einige oder alle Eier unbefruchtet sind oder schon bald
nach Brutbeginn bzw. kurz vor dem Schlupf absterben. Auch bei den Nestlingen und
den Jungvögeln reißen die Probleme nicht ab - hier sind vor allem eine mangelhafte
Verdauung nach knapp drei Wochen und das Rupfen der Jungen zu erwähnen -, so

daß der Prozentsatz an Vögeln, die nach der Jugendmauser schließlich übriggeblieben sind, enttäuschend gering erscheint.

Erdbeerköpfchen sind bedeutend verträglicher - auch weniger aufdringlich in ihren Rufen - als Vögel der beiden größeren Unterarten. Deshalb kann man vor allem den Jungtieren die Möglichkeit geben, ihren Partner frei im Schwarm zu wählen, was sich stets positiv auf das spätere Brutverhalten auswirkt. Auch mehrere Paare können bedenkenlos in Gemeinschaft gehalten und sogar mit Wellen- oder Nymphensittichen vergesellschaftet werden. Die Zucht gelingt aber besser in Kistenkäfigen, da die einzelnen Paare dann ungestört sind. Ihrem ausgeprägten Badebedürfnis sollte Rechnung getragen werden. Auch hier gezogene *A. p. lilianae* sind empfindlich und vertragen weder Zugluft noch auf Dauer zu niedrige Temperaturen. 10°C sollten nicht unterschritten werden, richtig wohl fühlen sich die Tiere aber erst bei etwa 20°C. Wer ihnen diese Bedingungen nicht geben kann, sollte lieber die Finger davon lassen.

Mutationen

Pastellgelb

Der gesamte Vogel wirkt intensiv gelb und ist nur schwach grün überhaucht, die Handschwingen sind weiß. Die Grünfärbung des Bürzels leuchtet opalisierend und unterscheidet sich markant vom Grüngelb des Rückens. Die bis zum Hinterkopf reichende erdbeerrote Maske bleibt in Farbe und Form erhalten, ebenso die orangeroten Abzeichen im Schwanzgefieder und der rote Schnabel. Füße und Krallen sind aufgehellt, die Augen schwarz.

Die Vererbung ist **rezessiv**, spalterbige Männchen und Weibchen sind phänotypisch also nicht zu erkennen. Die Melanine sind bei dieser Mutation stark verdünnt. Erstaunlich ist die leuchtend grüne Bürzelfärbung, die darauf hindeutet, daß hier eine andere Farbzusammensetzung vorliegt als beim Körpergefieder.

Die ersten pastellgelben Erdbeerköpfchen fielen 1992 bei Lietzow aus Wildfängen. Da der

Foto: Raffenberg

Pastellgelbes Erdbeerköpfchen

135

Züchter nur an wildfarbenen Vögeln interessiert war, gab er die Jungen mitsamt den Elterntieren an Hilpert weiter, der nun dabei ist, einen Zuchtstamm aufzubauen.

Lutino

Das Hauptgefieder ist leuchtend goldgelb, ebenso der Bürzel. Die Handschwingen sind weiß. Die Maske bleibt in Ausdehnung und Farbintensität erhalten: sie erstreckt sich also bis zum Hinterkopf und reicht kaum auf die Brust. Der Schnabel bleibt korallenrot, Füße und Krallen sind fleischfarben, die Augen hellrot.

Lutino wird, wie bereits bei Schwarz- und Pfirsichköpfchen erläutert, **rezessiv** vererbt und bewirkt einen völligen Ausfall von Melaninen. Der Vogel ist demzufolge rein gelb, während die Orange- und Rotpartien des Wildvogels davon unberührt bleiben.

Seit in Australien 1930 bei Prendergest - vermutlich aus Wildfängen - die ersten Lutino-Erdbeerköpfchen auftraten, gehört diese Mutation in der Agapornidenzucht zu den begehrtesten überhaupt. 1937 gelangten sechs Lutinos nach England, von denen drei Weibchen jedoch nicht in der Lage waren, Eier zu legen. Mit den übrigen Vögeln

Foto: Erhart

Lutino-Mutation des Erdbeerköpfchens (links) mit einem wildfarbenen Vogel gelang die Nachzucht. Vane, der Vogelpark von Keston und der Marquis von Tavistock zogen Vögel dieses Farbschlags recht erfolgreich nach, doch bei Kriegsende waren Lutino-Erdbeerköpfchen praktisch aus den englischen Volieren verschwunden, ihr Fortbestand zumindest akut gefährdet. Vane gelang es zwar, wieder einen spalterbigen Zuchtstamm aufzubauen, doch mit seinem Tod 1961 verliert sich die Spur dieser Tiere. Möglicherweise wurden sie von Langberg in Dänemark übernommen, der bis 1971 sehr erfolgreich Lutinos nachzog, seinen Bestand dann aber aufgrund einer Viruserkrankung einbüßte.

In den USA meldeten Reed 1940 und Rudkin 1951 Lutino-Nachzuchten, ohne daß sich die Mutation dort wirklich etablieren ließ. Immerhin aber existieren dort noch einige wenige Lutinos und spalterbige Erdbeerköpfchen der ursprünglichen Mutation, was in Europa nicht mehr der Fall sein dürfte. Hier bemüht man sich vielmehr, die Lutino-Mutation wieder aus Schwarz- und Pfirsichköpfchen zurückzugewinnen, wo sie aber, so absurd es klingen mag, vom Ausgangsvogel um vieles weiter entfernt ist als von den Unterarten, in die sie vor zwei Jahrzehnten eingekreuzt wurde. Angesichts der geringen Bestände wildfarbener Erdbeerköpfchen in Züchterhand ist ein solches Vorgehen abzulehnen. Bei *A. p. lilianae* könnte der Versuch einer Verdrängungszucht nämlich tatsächlich eine ernsthafte Bedrohung für die Reinerhaltung der Unterart darstellen, während sie für die massenhaft gehaltenen und nachgezogenen *A. p. personatus* und *A. p. fischeri* nie eine ernsthafte Gefahr bedeuten konnte.

Sonstige Mutationen, Gerüchte und Modifikationen

Blau

Immer wieder wird die Existenz von blauen Erdbeerköpfchen erwähnt, doch alle Tiere, die wir bisher gesehen haben, waren das unvollkommene Ergebnis von Verdrängungszucht in den ersten Generationen oder gar deren nicht definierbares Abfallprodukt. Auch hier muß davor gewarnt werden, die mageren reinen Zuchtstämme durch Einkreuzung der anderen Unterarten weiter zu reduzieren und bei einer unkontrollierten Vermischung gar zu verderben.

Selbstverständlich ist bei steigender Zahl der Nachzucht-Erfolge auch eine echte Blau-Mutation bei Erdbeerköpfchen zu erwarten, die unseres Wissens aber noch aussteht. Die Vögel würden sich von Pfirsichköpfchen nicht nur durch die Körpergröße, sondern vor allem durch die weit nach hinten ausgedehnte, nach vorne jedoch verkürzte weiße Maske und einen Bürzel unterscheiden, dessen Blau keinen Violettanflug haben dürfte.

Scheckung

Auch Erdbeerköpfchen mit einigen gelben Federn, hellen Krallen oder deutlich gelben Körperpartien treten gelegentlich auf, doch hat sich diese aberrante Färbung bisher immer als nicht vererbbare Modifikation erwiesen.

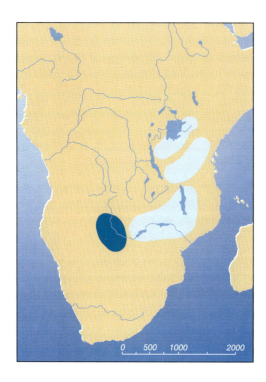

Agapornis p. nigrigenis
Rußköpfchen

engl.:   *Black-cheeked Lovebird,*
         Black-faced Lovebird

franz.:   *Inséparable aux joues noires*

niederl.: *Zwartwang Dwergpapegaai*

wiss. Benennung durch SCLATER 1906 nach dem Erscheinungsbild (lat. *niger*: schwarz, *genae*: Wangen)

Verbreitung:

auf den Südwesten Sambias und die angrenzenden Gebiete beschränkt

0   500   1000   2000

Artbeschreibung:

Die Geschlechter lassen sich bei dieser nur ca. 14 cm großen Unterart äußerlich überhaupt nicht unterscheiden.

Die Grundfarbe ist wiederum grün, die Unterseite erscheint auch hier etwas heller. Die in der Farbverteilung sehr nuancenreiche Maske dieser Unterart erfaßt den ganzen Vorderkopf bis deutlich hinter die Augen. Die Stirn glänzt rotbraun und nimmt lediglich über der Wachshaut einen dunkleren Ton an. Vom Scheitel nach hinten schließt sich ein dunkelbrauner Bereich an, der zum Nacken und den Halsseiten hin in Oliv übergeht. Nahezu schwarz sind Wangen, Kinn und Kehlansatz, die sich so markant von den sie umgebenden Gefiederpartien abheben. Nach unten schließt sich ein orangeroter Kehlfleck an, der keine Gelbanteile haben darf und sich nur bis zum obersten Bereich der Brust erstreckt und an den Rändern ins Grün ausläuft. Der Bürzel ist grün (!) ohne jeglichen Blauanflug. Geschlossen wirkt das Schwanzgefieder grün, die Spitzen heller; die verdeckten äußeren Schwanzfedern tragen nahe der Wurzel ein schwarz gesäumtes orangefarbenes Abzeichen. Die Schnabelfarbe ist korallenrot, erscheint aber in der Gegend der Wachshaut weißlich verdünnt. Die braunen Augen werden von einem breiten, unbefiederten weißen Augenring umgeben, die Füße und Krallen sind graubraun.

Auch bei den Rußköpfchen sind die Farben der Jungtiere etwas matter. Bei manchen Weibchen fallen Maske und Kehlfleck verwaschener aus.

Brutverlauf:

Das Gelege umfaßt 4 - 5 Eier. Die Jungen schlüpfen nach einer Brutdauer von 22 Tagen und fliegen im Alter von 38 - 42 Tagen aus. Mit 7 - 8 Wochen sind sie selbständig.

1,1 Rußköpfchen (*Agapornis personatus nigrigenis*)

Rußköpfchen sind die Unterart mit dem südlichsten und zugleich kleinsten Verbreitungsgebiet, das gleichfalls durch den bewaldeten Flußlauf des Sambesi geprägt wird und auf einer mittleren Meereshöhe von 1000 m liegt. Der Charakter der Landschaft entspricht so ganz dem Biotop des Erdbeerköpfchens, dem es sich bis auf 100 km nähert. Mehr noch als bei jenem wurde der Bestand durch den Fang für den Handel dezimiert, wobei den Eingeborenen der Schutz der eigenen Felder gegen einfallende Schwärme mindestens ebenso wichtig war wie der lukrative Nebenverdienst. So ist *A. p. nigrigenis* heute akut gefährdet und stellt die in freier Wildbahn wohl seltenste aller *Agapornis*-Arten und -Unterarten dar.

Lebensweise und Brutverhalten unterscheiden sich nicht von denen des Erdbeerköpfchens, doch liegt die Brutzeit früher und beginnt bereits im November, unbestätigten Berichten zufolge örtlich auch schon im September.

Wenngleich das Rußköpfchen von den Unzertrennlichen mit weißen Augenringen zuletzt entdeckt wurde, war es doch die erste Unterart, die nach Europa gelangte, und zwar schon 1907, nur ein Jahr nach der wissenschaftlichen Beschreibung. Ein weiteres Jahr später glückten bereits Nachzuchten in Deutschland (Prove) und England (Phillips), etwas später in den USA (Thompson). Nach diesen schnellen Erfolgen wurde es wieder still um die Rußköpfchen, bis mit den anderen Augenring-Arten neue Importe nach Europa kamen, und zwar in unvorstellbaren Mengen: 1926 sollen binnen vier Wochen nicht weniger als 16000 Exemplare eingeführt worden sein. Dennoch kann keine Rede davon sein, daß es jemals gefestigte Zuchtstämme dieser Unterart gegeben hätte. Offensichtlich erachtete man solche Massenware nicht der Mühe wert, sie geregelt nachzuziehen, zumal die Farbenpracht der Schwarzköpfchen viel mehr Anhänger hatte. Als nach dem Zweiten Weltkrieg die Importe ausblieben, waren reinrassige Rußköpfchen plötzlich gefragt, aber kaum mehr zu haben. In unverantwortlicher Weise waren die selteneren Unterarten mit den häufigeren vermischt worden, und man war gezwungen, mit einer Handvoll reiner Tiere einen Stamm aufzubauen. Ende der achtziger Jahre hatten sich die Bestände recht gut erholt, und es gab wieder erfreulich viele unterartenreine Nachzuchttiere, Da jedoch die Nachfrage unverständlich gering war, ließen weniger ernsthafte Züchter, die nur ein Geschäft gewittert hatten, schnell wieder die Finger von den Rußköpfchen. Nach diesem Rückschlag gehören sie gegenwärtig wieder zu den seltener nachgezogenen Agaporniden. Dabei sollte gerade ihre Gefährdung in freier Natur Anreiz genug sein, den Fortbestand dieser Unterart wenigstens in unseren Volieren zu sichern.

Ein Problem bei der Nachzucht in der Obhut des Menschen scheint darin zu bestehen, daß viele Männchen bereits nach drei, vier Jahren zur Unfruchtbarkeit neigen und ohnehin ein Überhang an Weibchen zu registrieren ist. Rußköpfchen sind zwar ebenso verträglich wie Erdbeerköpfchen und können im Schwarm gehalten werden, doch wir raten auch bei ihnen von einer Koloniebrut ab, um jegliche Störungen zu vermeiden und einen reibungsloseren Brutverlauf zu ermöglichen. Der Verlust von ganzen Gelegen durch Revierkämpfe und Rivalitäten können wir uns gerade bei den selteneren Arten und Unterarten nicht leisten. Rußköpfchen sind sicher nicht so empfindlich wie Erdbeerköpfchen, doch auch sie können nicht kalt überwintert werden.

Wenngleich es inzwischen auch Rußköpfchen in attraktiven Mutationsfarben gibt, sollte die Reinerhaltung und Bestandssicherung der wildfarbenen Vögel zunächst im Vordergrund stehen. Es wäre nicht zu verantworten, wenn in die durch ihre geringe Zahl ohnehin gefährdeten Zuchtstämme von *A. p. lilianae* und *A. p. nigrigenis* Tiere anderer Unterarten hineingekreuzt würden, um Mutationen auf sie zu übertragen.

Mutationen

Blau

Das Hauptgefieder des schlanken Vogels ist intensiv blau mit klar hellerem Farbton auf der Unterseite, der Bürzel weist keinen Violetton auf und hebt sich nicht vom Rükken ab. Die Abzeichen auf den schwarz gebänderten äußeren Schwanzfedern wirken schmutzig grau. Die Maske entspricht in der Form ganz der des Wildvogels, doch werden alle Braunnuancen durch entsprechende Grautöne ersetzt. Wangen, Kinn und Kehlansatz sind nahezu schwarz, die Stirn dagegen dunkelgrau. Zum Hinterkopf hin erscheint die Graufärbung heller. Der kleine Kehlfleck ist weiß und geht grau in das Blau der Brust über. Der zierliche Schnabel ist zart pastellrosa. Die Augen sind braun, die Füße und Zehen grau.

Foto: Raffenberg

Blaues Rußköpfchen

Blau vererbt **rezessiv**, Spalterbigkeit ist folglich phänotypisch nicht zu erkennen. Gerade bei Spaltvögeln ist deshalb gut zu überprüfen, ob es sich um reine Rußköpfchen handelt, da sie keinen Blauanflug im Bürzel haben dürfen. Als Folge der Blau-Mutation unterbleibt die Psittacin-Bildung in den Federn, was neben der Grundfarbe vor allem die Nuancen der Maske beeinflußt.

Die ersten blauen Rußköpfchen tauchten Mitte der achtziger Jahre in Dänemark auf und scheinen tatsächlich auf eine Mutation zurückzugehen. Fast gleichzeitig entstanden in Holland Blaue aus Verdrängungszuchten, und auch in Deutschland fielen 1987 die ersten blauen Rußköpfchen bei Oelze. Bei all diesen Vögeln, die noch zu den ganz seltenen Erscheinungen in deutschen Zuchten gehören, sind gewisse Zweifel angebracht, und es ist angeraten, den kritischen Stellen im Erscheinungsbild jeweils besondere Aufmerksamkeit zu widmen: der Größe und Statur und dem zierlichen Kopf, der geringen Ausdehnung des Kehlflecks, der grauen (nicht etwa schwarzen)

Stirn, dem Fehlen eines Violettons im Bürzel. Denn auch bei Rußköpfchen gilt, was bereits über Erdbeerköpfchen gesagt wurde: Unsere geringen Bestände und noch dazu die akute Gefährdung in freier Natur verbieten eine Vermischung mit anderen Unterarten, wenn deren Nachkommen wieder in Rußköpfchen-Stämme zurückgeführt werden sollen.

Dunkelfaktoren

Dunkelgrün (1DF), Oliv (2DF)

Der dunkelgrüne Vogel ist auch hier fast nur im direkten Vergleich mit der Wildfarbe als solcher zu erkennen. Zwei Dunkelfaktoren führen jedoch zu einer stumpfen Olivfärbung des Hauptgefieders. Maske und übrige Merkmale bleiben bei beiden Farbtiefen erhalten.

Dunkelfaktoren werden wie in allen zuvor behandelten Fällen **intermediär** vererbt, also in zwei verschiedenen Farbstufen, von denen sich die einfaktorige **dominant** verhält. Dementsprechend gibt es hier keine verdeckte Spalterbigkeit.

Bei den dunkelfaktorigen Rußköpfchen liegen die Verhältnisse ähnlich wie bei den blauen. Möglicherweise existiert seit ein paar Jahren in Brasilien bei Wolfensberger tatsächlich eine solche Mutation, wahrscheinlich stammen aber

Foto: Wolfensberger

Olivgrünes Rußköpfchen

auch diese Vögel aus einer Verdrängungszucht, wie sie beispielsweise in Holland seit vielen Generationen praktiziert wird. Dank der für diesen Weg zeitsparenden intermediären Vererbung entsprechen diese Rußköpfchen inzwischen ganz dem zu erwartenden Phänotyp ohne jeglichen Anflug im Bürzel. Auch nach Deutschland sind mittlerweile olivfarbene Rußköpfchen aus Brasilien gelangt, mit denen sich ohne weiteres ein dunkelfaktoriger Stamm aufbauen lassen müßte.

Kombinationsfarben

Kobalt (Blau + 1 DF), Mauve (Blau + 2 DF)

In der Blau-Reihe bewirkt der einfache Dunkelfaktor eine intensive Kobaltfärbung des Hauptgefieders, der doppelte Dunkelfaktor nahezu eine Schwarzfärbung der Oberseite und ein intensives Grau auf Brust und Bauch. Da Maske, Kehlfleck und Schnabel unverändert bleiben, muß das Mauve-Rußköpfchen ein sehr interessanter dunkler Vogel sein, bei dem der weiße Kehlfleck den einzigen Kontrast darstellt.

Während es in Holland bereits kobaltblaue Rußköpfchen gibt, haben wir noch keine mauvefarbenen gesehen, doch auch das dürfte lediglich eine Frage der Zeit sein.

Haltung und Pflege

Überlegungen vor der Anschaffung

Unzertrennliche gehören dank ihrer Farbenpracht und ihres liebenswürdigen Wesens, aber auch wegen des geringen Preises einiger Arten zu den beliebtesten Vögeln überhaupt. Sie fallen gerade in Zoohandlungen sofort ins Auge, was nicht nur bei kleinen Kindern den spontanen Wunsch weckt, einen oder mehrere dieser kleinen Papageien mit nach Hause zu nehmen.

Doch sollte ein solcher Kauf wohlüberlegt sein, denn man erwirbt ja nicht einen Einrichtungsgegenstand, mit dem sich repräsentieren läßt, sondern ein Lebewesen mit seinen eigenen Ansprüchen und Bedürfnissen.

Jeder Tierhalter übernimmt mit der Anschaffung eines Haustiers die volle Verantwortung dafür. Ein Käfigvogel kann sich nicht selbständig versorgen wie der Wildvogel in der freien Natur, wo er sein Leben den Gegebenheiten entsprechend gestalten kann und muß. Wenn Wasser oder Futter ausgehen, ist der Stubenvogel auf Gedeih und Verderb auf seinen Halter angewiesen, ist er krank, kann er nicht seinem Instinkt folgen und die vielleicht rettenden Kräuter suchen. Sein Leben und sein Wohlergehen liegen nun in den Händen des Menschen, der sich dessen bewußt sein muß.

Der künftige Halter von Agaporniden sollte sich fragen, ob er bereit ist, die neuen Vögel auf Dauer als Hausgenossen zu akzeptieren und sämtliche Konsequenzen mitzuübernehmen. Dabei sind nicht nur Fragen der regelmäßigen Fütterung, der Säuberung und der Versorgung während einer längeren Abwesenheit zu bedenken. Die leicht erhältlichen Arten der Unzertrennlichen haben samt und sonders eine nicht gerade angenehme Stimme und machen mehrmals am Tag Gebrauch davon. Sie verunreinigen ihren Käfig rasch und sorgen durch ihr lebhaftes Wesen dafür, daß der Boden in der näheren Umgebung nicht lange sauber bleibt. Im Freiflug nagen vor allem die Weibchen an sämtlichen erreichbaren Holzteilen und machen sich über die Pflanzen in der Wohnung her. Ohne eine echte innere Beziehung zum Tier wäre die anfängliche Euphorie rasch verflogen.

Vom Zeitaufwand bei einem Pärchen Agaporniden im Wohnzimmer zu sprechen, wäre verfehlt, denn der Liebhaber schafft sich die Tiere ja an, um sie beobachten zu können und sich mit ihnen zu beschäftigen. Wenn ein Züchter dagegen dreißig Paare und mehr betreut, fällt dieser Faktor durchaus ins Gewicht. Je nach Art der Unterbringung muß er sich da schon jeden Tag ein bis zwei Stunden Zeit nehmen können, wenn er den Vögeln die notwendige Sorgfalt angedeihen lassen will. Über weit mehr Zeit noch muß aber derjenige verfügen, der sich einen Einzelvogel halten will. Da alle Sittiche und Papageien ohne intensive soziale Kontakte Gefahr laufen zu verkümmern, ist generell von einer Einzelhaltung abzuraten, es sei denn, man hat - etwa als alleinstehender Rentner - so viel Freizeit, daß man dem Vogel den Partner ersetzen kann.

Anschaffung

Ist man sich nach diesen Überlegungen, zu denen unbedingt auch die Vorinformation anhand von einschlägiger Literatur gehört, noch sicher, Unzertrennliche erwerben zu wollen, steht dem nichts im Wege.

In Zoohandlungen sind zumindest Rosenköpfchen in den verschiedensten Farbschlägen ständig zu bekommen, aber auch Schwarzköpfchen in der Wildfarbe und in den gängigen Mutationen und wildfarbene Pfirsichköpfchen werden häufig angeboten. Alle anderen Arten und die seltenen Farbschläge jedoch sucht man dort in aller Regel vergebens.

Dazu muß man schon einen **Züchter** kennen, der sich auf Agaporniden spezialisiert hat. Solche Adressen kann der örtliche Vogelzuchtverein vermitteln, aber auch im Anzeigenteil der Tageszeitung wird man gelegentlich fündig. Am vielversprechendsten sind natürlich Inserate in Vogelzeitschriften, doch erreichen sie meist nur diejenigen, die sich auf dem Gebiet bereits auskennen oder selbst züchten.

Jeder Züchter sollte es sich allerdings überlegen, ob er Vögel der seltenen Arten - Erdbeer- oder Grauköpfchen etwa - an Interessenten abgeben will, die sie lediglich zur Käfighaltung erwerben wollen. Wo die Gefangenschaftsbestände noch nicht entsprechend gesichert sind, sollten die wenigen Nachzuchten nur an ernsthafte Züchter abgegeben werden.

Aber auch beim Kauf von Tieren der häufig nachgezogenen *Agapornis*-Arten und Unterarten ist der Weg zum Züchter zu empfehlen, da Zoohandlungen auf lebende Tiere weder eine Garantie übernehmen noch zu einem Umtausch bereit sind. Dabei ist es gerade bei den Arten ohne Geschlechtsdimorphismus meist nur Zufall, wenn man tatsächlich ein Paar erwirbt. Solange die Vögel jung sind, vertragen sich alle miteinander, wenn aber mit einem halben Jahr die Geschlechtsreife eintritt, ist es oft mit der Harmonie vorbei, zumal wenn es sich um zwei Weibchen handelt. Der seriöse Züchter, der sich ebenso täuschen kann, wird dann selbstverständlich bereit sein, einen der beiden Vögel gegen einen geeigneten Partner auszutauschen. Auch kann er Rat in vielen Fragen geben, die erst mit der Zeit auftauchen oder einen Verkäufer überfordern würden.

Vom Erwerb von **Importvögeln** ist generell abzuraten, da eine Entnahme aus der Natur heute nicht mehr zu vertreten ist. Außerdem sind Wildfänge stets empfindliche und hinfällige Vögel, während nachgezogene Agaporniden weit problemloser in der Eingewöhnung und in der Pflege sind. Ein Züchter, der beispielsweise Orangeköpfchen beim Importeur erwirbt, sollte sich darüber im klaren sein, daß die angebotenen Tiere nur der klägliche Rest der vielen Vögel sind, die in Afrika eingefangen wurden. Aber auch die scheinbar stabilen Tiere, die Fang, Transport und Quarantäne überlebt haben, sind mit äußerster Vorsicht zu behandeln. Vor allem sollte man sich unbedingt das Antibioticum besorgen, mit dem die Vögel während der Quarantäne behandelt wurden, da viele Verluste bei den Züchtern darauf zurückzuführen sind, daß das Medikament nicht allmählich, sondern plötzlich abgesetzt wurde.

Am vernünftigsten ist es selbstverständlich, seine Agaporniden selbst auszusuchen. In der Zoohandlung sollte man die Tiere zuerst eine Zeitlang beobachten und sich danach richten, welche der ausgestellten Vögel bereits eine Bindung zueinander entwikkelt haben oder gar schon verpaart sind. Wer sich im Schwarm verträgt, wird auch im Käfig zu Hause nicht plötzlich eine Antipathie gegen den selbstgewählten Partner entwickeln.

Das gleiche gilt für den Besuch beim Züchter, der einem noch zusätzlich Einblick in die Aufzuchtbedingungen gewährt und zu dem einen oder anderen wertvollen Tip verhelfen kann. Auch hier sollte man sich genügend Zeit lassen. Doch kennt der Züchter seine Vögel in aller Regel so gut, daß er weiß, welche sich als Paar eignen, und man fährt meist nicht schlecht, wenn man seinen Rat annimmt. Täuscht er sich nämlich, wird er diesen Fehler bestimmt wiedergutzumachen versuchen. Nur ganz wenige legen es darauf an, den Kunden bewußt irrezuführen, das spricht sich jedoch rasch herum, so daß bald niemand mehr Vögel bei diesem Menschen kauft. Auch wenn jemand selbst züchten will, ist es in jedem Fall empfehlenswert, junge Vögel zu kaufen, die noch nicht zur Zucht verwendet wurden. Es mag zwar verlockend sein, ein "garantiertes Zuchtpaar" zu erwerben, weil man dann rasch mit Nachkommen rechnen kann, doch sind solche Angebote - vor allem von Züchtern, die einem persönlich nicht bekannt sind - mit Vorsicht zu genießen. Wer verkauft schon ein wirklich gutes Zuchtpaar? Wenn man dann Rupfer oder gar gleichgeschlechtliche Vögel bekommen hat, ärgert man sich - zu Recht - über die Schlitzohrigkeit des Verkäufers. Lieber sollte man es darauf ankommen lassen, daß es mit jungen Vögeln einmal nicht klappt; dann hat man eben Pech gehabt, braucht aber niemandem die Schuld dafür zuweisen.

Wer Unzertrennliche kauft, sollte sich zunächst von der Vitalität überzeugen, auf die ein lebhaftes Wesen, ausdrucksvolle Augen und ein glattes Gefieder schließen lassen. Dann sollte man sich - egal ob Experte oder Anfänger - die Vögel nicht nur zeigen lassen, sondern sie selbst in die Hand nehmen. Beim Fangen ist allerdings darauf zu achten, daß nicht nur der Vogel geschont wird, sondern auch darauf, daß man selbst nicht ungeschützt dem kräftigen Schnabel eines Agaporniden ausgesetzt ist. Am besten versucht man zunächst, den Vogel am Käfigboden oder im Netz mit der flachen Hand sanft von oben festzuhalten und mit Daumen und Zeigefinger den Kopf unmittelbar hinter dem Schnabel zu fassen. So besteht keine Gefahr, gebissen zu werden, und außerdem liegt der Vogel dann auch für ein Abtasten der Beckenknochen zur Geschlechtsbestimmung optimal in der Hand.

Ein Befühlen der Brustmuskulatur gibt Aufschluß über den Ernährungszustand: bei abgemagerten Vögeln steht der Brustbeinkamm hervor, bei verfetteten ist er kaum mehr zu erfühlen. Eine kotverschmierte Kloake deutet auf Verdauungsprobleme hin. Zieht man die Flügel auseinander, dürfen vor allem nicht mehrere der äußeren Handschwingen fehlen oder zerfressen erscheinen. Auch die Krallen, vor allem aber die Zehen sollten vollzählig sein, wenngleich ihr Fehlen meist nur von kosmetischer Bedeutung ist. Nur in Ausnahmefällen leidet die Kopulationsfähigkeit eines Männchens darunter.

Für den spezialisierten Züchter werden die Vorstellungen für den Ankauf von Agaporniden allerdings nicht immer in der näheren Umgebung zu verwirklichen sein. Hier helfen einschlägige Zeitschriften wie die *AZ-Nachrichten*, die *Geflügelbörse*, die *Gefiederte Welt*, die *Voliere* oder *Papageien* weiter, um nur die wichtigsten zu nennen, in denen ein umfangreicher Vogelmarkt mit Papageienangebot zu finden ist. Ist der gesuchte Vogel dann am anderen Ende von Deutschland zu Hause - der Erwerb jenseits der nationalen Grenzen ist mit strengen Einfuhr- und Quarantänebestimmungen verbunden -, bietet sich kaum ein anderer Weg als der über den Postversand. Das ist selbstverständlich mit Risiken verbunden. Meist kennt man den anderen Züchter nicht und kann manch böse Überraschung erleben, doch ein seriöser Züchter wird stets mit offenen Karten spielen und den fehlenden persönlichen Kontakt nicht auf unlautere Weise ausnutzen. Vogelkauf ist immer Vertrauenssache, und auf die Dauer hat nur der Erfolg, der tatsächlich auf Qualität achtet.

Der Boden des nur von vorne einsehbaren, fest verschlossenen Transportkäfigs aus Holz oder Hartfaserplatten sollte mit reichlich Futter bedeckt sein, auch Kolbenhirse als Anreiz und Obst oder Salat als Wasserersatz dürfen nicht fehlen. Ein Aufkleber "Achtung! Lebende Vögel!" sorgt dafür, daß achtsam mit der sperrigen Kiste umgegangen wird.

Das Risiko für die Vögel - insbesondere für Unzertrennliche - beim Versand ist gering, wenn man keine groben Fehler begeht. So sollte jeder Vogel ein eigenes Abteil in der Versandkiste haben, andernfalls besteht selbst bei ansonsten harmonierenden Agaporniden die Gefahr, daß sie sich in dieser Ausnahmesituation gegenseitig verletzen oder gar töten. Auch darf der Vogel vor allem nach oben nicht zu viel Platz haben, da er sonst mit zu viel Schwung gegen die Seitenwände oder den Deckel stößt, wenn er an irgendetwas erschrickt und unkontrolliert auffliegen kann. Es ist deshalb

Foto: Gaiser

Versandkisten für Vögel werden als Sperrgut und Schnellsendung deklariert und per Nachnahme mit Eilzustellung verschickt.

völlig unangebracht, die beengten Verhältnisse beim Versand anzuprangern, denn gerade dadurch wird das Leben des Vogels geschützt.

Ohnehin werden Vögel von der Post stets auf dem schnellsten Weg befördert: als Schnellpaket und mit Eilzustellung. Nur in den wenigsten Fällen treten Verzögerungen ein, ansonsten treffen Vögel, die am Abend kurz vor Dienstschluß aufgegeben wurden, am nächsten Morgen gegen 8 Uhr beim Empfänger ein. Es versteht sich von selbst, daß diese einzig zulässige Transportart nicht billig ist: gegenwärtig bezahlt man 33,60 DM (+ 3 DM), die der Empfänger zusätzlich zum Preis für die Vögel und die Versandkiste (weitere 8 - 10 DM) zu übernehmen hat.

Der Versand per Nachnahme ist auf jeden Fall zu empfehlen, da dadurch nicht nur die Bezahlung durch den möglicherweise unbekannten Empfänger gesichert ist, sondern auch einem unerklärlichen Verschwinden wertvoller Tiere auf dem Postweg vorgebeugt wird. Wer selbst kein Postscheck-Konto besitzt, sollte sich bei seiner Bank nach deren Postscheck-Kontonummer erkundigen und den Gesamtbetrag dorthin zur Gutschrift auf das eigene Konto überweisen lassen, was einiges an Gebühren einspart.

Das abgebildete Muster soll beim Ausfüllen der Nachnahmepaketkarte helfen.

Bank des Absenders
Kontonummer/Bankleitzahl dieser Bank beim zuständigen Postgiroamt
Gesamtbetrag
"zur Gutschrift" für den Absender
Kontonummer des Absenders
Adresse des Empfängers
Betragswiederholung

Adresse des Absenders

Überweisungsbetrag + 3,00 DM

Adresse des Empfängers

Nachnahmepaketkarte für ein Paar wildfarbene Schwarzköpfchen zum Preis von DM 120,00 + DM 33,60 Versandkosten + DM 8,00 für den Versandkäfig

Preise

Welche *Agapornis*-Art man sich anschafft, ist in der Regel nicht nur davon abhängig, ob man Kontakt zu den entsprechenden Züchtern hat, es ist auch eine Frage des Preises. Um eine Vorstellung von den Größenordnungen zu vermitteln, soll hier - entgegen den üblichen Gepflogenheiten - kurz auf die Preisrelationen zwischen den einzelnen Arten bzw. Unterarten eingegangen werden.

Selbstverständlich gibt es erhebliche Schwankungen im Preis, der sich nur zum Teil nach den Gesetzen des Marktes, nach Angebot und Nachfrage richtet. Ideelle Gesichtspunkte spielen hier ebenso eine Rolle wie die Person des Züchters, sein Platzangebot und die Geduld oder Ungeduld beim Verkauf. So wird der eine seine Jungen fast verschleudern, um Platz für neue zu schaffen, der andere dagegen verzichtet im Bewußtsein um die Qualität seiner Nachzucht lieber auf einen Verkauf, um sie nicht unter seinen Vorstellungen abgeben zu müssen.

Wie rasch und einschneidend sich die Preise zum Teil ändern, läßt sich am Beispiel der Taranta-Unzertrennlichen (*A. taranta*) zeigen. Solange diese Art noch importiert wurde, waren Nachfrage und Preis gering. Aber auch noch Anfang der achtziger Jahre konnte man Einzelvögel für weniger als 100 DM bekommen. Mit dem neuen Motto "Arterhaltung durch Zucht" wurden aber gerade die Arten interessant, denen man eine schwere Züchtbarkeit nachsagte. Innerhalb von wenigen Jahren nahm die Nachfrage enorm zu, und die Preise schnellten in die Höhe. 1988 verlangten und bekamen einige Züchter 1600 DM für ein Taranta-Zuchtpaar. Für die Bestände erwies sich dieser Boom von unschätzbarem Wert. Denn in kürzester Zeit zahlten sich die Anstrengungen mit dieser Art aus: der einstige Problemvogel wurde in erstaunlichen Stückzahlen nachgezogen, auch die traditionelle Überzahl von Männchen schwand nach und nach. Die Preise sanken wieder, und heute - 1994 - kostet das Paar durchschnittlich noch 500 DM. Ähnlich verlief die Entwicklung bei den Erdbeerköpfchen (*A. p. lilianae*), die mit etwa 600 DM ebenfalls zu einem deutlich niedrigeren Preis zu haben sind als noch vor zwei, drei Jahren; sie gehören damit aber noch immer zu den teuersten Unzertrennlichen. Nur für die wenigen in Deutschland nachgezogenen Orangeköpfchen (*A. pullarius*) ist noch mehr zu bezahlen: sie werden etwa zum doppelten Preis von Importvögeln gehandelt, der zuletzt bei etwa 500 DM pro Paar lag. Gleichfalls im oberen Preisniveau sind die Grauköpfchen (*A. canus*) anzusiedeln, von denen ein Pärchen gegenwärtig kaum mehr unter 400 DM zu haben ist.

Am anderen Ende der Skala rangieren die Rosenköpfchen (*A. roseicollis*), von denen ein Paar bereits für 80 DM, bei manchem Züchter gar noch billiger zu haben ist. Schwarz- und Pfirsichköpfchen (*A. p. personatus* und *A. p. fischeri*) liegen derzeit etwa bei 120 DM pro Paar, wirklich gut gefärbte Schwarzköpfchen können aber auch doppelt so viel kosten und sind damit sogar teurer als Rußköpfchen (*A. p. nigrigenis*). In Zoohandlungen, die ja auch noch ihre Nebenkosten in Anschlag bringen müssen, liegen die Preise deutlich höher.

Vögel in Mutationsfarben sind nicht unbedingt teurer als solche in der Wildfarbe. Hier ist die Preisentwicklung besonders rasant. Für eine neu aufgetretene, attraktive Mutation werden anfangs vierstellige Phantasiepreise bezahlt, doch mit der wachsenden Zahl von Vögeln in dem neuen Farbschlag sinkt ihr Preis innerhalb kürzester Zeit. Die ersten Lutino-Rosenköpfchen und die ersten weißblauen Schwarzköpfchen wurden mit 3000 DM gehandelt, heute kosten sie noch 50 DM. Die meisten Mutationen werden bereits nach fünf Jahren erschwinglich und pendeln sich schließlich auf einem Niveau ein, das etwas über dem des wildfarbenen Vogels liegt.

Es sei nochmals betont, daß die hier genannten Preise einen Stand widerspiegeln, der in Deutschland Ende des Jahres 1994 zutraf, aber bereits für Holland und Belgien keine Gültigkeit hat und ständig in Bewegung ist.

Gesetzliche Bestimmungen

Wer Agaporniden erwirbt, sollte auch über die gesetzlichen Bestimmungen Bescheid wissen, zumal einige Formalitäten auf den künftigen Halter zukommen. Dabei haben sich die Durchführungsverordnungen in den letzten Jahren ständig geändert, so daß man leicht den Überblick verlieren kann.

Wie fast alle Papageien und Sittiche sind die *Agapornis*-Arten in Anhang II des Washingtoner Artenschutzübereinkommens (WA, in internationalem Sprachgebrauch CITES) aufgelistet. Sie besitzen damit den Status besonders geschützter Arten, ohne daß sie als akut gefährdet und bedroht eingestuft würden. Das erlaubt sowohl eine staatlich kontrollierte Entnahme aus der Natur als auch den Handel mit diesen Arten.

Allerdings gehen die nationalen Bestimmungen nicht selten weit über die im Washingtoner Artenschutzübereinkommen vorgesehenen Regelungen hinaus. In Deutschland gelten die Vorschriften des Bundesnaturschutzgesetzes (BNatSchG) und der Bundesartenschutzverordnung (BArtSchV) in der Neufassung von 1987. Für den Papageienhalter bedeutet das insbesondere, daß er

- der Anzeige- und Meldepflicht (§ 10 Abs. 3 BArtSchV)
- der Nachweispflicht (§ 22 BNatSchG)
- der Kennzeichnungspflicht (§ 9 BArtSchV i.V.m. § 26 Abs. 3.1.2. BNatSchG)

unterliegt.

Das heißt im Klartext und in unserem Zusammenhang, daß der Zu- und Abgang von Unzertrennlichen der zuständigen Behörde (in der Regel der Unteren Naturschutzbehörde im Landratsamt oder bei der Stadt) anzuzeigen ist, daß der rechtmäßige Besitz in Form einer CITES-Bescheinigung nachweisbar sein muß und daß der Vogel einen Ring zu tragen hat.

Bei der CITES-Bescheinigung handelt es sich um ein Dokument, das als solches seit 1984 existiert und zum Nachweis der Herkunft für jedes artgeschützte Tier, also auch für Unzertrennliche, zwingend vorgeschrieben ist. Allerdings wurden 1993 in einem Nachtrag einige leicht nachzüchtbare Arten von der CITES-Pflicht freigestellt. Deshalb sind für

- Rosenköpfchen (*Agapornis roseicollis*)
- Schwarzköpfchen (*Agapornis p. personatus*)
- Pfirsichköpfchen(*Agapornis p. fischeri*)
- Rußköpfchen (*Agapornis p. nigrigenis*)

keine CITES-Bescheinigungen mehr nötig, vorausgesetzt die Vögel sind geschlossen beringt. Offen beringte Vögel fallen nicht unter diese erfreuliche Lockerung der Bestimmungen.

Beim Kauf eines Agaporniden ist deshalb darauf zu achten, daß er einen Ring trägt und daß - falls erforderlich - eine CITES-Bescheinigung vorliegt, die man mit dem Vogel ausgehändigt bekommt. Man sollte nicht versäumen, die Übereinstimmung der Ringnummer des Vogels mit den Angaben auf dem Dokument zu kontrollieren. Darauf hat eine formlose Meldung an die Untere Naturschutzbehörde zu erfolgen, in der anzugeben ist, welche Vögel man erworben hat (Zahl, Art, Ringnummer, Alter, Geschlecht), von wem (vollständige Anschrift des Verkäufers) und zu welchem Zweck (als Haustier oder zur Zucht). Damit ist den rechtlichen Bestimmungen Genüge getan. Der Züchter allerdings unterliegt noch weiteren Verordnungen, auf die dann im Kapitel zur Zucht eingegangen wird.

Eingewöhnung

Ein Standortwechsel bedeutet für jeden Vogel zunächst einmal Streß: durch das Herausfangen, den Transport, die neue Umgebung. Entsprechend behutsam sollte mit dem Neuankömmling umgegangen werden. Zunächst ist eine Einzelunterbringung angeraten, da der Vogel sich dann nicht gleich in einem bestehenden sozialen Gefüge behaupten muß und Gelegenheit hat, in aller Ruhe zu fressen und zu trinken. Gerade in dieser Zeit kann man ihn mit Leckerbissen verwöhnen, die ihm die Umstellung erleichtern.

Auch für den Züchter ist eine getrennte Haltung während einer Dauer von etwa 14 Tagen angeraten, da man den neuen Vogel so besser beobachten und verhindern kann, daß eventuell Krankheiten in den eigenen Bestand eingeschleppt werden. Zeigt der Vogel auch nach dieser Zeit keine krankhaften Symptome, kann er bedenkenlos in den Zuchtstamm integriert werden. Umgekehrt sind Todesfälle während dieser Zeit jedoch nicht notwendig Hinweis auf eine ernste Krankheit im betreffenden Bestand. Gar nicht so selten verkraftet ein Vogel lediglich die konkrete Konstellation von Keimen, Bakterien und Partikeln in der neuen Umgebung nicht, ohne daß sich das in einem konkreten Krankheitsbild niederschlagen würde. Umgekehrt könnten auch die eigenen Vögel allergisch auf das Raumklima des anderern Züchters reagieren und dort ihrerseits nicht überleben. Eine prophylaktische Antibiotikabehandlung ist allerdings abzulehnen, wenn es sich nicht um frisch importierte Vögel handelt, bei denen die Antibiotika-Gaben auch nach der vorgeschriebenen Zeit nicht von einem Tag auf den anderen eingestellt werden dürfen.

Einzel-, Paar- oder Gemeinschaftshaltung?

Der Vogelliebhaber, der nicht an einer Zucht interessiert ist, wird sich diese Frage bereits vor dem Kauf gestellt haben. In aller Regel wird er sich für die paarweise Haltung entscheiden, und das ist gut so. Denn Agaporniden sind wie alle Papageien soziale Wesen, die den Kontakt zu einem Partner benötigen, im Idealfall zu einem andersgeschlechtlichen Partner der gleichen Art.

Wählerisch sind Unzertrennliche aber meist nicht, und schon gar nicht unzertrennlich. Nach kurzer Zeit nehmen sie bereitwillig einen neuen Partner und schließen sich notfalls auch einer anderen Art an.

Einen solchen Ersatzpartner stellt auch der Mensch dar, der damit zu den akzeptablen Alternativen gehört. Allerdings unterscheidet er sich von allen anderen möglichen Partnern dadurch, daß er in der Regel nur begrenzt Zeit zur Verfügung hat, wodurch der Vogel den Großteil des Tages sich selbst überlassen bleibt. Deshalb ist nur einem Menschen mit viel Zeit - etwa einem alleinstehenden Rentner - ein Unzertrennlicher als Einzelvogel zu empfehlen. Er wird die fast aufdringliche Anhänglichkeit des zahmen Agaporniden zu schätzen wissen und ihn als seine Bezugsperson nicht enttäuschen.

Für die Zucht ist ein solch zahmer Vogel nur in seltenen Fällen noch zu gebrauchen, da er - strenggenommen - fehlgeprägt ist. Ein Paar wird dagegen nie so zutraulich wie ein Einzelvogel, da der Partner den zentralen Bezugspunkt darstellt, nicht der Pfleger. Doch haben diese Vögel den Vorzug, daß man sie in ihrem artspezifischen Verhalten beobachten und zur Nachzucht bewegen kann.

Für den Züchter mit mehreren Zuchtpaaren einer *Agapornis*-Art stellt sich die Frage, ob der zeitaufwendigen und arbeitsintensiven Paarhaltung nicht die Gemeinschaftshaltung in großen Volieren vorzuziehen ist. Hier gehen die Meinungen auseinander. Während eine Reihe von Autoren darin gerade bei den Unzertrennlichen mit weißem Augenring die natürlichste Form der Haltung sieht, in der die Paare sich gegenseitig stimulieren und so leichter zur Brut schreiten, sind andere - auch wir - zu der Überzeugung gelangt, daß die Zucht sehr viel reibungsloser und verlustfreier vor sich geht, wenn die Paare in Zuchtboxen ziehen dürfen.

Entscheidet man sich dennoch für eine Gemeinschaftshaltung, sollten die Volieren genügend groß sein - pro Zuchtpaar sind 2 m² Grundfläche anzuraten, zumal später noch die Jungvögel dazukommen. Auch müssen mehr Nistkästen angebracht werden als nötig, um Streitereien in Grenzen zu halten. Von einer Vergesellschaftung verschiedener *Agapornis*-Arten und Unterarten sollte man Abstand nehmen, da sich dann deren Hybridisierung kaum vermeiden ließe.

Optimal wäre eine Gemeinschaftshaltung der Jungvögel, bis die Paarbildung erfolgt ist, aber auch der Zuchtpaare außerhalb der Brutzeit, wenn eine genügend große Fluchtdistanz gewährleistet ist. Die Möglichkeit zum ungehinderten Flug ist nicht zuletzt der Fruchtbarkeit zuträglich. Zur Brut selbst, die bei vielen Züchtern ohnehin in den Wintermonaten stattfindet, sollten die Agaporniden dann wieder paarweise angesetzt werden.

Gelegentlich wird von Unzertrennlichen berichtet, denen während der Jungenaufzucht Freiflug gewährt wird, da dann ihre Bindung an den Nistkasten größer ist als ihr Freiheitsdrang. Hilpert besitzt eine Zuchtgruppe Schwarzköpfchen, deren Voliere er auch außerhalb der Brutzeit öffnet, ohne nennenswerte Verluste beklagen zu müssen. Es ist schon ein herrlicher Anblick, einen Schwarm dieser kleinen bunten Papageien in Richtung Wald verschwinden zu sehen, aus dem er dann nach ein paar Stunden wieder vollzählig zurückkehrt.

Zähmung

Wunschtraum eines jeden Kindes ist ein zahmer Papagei als Hausgenosse. Doch es erfordert viel Geduld, einen Vogel auf den Menschen zu prägen. Agaporniden eignen sich durchaus dafür, doch sollten sich Zähmungsversuche auf Tiere der häufig nachgezogenen Arten - Rosenköpfchen, Schwarzköpfchen und Pfirsichköpfchen - beschränken, für die anderen wäre eine Fehlprägung nicht vertretbar. Nur ein junger Einzelvogel verspricht Erfolg. Nach dem Kauf muß man ihm ein paar Wochen Eingewöhnungszeit zugestehen, während der er nicht aus dem Käfig genommen werden sollte. Den Pfleger lernt er durch die tägliche Fütte-

Zahmes Schwarzköpfchen

Foto: Gaiser

rung kennen, bei der alle Bewegungen langsam und behutsam ausgeführt werden müssen, begleitet von ruhigen Worten in sanftem Tonfall. Gerade in dieser Zeit sollte man sich mit einem Stuhl vor den Käfig setzen und den Vogel ansprechen. Während dieser ersten Wochen darf er mit allen möglichen Leckerbissen verwöhnt werden, vor allem mit Kolbenhirse. Nach dieser Phase wird ihm zunächst die Kolbenhirse entzogen, und erst nach ein paar Tagen erhält er wieder welche angeboten, von jetzt an allerdings nur noch aus der Hand der künftigen Bezugsperson, die dafür die Käfigtür öffnen muß. Zunächst sollte die Hand am Türchen ruhen und den Kolben nur am äußersten Ende des Stiels halten, so daß der Vogel noch aus einer sicheren Entfernung von etwa 30 cm an dem Kolben knabbern kann. Allmählich - also im Abstand von mehreren Tagen - verringert man die Distanz, indem die Hand näher zum Hirsekolben wandert, bis der junge Unzertrennliche schließlich seine Scheu verloren hat und aus der Hand frißt. Der nächste Schritt zwingt den Vogel, sich auf einen Finger zu setzen, wenn er an die Kolbenhirse herankommen will. Ist das erst einmal erreicht, ist die schwierigste Phase überstanden. Bald läßt sich der inzwischen zutrauliche Hausgenosse kraulen und aus dem Käfig nehmen. Er wird dann immer wieder den Pfleger anfliegen, sich auf seinem Kopf, der Schulter oder dem Finger niederlassen und stets diesen Kontakt suchen.

Man sollte sich allerdings davor hüten, zu sorglos zu werden. Ein offenes Fenster oder eine geöffnete Terrassentür war schon häufig das Ende einer engen Vogel-Mensch-Beziehung. Auch ein zahmer Vogel, der entflogen ist, kommt kaum einmal von alleine zurück. In Breithardt ging eine Frau jahrelang mit ihrem zahmen Rosenköpfchen auf der Schulter im Ort spazieren, doch eines Tages erschrak es und war von da an nicht mehr gesehen.

Unterbringung

Die Frage nach der Unterbringung stellt sich in der Regel bereits, wenn man beschlossen hat, sich einen oder mehrere Agaporniden anzuschaffen. Da erfahrungsgemäß gerade in diesem Bereich Fehler nur selten korrigiert werden, sollte man vermeiden, überhaupt welche zu machen und nach der Zweckmäßigkeit entscheiden, die nicht immer auch ästhetischen Vorstellungen entspricht. Dabei spielt es sicher eine Rolle, ob man mit den Vögeln züchten will oder sie lediglich als Zimmergenossen hält.

Unzertrennliche als Stubenvögel

Ein Ziervogel wird erst durch den Käfig zum attraktiven Blickfang in der Wohnung. Deshalb wird die Käfigwahl nicht selten unter dem Gesichtspunkt der Ästhetik getroffen: der Vogel wird zum Einrichtungsgegenstand, seine Behausung Teil der Innenarchitektur. Der Zoohandel hält stets eine Vielzahl unterschiedlichster Käfige in allen Preisklassen auf Lager, die jedem Geschmack entsprechen, doch oft an den Bedürfnissen der einzelnen Vogelarten vorbeigehen. Ein kleiner runder Käfig mag zwar schön aussehen, für einen Agaporniden, der lieber fliegt als klettert, ist er jedoch ungeeignet. Ein großer Papageienkäfig löst zwar dieses Problem, doch sind die Stäbe so weit auseinander, daß ein Unzertrennlicher sich durchzwängen könnte. Ein Holzkäfig wäre bald durchgenagt, und ein Käfig mit kunststoffbeschichteten Stäben bald von der Ummantelung befreit.

In Frage kommt eigentlich nur ein rechteckiger Käfig aus Metall von mindestens 80 cm Länge, wobei die beiden höchstgelegenen Sitzstangen möglichst nah an den Breitseiten angebracht werden und so eine maximale Flugdistanz ermöglichen. Die Käfighöhe ist unwesentlich, kann Länge aber nicht ersetzen. Sie wird nur selten ausgenutzt und hält den Vogel eher davon ab, auch vom Boden Nahrung aufzunehmen. Von Spielzeug wie Plastikvögeln, Spiegeln oder Glöckchen ist ebenso abzuraten wie von Schaukeln und Leiterchen, da sie nur den Flugraum verkleinern oder gar unterteilen. Sämtliche Sitzstangen sollten aus frischem Naturholz sein, das benagt wird und den Vogel nicht nur beschäftigt, sondern ihm auch wertvolle Mineralstoffe zuführt. Entsprechend häufig können sie gewechselt werden, was wiederum zur Abwechslung beiträgt. Der Käfig sollte eine Bodenschale und eine Schublade aus Kunststoff besitzen, um die Reinigung zu erleichtern.

Da alle diese im Zoohandel erhältlichen Käfige nach sämtlichen Seiten offen sind, sind ihre Bewohner durch Zugluft gefährdet. Als Standort, der danach nur mehr in Ausnahmefällen verändert werden sollte, ist deshalb eine helle, aber geschützte Ecke des Zimmers zu wählen, wo der Käfig in Augenhöhe angebracht wird und nicht direkter Sonnenbestrahlung ausgesetzt ist.

Kleinere Käfige sind zwar möglich, doch muß dem Vogel dann unbedingt Freiflug im Zimmer gewährt werden, was durchaus mit Gefahren verbunden ist, die sich nicht auf offene Fenster und Türen und sonstige Gefährdungen im Haushalt und durch Elektrogeräte beschränken. So dürfen keine giftigen Pflanzen im Zimmer stehen, die die neugierigen kleinen Papageien zum Nagen einladen: Dieffenbachien und Philodendren etwa, Oleander, Weihnachtsstern und die meisten Sukkulenten, um nur einige Gattungen zu nennen, vor denen Agaporniden fernzuhalten sind.

Eine optimale Unterbringung ist die in einer geräumigen Zimmervoliere, doch dominiert sie leicht den Raum und ist deshalb nicht jedermanns Sache.

Ähnliche Volieren gibt es für den Garten oder die Terrasse, wo frische Luft und Sonnenlicht zum Wohlbefinden der Unzertrennlichen beitragen, was sie allerdings auch lautstark bekunden. Auch ist Vorsicht bei der Fütterung angesagt, denn nur zu gern würden sie jedes Angebot annehmen zu entwischen. Es muß davor gewarnt werden, Agaporniden Frost auszusetzen. Vom Spätherbst bis zum zeitigen Frühjahr muß deshalb eine Unterbringung in hellen Innenräumen gewährleistet sein.

Unzertrennliche als Zuchttiere

Da eine Zucht ohnehin nicht in Wohn- und Schlafräumen genehmigt wird, stehen für die Unterbringung von Zuchtpaaren weniger Fragen der Ästhetik im Vordergrund als Fragen der Zweckmäßigkeit.

Die gebräuchlichste Lösung ist hier der **Kistenkäfig**, bei dem nur die Vorderfront einzusehen ist, an der sich möglichst zwei Falltüren befinden. Alle anderen Seiten sind geschlossen und bestehen aus festem Material: Holz, Kunststoff, Leichtmetall, Zinkblech usw. Dadurch fühlen sich die Vögel geborgen und brauchen bloß nach einer Seite hin zu sichern. Durch Außenfütterung werden auch sonst Störungen auf ein Minimum reduziert.

Eine ganze Reihe von Herstellern, die sich darauf spezialisiert haben, bieten Kistenkäfige, auch mit integriertem Nistkasten, in den verschiedensten Ausführungen und Größen an. Für ein Zuchtpaar Agaporniden sollte eine Länge von 100 cm nicht unterschritten werden, wobei deren Unterteilbarkeit wichtige Dienste leistet, wenn die Jungen abgetrennt werden müssen. Die im Fachhandel erhältlichen Zuchtboxen sind wohldurchdacht und technisch ausgereift, sie berücksichtigen die wesentlichen Elemente der Haltung und Zucht, sind praktisch, pflegeleicht und auch fürs Auge ansprechend. Sie haben nur den Nachteil, daß sie recht teuer sind: für einen Block von sechs Meter-Käfigen wird ein dreistelliger Betrag kaum mehr ausreichen.

Für den handwerklich geschickten Züchter wird deshalb der Eigenbau eine echte Alternative sein, doch sollte er sich von den Erfahrungen der Spezialisten leiten lassen. Eine abwaschbare Kunststoffbeschichtung hilft ebenso wie eine leicht gängige Schublade bei der Reinigung. Die Innenflächen streicht man am besten weiß. Den Draht der Vorderseite - entweder aus Meterware hergestellt oder als komplettes Vorsatzgitter gekauft - kann man mit schwarzem, ungiftigem, nicht glänzendem Lack - etwa Bitumenlack - streichen, da man dann die Vögel besser sieht.

In den USA werden Agaporniden meist in **Gitterkäfigen** gezogen, wie sie bei uns nicht industriell gefertigt werden. Doch sind sie sehr einfach und ohne Verschnitt selbst herzustellen.

Für einen Käfig von 100 x 50 x 50 cm werden ein 100 cm breites punktverschweißtes und verzinktes Drahtgeflecht von 3 m Länge und mit einer Maschenweite von 10 x 10 oder 10 x 20 mm, Metallclips, Spanndraht und eine vorgefertigte Zink- oder Plastikwanne mit den Maßen 100 x 50 x 7 cm benötigt. Zunächst schneidet man ein 200 cm

Foto: Ochs

Teil der Agaporniden-Zuchtanlage von Bodo Ochs: jeweils drei Kistenkäfige übereinander

langes Stück von der Drahtrolle und knickt dieses Teil nach jeweils 50 cm über eine scharfe Kante. Die Schnittstellen, die sich nun berühren, werden mit Metallclips verbunden. Die verbliebenen 100 cm Drahtgeflecht werden halbiert und bilden die Seitenwände des Käfigs, die gleichfalls mit Metallclips eingepaßt werden. Damit ist der Drahtkäfig geschlossen und stabil.

Für die Schublade wird ein 7 cm breiter Streifen auf die gesamte Länge der unteren Vorderseite herausgetrennt. Um Verletzungen von Vögeln und Pflegern auszuschließen, biegt man die freistehenden Drahtenden um den stärkeren Spanndraht, mit dem die Schnittstellen umfaßt werden. Ähnlich verfährt man mit den Öffnungen für Türchen, Nistkasten bzw. Schlupfloch, Wasser- und Futternäpfe. Die herausgetrennten Gitterflächen werden ihrerseits mit Spanndraht eingefaßt und gegebenenfalls wieder mit Metallclips eingepaßt.

Neben den Kistenkäfigen sollten auch einige **Zimmervolieren** für die Jungvögel zur Verfügung stehen, in denen sie ein artgerechtes Sozialverhalten im Schwarm entwickeln können. Dort läßt sich besonders schön beobachten, wie sich bereits nach 3 - 4 Monaten Paare bilden, vor allem wenn man zusätzlich noch sogenannte Schlafbretter angebracht hat. Dabei handelt es sich um ein langes, 20 cm breites Brett, das in nach vorne offene Abteile von etwa 20 cm unterteilt ist. Zwei Vögel, die öfter miteinander ein Abteil aufsuchen, sind mit hoher Wahrscheinlichkeit ein Paar. Das gleiche gilt für die Belegung von Nistkästen, die man jungen Vögeln allerdings ohne Nistmaterial anbieten sollte, um nicht eine verfrühte Eiablage zu provozieren. Für die Überprüfung eignen sich die Abendstunden, wenn nur noch eine Notbeleuchtung brennt.

Wenn man sich trotz der oben geäußerten Bedenken zur Gemeinschaftshaltung von Agaporniden für die Volierenzucht in einem Keller- oder Dachraum entschließt, sollte man eine Überbelegung vermeiden und für eine Größe von 140 x 70 x 220 cm nicht mehr als zwei Zuchtpaare vorsehen. Will man mehrere solcher Volieren aneinander-reihen, muß man berücksichtigen, daß Unzertrennliche sehr aggressiv darauf reagie-ren, wenn sich andere Vögel auf dem eigenen Käfig niederlassen oder an den Sei-tenwänden landen. Um den Verlust von Krallen, Zehen oder gar Beinen zu verhindern, müssen aneinander angrenzende Seitenwände unbedingt eine Doppeldrahtbespan-nung mit einem Mindestabstand von 3 cm aufweisen.

Für den Pfleger ist es wichtig, daß solche Volieren gut begehbar sind und die täg-lichen Pflegemaßnahmen bequem verrichtet werden können. Das Futterbrett sollte durch eine Klappe leicht von außen zu erreichen sein. Mehrere Futternäpfe und das Wasser zum Trinken und Baden sollten getrennt darauf Platz finden, so daß weder Futter ins Wasser fallen kann, noch Wasser ins Futter gelangt. Die Nistkästen werden am besten in Augenhöhe von außen angebracht. Das hat den Vorteil, daß man die Voliere nicht für jede Kontrolle betreten muß. Allerdings sollte man seine Vögel recht-zeitig daran gewöhnen, daß sie den Nistkasten zur Voliere hin verlassen und nicht et-wa in den Innenraum entweichen.

Bei einer Zucht in Kellerräumen kommt man nicht umhin, das fehlende Sonnenlicht durch den Einsatz von *True-Light*-Röhren zu ersetzen, die das volle Tageslicht-Spek-trum abgeben. Allerdings verlieren diese Leuchten ihre positive Wirkung nach etwa ei-nem halben Jahr und sollten dann entfernt werden, obwohl ihre Lebensdauer noch lange nicht erschöpft ist. Danach scheinen sie sich nämlich schädlich auf den Orga-nismus des Vogels auszuwirken.

Seit einigen Jahren gehört zur Ausstattung jedes Zuchtraums auch ein Ionisator zur Verbesserung der Luft. Staubpartikel und andere Schwebeteilchen werden dadurch gebunden und fallen zu Boden. Zuchttiere in ionisierten Räumen sind nachweislich weniger anfällig für Infektionen, und Erkrankungen der Atemwege beim Züchter treten seltener auf.

Die Möglichkeit der Verwendung eines ganzen Zimmers als "Voliere" sei lediglich am Rande erwähnt, da sie wohl nur in Ausnahmefällen in Frage kommt. Ein solcher Raum ließe sich sicher effektiver nutzen.

Die in der Großsittichzucht gebräuchlichste Haltungsweise, in der Innen- und Außen-volieren zu einem Vogelhaus mit langen Flügen kombiniert werden, findet auch bei Agaporniden häufig Anwendung und stellt zweifellos die naturnahste Unterbringung dar. Solche **Freivolieren** mit Schutzraum unterliegen allerdings einer Reihe von ge-setzlichen Bestimmungen. So schreibt das Bundesnaturschutzgesetz für den Bau ei-ner Gartenvoliere eine Genehmigung der zuständigen Naturschutzbehörde vor, die

Teil der Volierenanlage von Dieter Hilpert in Doerentrup

nur erteilt wird, wenn das Gehege den tier- und artenschutzrechtlichen Anforderungen genügt (§ 24 BNatSchG). Ab 5 m² umbauter Fläche ist zusätzlich die Genehmigung der zuständigen Baubehörde erforderlich. Auch dürften geräuschempfindliche Nachbarn sich durch das unausbleibliche Geschrei eines Agapornidenschwarms belästigt fühlen.

Eine Volierenanlage für Unzertrennliche muß über einen zugfreien, beheizbaren Schutzraum - möglichst mit großen Fenstern und einer Lichtkuppel verfügen, um den meist kälteempfindlichen Tieren auch im Winter optimale Bedingungen zu gewähren. Außenflug und Innenraum sind über Öffnungsklappen miteinander verbunden, die zweckmäßigerweise sowohl von außen wie von innen geschlossen werden können. Zwar vertragen einige Arten - Rosenköpfchen und Taranta-Unzertrennliche etwa - durchaus Minusgrade, doch sollten auch sie bei Frost nur stundenweise in den Außenflug gelassen werden, schon um Verfrierungen der Zehen zu verhindern.

Gerade das Schutzhaus darf nicht zu beengt angelegt werden. An die Innenvolieren sollte sich ein breiter Gang anschließen, und zumindest ein Arbeitsraum und ein kleiner Quarantäneraum gehören noch in dieses Gebäude, in dem selbstverständlich auch die Versorgungsanlagen (Strom und Wasser) installiert sein sollten. Die Beheizung im Winter kann über Frostwächter in jeder einzelnen Innenvoliere erfolgen, besser aber wäre ein Anschluß an die Zentralheizung des Wohnhauses. Radiatoren sind eher eine Notlösung, da sie doch sehr viel Strom verbrauchen. Alle Öffnungen nach draußen werden mit Schutzgittern versehen, um eine Lüftung zu ermöglichen, ohne ständig befürchten zu müssen, daß Vögel aufgrund einer Unachtsamkeit des Pflegers entweichen. Eine einfache Lichtquelle mit Zeitschaltuhr genügt hier, ergänzt durch eine Notbeleuchtung in den einzelnen Abteilen. Optimal wäre natürlich eine Dämmerungsanlage, die auch die künstliche Verlängerung des Tages natürlich zu beenden scheint.

Festes Mauerwerk ist zu bevorzugen, doch auch aus Holz und Eternit läßt sich ein solides Haus errichten, wenn außen und innen die Fundamente und eine Bodenplatte betoniert sind, was gleichzeitig das Eindringen von Mäusen und Ratten verhindert. Am zweckmäßigsten wäre ein Zugang zum Außenbereich durch die Innenvolieren, wo das aber nicht möglich ist, muß eine Sicherheitsschleuse an eine Außenvoliere angebracht sein, von der aus dann auch die anderen Abteile zu erreichen sein sollten.

Für den Agapornidenhalter empfiehlt es sich, im Außenbereich auf die Verwendung von Holz zu verzichten, um unliebsame Überraschungen zu vermeiden. Wo doch - ungiftig imprägnierte - Holzteile verarbeitet werden, sollte man stets kontrollieren, ob nicht vielleicht eine Stelle durchgenagt wurde. Eine Überdachung mit lichtdurchlässigen Platten verhindert, daß der Kot und damit Krankheitserreger von Wildvögeln ins Innere der Volieren gelangen. Hier ist eine doppelte Drahtbespannung nicht nur für die Zwischenwände benachbarter Volieren ratsam, sondern auch für die Außenseiten der Anlage, um auch Zwischenfälle mit Katzen oder Eulen auszuschließen.

Die Fütterung sollte stets in den Innenvolieren erfolgen, für die ansonsten das gleiche zu beachten ist wie bei Anlagen ohne Außenflüge. Auch die Nistkästen gehören in den Schutzraum, weil dort meist ungestörter und deshalb ruhiger gebrütet wird als im Freien.

Zubehör

Während der Vogelliebhaber mit einem Pärchen Agaporniden oder einem Einzelvogel oft viel Unnötiges anschafft, um seine Lieblinge zu verwöhnen, erkennt der Züchter schon sehr bald, worauf es tatsächlich ankommt.

Industriell gefertigte Sitzstangen sind beispielsweise fehl am Platze und sollten durch Naturäste ersetzt werden, vorzugsweise von Weiden und Obstbäumen. Durch deren verschiedene Stärke wird die Beinmuskulatur unterschiedlich beansprucht und bleibt ständig in Übung. Sind die Stangen durchgenagt oder verunreinigt, tauscht man sie einfach gegen frische aus und sorgt so für Abwechslung und die Zufuhr von wertvollen natürlichen Stoffen, die sich der Vogel durch das Benagen zuführt. Für die beiden höchstgelegenen Sitzstangen nahe den Seitenwänden des Käfigs kann man natürlich auch Äste aus härterem Buchenholz verwenden, die selbst den kräftigen Schnäbeln von Agaporniden standhalten.

Für die Außenfütterung eignen sich am besten Kunststoffnäpfe, die fest in der vorgesehenen Öffnung sitzen. Stellt man die Futtergefäße auf den Käfigboden oder einen Futtertisch, der an der Türinnenseite befestigt ist, sollte man glasierte Tonnäpfe verwenden, da sie nicht so leicht umzuwerfen sind wie Hartplastikschälchen. Außerdem sind sie ebenso pflegeleicht wie Edelstahlnäpfe, die sich gleichfalls gut eignen, wenn man sie mit den entsprechenden Gestellen an der Innentür befestigen kann.

Als Trinkgefäße haben sich Bananenspender und andere Trinkröhrchen bewährt, wenn man zum Baden noch ein zusätzliches flaches, glasiertes Tongefäß bereitstellt.

Hygiene

Jeder Halter und Züchter von Vögeln wird sein Hauptaugenmerk auf die Hygiene in seiner Anlage richten, da von ihr letztlich das Wohlbefinden seiner Schützlinge, der Erfolg der Zucht und - die eigene Gesundheit abhängen. Entsprechend häufig werden Reinigungs- und Desinfektionsarbeiten anfallen, ohne daß sich dafür Regeln aufstellen ließen.

Sicher wird die Behausung eines Vogels im Wohnzimmer häufiger von Grund auf gereinigt werden müssen als die in einem Zuchtraum oder eine Freivoliere.

Täglich sollten in jedem Fall die Bade- und Trinkgefäße, sowie Näpfe für angefeuchtetes Futter gereinigt werden, am besten mit heißem Wasser und einer ausgedienten Zahnbürste. Alle zwei bis drei Wochen sollte man die Käfige gründlich säubern und die Sandschicht in der Bodenwanne wechseln, was in Innenvolieren nur alle vier bis sechs Wochen nötig erscheint. Freivolieren werden im Frühjahr und Herbst umgegraben.

Bei manchen Zuchtpaaren bleiben die Nistkästen stets trocken und können während der gesamten Jungenaufzucht ungereinigt bleiben, bei anderen ist es mehrmals nötig, das Nistmaterial völlig zu entfernen und durch Katzenstreu zu ersetzen, da eine ständige Feuchtigkeit vorherrscht, die zur Bildung von Pilzen führt und Ungeziefer anlockt.

Möglichst vierteljährlich, zumindest aber vor und nach der Zuchtsaison ist eine Reinigung des Zuchtraums, der Käfige und Volieren und aller Gerätschaften mit einem Desinfektionsmittel angesagt, um Krankheitskeime abzutöten und der möglichen Ausbreitung von Seuchen vorzubeugen. Auch eine Begasung des Zuchtraums wird gelegentlich angewandt, um - vor allem bei Holzkäfigen - auch in die verborgensten Ritzen und Spalten vorzudringen. Dafür werden sämtliche Vögel vorübergehend ausquartiert und das Futter in andere Räumlichkeiten gebracht.

Fütterung

Zur artgerechten Haltung eines Vogels gehört auch dessen ausgewogene Ernährung. Wenngleich es relativ problemlos gelingt, die meisten *Agapornis*-Arten mit bescheidenen Mitteln am Leben zu halten, gehört doch weit mehr dazu, für das Wohlbefinden eines solchen Vogels zu sorgen, seine Vitalität und Gesundheit zu bewahren und letztlich auch seine Zuchtbereitschaft zu fördern und zu einer erfolgreichen Jungenaufzucht beizutragen.

Man sollte sich nicht daran stoßen, daß Unzertrennliche arge Futterverschwender sind, und auf eine Rationierung verzichten, denn oft nimmt der Vogel instinktiv die am meisten benötigten Nährstoffe auf und vernachlässigt dafür andere, was sich ein paar Monate später wieder ins Gegenteil verkehren kann.

In der freien Natur können Vögel nach Belieben aus einem reichhaltigen Futterangebot auswählen, zu dem neben Grassamen auch Früchte, Knospen, Beeren und sogar Insekten gehören. In Gefangenschaft bleibt die Vorauswahl dem Halter bzw. Züchter überlassen, der die Verantwortung übernommen hat, den hohen Ansprüchen seiner Schützlinge gerecht zu werden. Doch ist es noch nicht damit getan, alle lebensnotwendigen Nährstoffe dem Organismus zuzuführen, um so Mangelerscheinungen vorzubeugen, auch die Voraussetzungen für eine optimale Verwertung müssen gegeben sein: akzeptable Lichtverhältnisse, ausreichend Möglichkeit zur Bewegung, ein gesundes Raumklima, die Minimierung von Streßsituationen.

Körnerfutter

Wie die meisten Papageienarten benötigen Agaporniden ein Grundfutter aus trockenen Sämereien. Für den Halter eines Einzelvogels oder eines Paares ist es am sinnvollsten, sich einer Fertigfuttermischung für Großsittiche zu bedienen, wie sie in Zoohandlungen angeboten werden. Auch für Züchter mit einem höheren Bedarf halten alle größeren Futtermittelhersteller ausgewogene Mischungen in preisgünstigen 25-kg-Säcken bereit, doch die meisten Züchter lassen es sich nicht nehmen, ihr Körnerfutter aus Einzelsaaten selbst zu mischen, was im Endeffekt auch billiger kommt. Allerdings muß man solche größeren Mengen besonders sorgfältig lagern, also trocken, kühl, dunkel und mit ausreichender Belüftung. Am besten eignen sich hierfür Holzsilos, die der Fachhandel zwar kaum führt, aber ohne weiteres selbst angefertigt werden können. Die Entnahmeöffnung sollte sich in Bodennähe befinden, so daß das Futter immer von unten weg verbraucht und oben nachgefüllt wird. Um ständige Sauerstoffzufuhr zu gewährleisten und so ein Verderben des Futters zu verhindern, können auch mit feinem Fliegengitter bespannte Rahmen in die Behältnisse eingesetzt werden, vor allem wenn Plastiktonnen zur Verwendung kommen.
Ist einmal muffiger Geruch, Schimmelbildung oder ranziger Geschmack festzustellen, sollte das Futter auf keinen Fall weiterverwendet werden. Auch Futtermilben und andere Vorratsschädlinge können zu Verlusten vor allem unter den Nestlingen und Jungtieren führen. Verläßlich Auskunft über die Qualität einer Futtermischung gibt der Keimtest. Sind mehr als 90 % der Samen keimfähig, ohne dabei schimmlig zu werden, kann das Futter bedenkenlos verwendet werden.
Die einzelnen Saaten unterscheiden sich in ihrem Nährstoffgehalt und damit dem Verhältnis von Kohlehydraten, Fetten und Proteinen (Eiweiß) zum Teil erheblich. Für sämtliche Körperfunktionen - vor allem zu Zeiten besonderer Belastung, etwa während des Wachstums, der Mauser oder der Eibildung - werden Proteine und die in ihnen enthaltenen essentiellen Aminosäuren benötigt, für die es keine Ersatzstoffe gibt, die also über das Futter zugeführt werden müssen. Kanariensaat (Glanz), Japanhirse, Hafer oder Weizen sind durch ihren hohen Eiweiß- und zugleich geringen Fettgehalt hier besonders wertvoll. Ein guter Indikator dafür, ob genügend Proteine aufgenommen werden, ist der weiße Harnsäureanteil im Kot. Ist er nur gering, muß zusätzlich tierisches Eiweiß zugeführt werden. Die Deckung des laufenden Energiebedarfs wird sowohl durch Kohlehydrate, die in allen Getreidesorten reichlich vorhanden sind, als auch durch Fette geregelt. Bei letzteren ist vor allem dann Vorsicht geboten, wenn die Vögel nicht viel Bewegung bekommen, da sie sonst zu leicht verfetten. Deshalb verzichten viele Agapornidenzüchter ganz auf Sonnenblumenkerne, Leinsamen und Hanf und decken den Fettbedarf lediglich mit Cardisaat.

Bewährt hat sich beispielsweise folgende Zusammensetzung des Grundfutters:

40 % Glanz
25 % Silberhirse
5 % Japanhirse
5 % Senegalhirse
5 % Negersaat
5 % geschälter Hafer
5 % Cardisaat
3 % Hanf
3 % Unkrautsamen
2 % Perillasaat
2 % Gurken- und Kürbiskerne

Auch Buchweizen und Paddyreis kann ohne weiteres hinzugefügt werden. Wie sehr die Vorstellungen auseinandergehen, was die optimale Körnernahrung für Agaporniden ist, zeigt der Vergleich handelsüblicher Futtermischungen, deren Hirse- und Fettsaatenanteil gewaltig differiert. Auch ist es ein Unterschied, ob Grauköpfchen oder Taranta-Unzertrennliche zu versorgen sind. Letztlich wird jeder Züchter selbst seine Erfahrungen sammeln müssen und sein Futter entsprechend zusammenstellen.

Ein Körnerfutter, das alle Unzertrennliche lieben, weil es eine willkommene Abwechslung in der Darreichungsform darstellt, ist Kolbenhirse, die es gelb und rot und in durchaus unterschiedlicher Qualität gibt und zumindest einmal wöchentlich auf dem Speiseplan stehen sollte.

Keimfutter

Wenngleich das Grundfutter das ganze Jahr über gereicht wird, genügt es den Erfordernissen des besonders beanspruchten Organismus allein noch nicht. Zur Fortpflanzungszeit und während der Mauser besteht ein deutlich erhöhter Vitamin- und Proteinbedarf, dem der Züchter Rechnung tragen muß, will er eine erfolgreiche Zuchtperiode in die Wege leiten. Nach einer mehrmonatigen Ruhezeit, in der sich das Nahrungsangebot tatsächlich weitgehend auf das Erhaltungsfutter beschränken sollte, wird die Zuchtsaison durch die Gabe von gekeimten Sämereien eingeleitet. Durch den Keimvorgang wird der Vitamingehalt der Saaten deutlich angehoben, und es kommt zur Bildung wichtiger Enzyme. Am wertvollsten ist Keimfutter, wenn gerade die Keime hervorbrechen, zumal es dann besonders gut verdaulich ist.

Im Prinzip lassen sich alle Körner gekeimt verfüttern, doch gerade wenn das Grundfutter vorwiegend aus kleinen, fettarmen Saaten besteht, wie hier empfohlen, ist es sinnvoll - und praktisch -, ein Gemisch aus größeren Körnern gekeimt zu reichen: Sonnenblumenkerne, Weizen und Nackthafer. Besonders beliebt ist angekeimte Kolbenhirse.

Für die Herstellung von Keimfutter hat fast jeder Züchter sein eigenes Rezept und seine eigene Methode. Die problemloseste und sauberste Lösung ist sicher die Verwendung von Keimautomaten, in denen die Saaten auf mehrere Ebenen verteilt und nach Gebrauchsanweisung gewässert werden. Schneller geht es mit der gebräuchlichsten Methode, derzufolge man die Körner zwölf Stunden quellen läßt und dann in einem Sieb zum Keimen bringt. Man sollte allerdings nicht versäumen, hin und wieder mit scharfem Wasserstrahl die Bildung von Pilzen und Bakterien zu verhindern. Nach insgesamt knapp zwei Tagen kann das Keimgut verfüttert werden, doch ist darauf zu achten, daß alles, was nicht am gleichen Tag gefressen wird, wieder aus dem Käfig zu entfernen ist, um nicht die Gesundheit der Vögel zu gefährden.

Manche Agaporniden rühren zunächst kein Keimfutter an, doch kann man sich hier die Erkenntnis zunutze machen, daß bevorzugt aus den am höchsten angebrachten Näpfen bzw. Schalen gefressen wird. Streut man dann noch etwas Traubenzucker darüber, kann kaum ein Vogel widerstehen. Ist er erst einmal auf den Geschmack gekommen, braucht man keine weiteren Tricks anzuwenden.

Aufzuchtfutter

Zusätzlich zum Keimfutter wird während der Jungenaufzucht ein Weichfutter gereicht, das die jungen Agaporniden in erster Linie mit tierischem Eiweiß versorgen soll, in dem die essentiellen Aminosäuren in weit höherem Maße enthalten sind als in pflanzlicher Nahrung. Der Proteinbedarf ist während des Wachstums etwa doppelt so hoch wie beim adulten Vogel. Auch in freier Natur ist während der Brutzeit eine besondere Vorliebe für Insekten zu beobachten (vgl. AECKERLEIN 1986).

Die Basis des Aufzuchtfutters bilden deshalb Eier, sowohl hartgekocht und gerieben, als auch verarbeitet in Form von grob gemahlenem Biskuit oder Zwieback. Die Mischung läßt sich mit Traubenzucker, Mineralstoff- und Vitaminpräparaten anreichern und wird am besten leicht angefeuchtet dargeboten. Zum Anfeuchten verwendet man geriebene Äpfel oder Möhren, aber auch Fruchtsäfte. Doch muß man bedenken, daß auch hiervon nur Tagesrationen verfüttert werden dürfen, weil feuchtes Eifutter schnell säuert und zur Bildung von Schimmelpilzen neigt.

Selbstverständlich werden auch fertige Eifuttermischungen im Fachhandel angeboten, die nach neuesten ernährungswissenschaftlichen Erkenntnissen zusammengestellt sind und Aminosäuren, Vitamine und Mineralstoffe in einem ausgewogenen Verhältnis enthalten. Da insbesondere Vitamine rasch zerfallen, sollte man beim Kauf nicht versäumen, das Herstellungsdatum zu prüfen.

Um die Elterntiere an das Weichfutter zu gewöhnen, empfiehlt es sich, bereits eine Woche vor dem Schlupf mit der Verfütterung zu beginnen und während der gesamten Jungenaufzucht welches zur Verfügung zu stellen. Auch die abgesetzten Jungvögel sollten noch Eifutter fressen können, doch muß darauf geachtet werden, daß vorwiegend Körnerfutter aufgenommen wird. Sonst könnten Störungen bei der Bildung des Muskelmagens auftreten, was chronische Verdauungsstörungen zur Folge hätte.

Grünfutter und Obst

Kaum ein Züchter versäumt es, seine Schützlinge mehr oder weniger regelmäßig mit Grünfutter aus der Natur zu versorgen. Tatsächlich ist der Nährstoffgehalt von Futterpflanzen vergleichsweise gering, und der hohe Rohfasergehalt macht sie auch nicht sonderlich gut verdaulich. Ihr eigentlicher Wert liegt in dem reichen Gehalt an Vitaminen und Spurenelementen und nicht zuletzt in ihrer natürlichen Heilkraft.

Von den vielen geeigneten Futterpflanzen (vgl. BIELFELD 1993) seien hier nur die wichtigsten Wildkräuter erwähnt: allen voran Vogelmiere (*Stellarina media*) und Löwenzahn (*Taraxacum officinale*), die beide fast ganzjährig zur Verfügung stehen, sowie Hirtentäschelkraut (*Capsella bursa pastoris*) und Breitwegerich (*Plantago major*). Bei der Verfütterung muß man sich allerdings sicher sein, daß nicht Reste von Schädlings- und Unkrautbekämpfungsmitteln an den Pflanzen haften können. Auch Straßenränder und Industriegebiete eignen sich nicht als Sammelorte. Lieber sollte man dann auf wildwachsendes Grünfutter verzichten und auf ungespritztes Gemüse und Obst zurückgreifen.

Endivien- und Feldsalat sind hier grünem Salat vorzuziehen, den manche Züchter aufgrund schlechter Erfahrungen ganz meiden. Auch Mangold, Spinat und Petersilie sind hervorragende Futterpflanzen. Die meisten Agaporniden fressen gerne Karotten, vor allem wenn sie geraspelt ins Aufzuchtfutter gemischt werden. Dagegen werden Gurken nur selten genommen, obwohl sie reichlich Riboflavin enthalten, das für die Federbildung benötigt wird.

Besonders beliebt ist Mais in der Milchreife, doch ist er eben nur während weniger Wochen im Jahr verfügbar. Friert man aber welchen ein, kann man diesen Leckerbissen auch im Winter noch - in aufgetautem Zustand - verfüttern. Ähnliches gilt für wildwachsende Beeren und Früchte. Hagebutten und Eberschenbeeren lassen sich auch trocknen.

Empfehlenswert ist im Prinzip auch alles Obst, doch sind die meisten Agaporniden da sehr wählerisch, und es bedarf großer Anstrengungen, sie wenigstens an süße Äpfel zu gewöhnen. Nur wenige wagen sich an anderes Obst, etwa an Birnen oder auch Feigen.

Auf die Bedeutung von frischen Zweigen und Ästen für alle Papageienarten wurde bereits eingegangen. Neben Beschäftigung und Abwechslung finden sie in der Rinde und dem Holz von Weiden, Obstbäumen, Erlen, Pappeln, Eberschen und sonstigen ungiftigen Gehölzen wertvolle Mineralstoffe, Vitamine, Gerbsäuren und Ballaststoffe, die zum Wohlbefinden des Vogels beitragen und die Darmtätigkeit regulieren. Junge Knospen sind darüber hinaus äußerst proteinreich.

Vitamine und Mineralstoffe

Werden Agaporniden während der Phasen besonderer Belastung mit einem Leistungsfutter versorgt, zu dem neben der Grundmischung Keim-, Aufzucht- und Grünfutter gehören, wird es keine Probleme bezüglich der Vitaminversorgung geben. Kann der Bedarf aber nicht ausreichend gedeckt werden, wirkt sich das auf den Organismus der Zuchtvögel ebenso wie auf die Nachzucht aus. Das äußerst sich beispielsweise in Gefiederproblemen, in mangelhafter Befruchtung, im Absterben von Embryonen im Ei und in einer erhöhten Sterblichkeit der Jungvögel. Zur Behebung von Vitaminmangelzuständen hält der Fachhandel eine Vielzahl von Präparaten in Pulverform oder als Emulsion bereit, die über das Futter oder im Wasser verabreicht werden.

Für Agaporniden sind von besonderer Bedeutung die fettlöslichen Vitamine A, D_3, E und K, sowie die wasserlöslichen Vitamine des B-Komplexes und C. Sie alle kommen zumindest als Provitamine in pflanzlicher Nahrung vor.

Vitamin A ist für das Wachstum nötig und schützt vor Infektionen; ein Mangel führt insbesondere zu schlechten Befruchtungsergebnissen. Es wird mit Eigelb aufgenommen, und seine Vorstufe, das Karotin, ist reichlich in Möhren enthalten. Auch Lebertran enthält Vitamin A, doch wird Körnerfutter leicht ranzig, wenn es damit vermengt wird.

Vitamin D_3 sorgt - in Zusammenhang mit der Kalzium-Phosphor-Versorgung - für eine normale Knochenbildung, während ein Mangel daran Rachitis und Probleme bei der Eierproduktion zur Folge haben kann. Vor allem wo die ultravioletten Strahlen des Sonnenlichts fehlen - etwa in Kellerräumen -, sind zusätzliche Gaben dieses Vitamins angezeigt, das in allem Grünfutter vorkommt.

Vitamin E ist für die Fruchtbarkeit verantwortlich und wirkt sich tiefgreifend auf den Gesamtstoffwechsel aus. Liegt ein Mangel vor, entwickeln sich die Jungen schlecht und sind in zuchtfähigem Alter oft unfruchtbar oder sexuell desinteressiert. Keimfutter beugt einer solchen Fehlentwicklung vor.

Vitamin K sorgt für eine rasche Blutgerinnung. Es ist in Gemüse enthalten und wird zum Teil im Darm gebildet. Zu einem Mangel kommt es lediglich durch unkontrollierte Kohle- und nach Antibiotika-Gaben, die die Darmflora zerstören.

Vitamin C stärkt die Abwehrkräfte und fördert die Leistungsfähigkeit. Ein Mangel daran tritt kaum einmal auf, da dieses Vitamin vom Vogel selbst gebildet werden kann und in den meisten Grünfutter- und Obstsorten vorliegt.

Die Vitamine des B-Komplexes wirken sich auf Wachstum, Befiederung, Schlupf und Vitalität aus. Sie kommen zwar - mit Ausnahme von B_{12} - in genügenden Mengen im Körnerfutter vor, sie müssen aber stets neu dem Körper zugeführt werden. Mängel sind hier oft auf überlagertes oder verdorbenes Futter zurückzuführen und sind am besten mit Hilfe von Bierhefe, Getreidekeimlingen und tierischem Eiweiß zu beheben.

Lebensnotwendig sind für einen Vogel auch anorganische Bestandteile, die man Mineralstoffe nennt und die am Knochenbau, am Stoffwechsel und an der Verdauung beteiligt sind. Dazu gehören die Mengenelemente Kalzium, Phosphor, Natrium, Kalium, Magnesium, Chlor und Schwefel und die Spurenelemente Eisen, Mangan, Kupfer, Zink, Chrom, Jod, Fluor, Selen und Kobalt.

Problematisch ist bei Agaporniden diesbezüglich aber lediglich die ausgeglichene Versorgung mit Kalzium (Ca) und Phosphor (P), da vor allem Kalzium nur unzureichend im Körnerfutter vorkommt. Dieser Mangel läßt sich jedoch leicht mit Sepiaschalen und Futterkalk beheben. Auch Eierschalen, die zur Keimabtötung zuvor erhitzt wurden, Garnelenschrot und Mauersteine können verwendet werden.

Separate Beigaben von Grit, einer Mischung aus zerstoßenen Muschelschalen, Rot- und Kalkstein und verschiedenen anderen Bestandteilen, tragen optimal zur Versorgung des Vogels mit Mineralien bei und liefern zugleich, ähnlich dem Sand auf dem Käfigboden, die Steinchen für den Muskelmagen, die nötig sind, um die aufgenommenen Körner zu zerreiben.

Trinkwasser

Die meisten *Agapornis*-Arten benötigen vergleichsweise viel Trinkwasser, das täglich frisch gegeben werden sollte. Normalerweise genügt Leitungswasser, das man bereits am Vorabend in einen sauberen Behälter füllt und bis zum Morgen abstehen läßt. Kann das Wasser, etwa zur Urlaubszeit, einmal nicht täglich gewechselt werden, verhindert 1%ige Blautinktur (2 Tropfen Methylen blau pro Liter) die schnelle Verkeimung des Trinkwassers.

Auch natriumarmes Mineralwasser kann gegeben werden, doch darf es keine Kohlensäure enthalten. Eine zusätzliche Vitamin- und Mineralstoffzufuhr läßt sich auch über die Beigabe von wasserlöslichen Vitaminpräparaten, Traubenzucker, Honig oder Obstessig erreichen.

Stellt man zusätzliche flache Wasserschalen auf, um dem ausgeprägten Badebedürfnis von Agaporniden Rechnung zu tragen, wird in aller Regel auch davon getrunken. Deshalb muß man darauf achten, daß die Schalen nicht unter Sitzstangen stehen, weil sie sonst zwangsläufig vom Kot der Vögel verunreinigt würden.

Verhalten und Zucht

Der begeisterte Agaporniden-Halter beobachtet seine kleinen Papageien oft stundenlang und kennt ihr Verhalten bald so gut, daß ihm Veränderungen im Wesen seiner Schützlinge sofort auffallen. Er erkennt sehr schnell, wenn seine Unzertrennlichen sich etwa nicht wohlfühlen oder plötzlich Brutbereitschaft signalisieren. Nur wenige Verhaltensmuster sind angelernt, zum Beispiel das Rütteln des zahmen Vogels am Gitter, wenn er herauswill oder wenn er auf seine leere Futterschale aufmerksam macht, fast alle Verrichtungen mit lebens- und arterhaltender Funktion aber sind angeboren: Nahrungsaufnahme, Flug, Ruhe und Schlaf, Gefiederpflege, soziales Verhalten, Balz, Kopulation, Nestbau, Brut, Jungenaufzucht. Entsprechend ähnlich verhalten sich deshalb die Angehörigen der Gattung *Agapornis* und mehr noch die Vögel der gleichen Art.

Nahrungsaufnahme

Ein Fixpunkt im Tagesablauf eines Vogels ist die tägliche Fütterung, die schon deshalb möglichst immer zur gleichen Zeit erfolgen sollte. Besonders zutrauliche Vögel werden kaum abwarten, bis der Pfleger die Hand vom Futternapf nimmt, meist aber beobachten sie zunächst im Hintergrund, bis eine ausreichende Distanz erreicht scheint. Die Nahrungsaufnahme erfolgt schnell und zielstrebig, wobei ständig nach allen Seiten gesichert wird.
Die Samenkörner werden mit den Kanten von Ober- und Unterschnabel gefaßt und unter Zuhilfenahme der dicken, aber ausgesprochen beweglichen Zunge gedreht, bis sie am geschicktesten zu enthülsen sind. Dabei entwickeln Unzertrennliche eine erstaunliche Schnelligkeit. Manche Paare sortieren ihr Mischfutter sehr sorgfältig und picken sich die Leckerbissen heraus, während der Rest am Käfigboden landet. Man sollte dann aber nicht ständig nachfüllen, da die Ernährung rasch zu einseitig würde, sondern den Vogel dazu bringen, seinen Hunger auch mit den zuvor verschmähten Saaten zu stillen.
Für die Wasseraufnahme taucht ein Papagei den Unterschnabel ins Wasser und nimmt die Flüssigkeit mit ruckartigen Bewegungen der Zunge auf. Oft wird in dem frischen Wasser gleich noch ausgiebig gebadet.

Gefiederpflege

Steht nur das Wasser im Trinkröhrchen zur Verfügung, werden zumindest Kopf-, Brust- und Bauchgefieder befeuchtet, gibt man dem Vogel aber die Möglichkeit, in einer flachen Schale zu baden, hält er sich am Rand fest und steigt später nicht selten mit beiden Füßen hinein, um richtiggehend darin zu plantschen. Dabei sträubt er die Federn, bewegt den Oberkörper knapp unter der Oberfläche hin und her und schlägt schließlich sogar mit den Schwingen ins Wasser. Völlig durchnäßt fliegt er auf die Stange und beginnt, sich zu putzen.

Zunächst wird der Schnabel an der Sitzstange oder am Gitter gerieben, wie er übrigens auch nach jeder Nahrungsaufnahme gereinigt wird, und dann macht sich der Vogel an die Gefiederpflege. Er schüttelt sich mehrmals, sträubt das Gefieder, streckt sich dabei und zieht dann eine Feder nach der anderen durch den Schnabel, um sie zu glätten. Dabei berührt der Vogel mit dem Schnabel häufig die Bürzeldrüse, um die Federn noch mit dem Bürzelsekret einzufetten. Dann wendet sich der Agapornide den Läufen, Füßen, Zehen und Krallen zu. Immer wieder beschäftigt er sich auch mit dem Fußring, der stets als Fremdkörper betrachtet wird. Ist der ganze Körper gepflegt, wird nochmals kurz der Schnabel am Ast gerieben und eine Runde im Käfig geflogen, ehe es offenbar Zeit ist zu ruhen.

Ruhe- und Schlafstellung

Wenn der Vogel ruht, steckt er meist den Kopf ins Rückengefieder und zieht nach einiger Zeit einen Fuß ein, so daß er nur noch mit einem Bein auf der Stange sitzt. Die Augen sind zumindest ein wenig geöffnet, und oft werden Unter- und Oberschnabel gegeneinander gerieben, so daß ein knarrendes Geräusch entsteht.
Befinden sich mehrere Vögel in einem Käfig oder einer Voliere, nehmen sie in der Regel stets die gleichen Plätze zum Ruhen und Schlafen ein, wobei diese gelegentlich in Rangordnungskämpfen verteidigt werden müssen. Vor allem Paare lassen sich ihren gewohnten Platz kaum streitig machen und verschaffen sich Respekt, indem sie alle Vögel wegbeißen, die sich nähern.
Die beschriebene Stellung nimmt ein Agapornide auch zum Schlafen ein, seine Reaktionszeiten sind dann aber deutlich verzögert. Manche Orangeköpfchen hängen sich mit dem Kopf nach unten an den Draht oder an einen Ast. Doch wie alle Unzertrennlichen ziehen sie sich nach der Dämmerung am liebsten in einen Schlafkasten zurück. Ist die Ruhe- oder Schlafphase beendet, sträubt der Vogel zunächst sein Gefieder, schüttelt sich, streckt sich und breitet mehrfach erst den einen, dann den anderen Flügel über dem gleichfalls gestreckten Lauf aus. Dann erst wird ein kurzer Flug gestartet, in der Regel gleich zum Futterplatz.

Flug

Alle Agaporniden sind schnelle und geschickte Flieger, die sehr gut in der Lage sind, Hindernissen auszuweichen und den ansonsten geradlinigen Flug unvermittelt zu ändern, was man vor allem zu spüren bekommt, wenn man den Vogel mit einem Netz zu fangen versucht. Frisch ausgeflogene Jungvögel sind da zunächst noch weniger geschickt, doch sobald sie selbständig sind, stehen ihre Flugkünste denen der Eltern kaum noch nach. Vor ungesicherten Fensterscheiben muß man sie allerdings immer bewahren, da sie sonst dagegenfliegen könnten.

Soziales Verhalten

Aggression

Auseinandersetzungen um die Rangordnung bestimmen von Anfang an das Verhalten im Schwarm, und manchmal kann man besonders schwache Tiere nur retten, indem man sie aus der Voliere entfernt. Bei jüngeren Vögeln geht es dabei in erster Linie um die Verteidigung des Schlafplatzes oder um den Zugang zum Futternapf.

Die "Kampfhähne" - fast immer sind das allerdings Hennen - stehen sich zunächst Brust an Brust auf der Sitzstange oder am Futterbrett gegenüber, die Flügel etwas abgespreizt. Der Körper ist gestreckt und aufrecht, um möglichst groß zu erscheinen. Mit leicht geöffneten Schnäbeln beobachten sie sich aufmerksam und führen den einen oder anderen Hieb auf den Schnabel des Gegners aus, den der aber meist mühelos abwehrt. Solche Kampfhandlungen enden fast immer damit, daß einer der beiden Gegner sich zurückzieht.

Sowohl in der Partnerbeziehung wie in der Gruppe sind die - in der Regel auch körperlich kräftigeren - Weibchen dominant. Streitigkeiten mit dem eigenen, zumal dem selbstgewählten Partner sind zwar an der Tagesordnung, jedoch selten anhaltend und schnell wieder beigelegt. Eventuelle Rivalinnen um die Gunst eines Männchens werden dagegen mit Nachdruck in die Schranken verwiesen. Meist genügen die bereits beschriebenen Drohgebährden und eher harmlose Angriffe auf die Zehen, doch mit zunehmendem Alter werden die Bisse heftiger, und es kann durchaus Blut fließen. Einige Weibchen erweisen sich hier, vor allem während der Brutzeit, als besonders aggressiv. Sie begnügen sich nicht damit, ihre Position behauptet zu haben, wenn der Gegner das Weite sucht, sondern stürzen sich buchstäblich auf den verwundeten Vogel. Ohne jede Beißhemmung versuchen sie, die Rivalin durch Schnabelhiebe auf den Kopf endgültig auszuschalten.

Nicht immer sitzen Agaporniden so friedlich nebeneinander wie diese sechs Schwarzköpfchen (von links: kobalt, mauve, weißblau, lutino, pastellgelb, wildfarben)

Bei Volierenhaltung ist es deshalb an der Tagesordnung, daß einzelnen Agaporniden Krallen und Zehen fehlen und schlimme Bißwunden vor allem nahe der Schnabelwurzel den Vogel entstellen. Verluste sind meist dann zu beklagen, wenn mehr Weibchen als Männchen beieinander untergebracht sind.

Auch ernstlich kranken Artgenossen gegenüber erscheint das Verhalten von Schwarmvögeln grausam, denn nicht selten jagen sie den schwachen, verteidigungsunfähigen Vogel zu Tode und machen sich gar in einem Anflug von Kannibalismus vor allem über seinen Kopf her.

Paarbildung

Auf die ansonsten so liebenswürdige Art der Unzertrennlichen wurde bereits mehrfach eingegangen, doch beschränkt sich ihre Zuneigung auf den umworbenen oder den bereits angepaarten Partner. Junge Agaporniden, die im Schwarm gehalten werden, beginnen schon lange vor der Geschlechtsreife, sich einen Partner zu suchen.

Instinktiv finden Männchen und Weibchen zusammen, doch wenn die Verpaarung mit einem Partner des anderen Geschlechts nicht möglich ist, schließen sich auch gleichgeschlechtliche Agaporniden zusammen, wobei zwei Männchen stets besser harmonieren als zwei Weibchen.

Für die Zucht am vielversprechendsten sind Paare, die sich innerhalb von wenigen Tagen gefunden haben. Gerade solche Bindungen erweisen sich als erstaunlich stabil. Der enge soziale Kontakt, den diese Vögel eingehen, erstreckt sich auf alle Lebensbereiche. Ein gut harmonierendes Paar macht fast alles gemeinsam: sie fliegen zusammen zum Futter- und Wassernapf, sie baden gleichzeitig, sie nagen an denselben Zweigen und Ästen, sie schlafen eng aneinandergeschmiegt. Immer wieder schnäbeln sie, kraulen sich gegenseitig am Kopf und beteiligen sich an der Gefiederpflege des Partners. Schließlich füttert das Männchen sein Weibchen, indem es Körner aus dem Kropf hochwürgt und an die Partnerin weitergibt.

Wo das Interesse am andersgeschlechtlichen Vogel zunächst einseitig ist, wird das Angebot des Partnerfütterns auch als Lockmittel verwendet, was nicht selten zu dem gewünschten Erfolg führt. Umgekehrt bekundet ein Weibchen ihr Interesse an einem weniger zugänglichen Männchen, indem es ihn zur Kopulation auffordern: es duckt sich auf dem Ast, legt den Kopf zurück, breitet die Flügel aus und stellt die Schwanzfedern in die Höhe. Beide Angebote sind hier allerdings eher symbolisch zu verstehen und versuchen lediglich, eine Beziehung anzubahnen, die im Idealfall dann tatsächlich zur Fortpflanzung führt.

Balz, Paarung und Nestbau

Mit Eintritt der Geschlechtsreife sind gegenseitige Gefiederpflege und Partnerfüttern häufiger zu beobachten und verlieren ganz offensichtlich ihren Spielcharakter. Sie werden zum Teil des Balzverhaltens, mit dem die Kopulation eingeleitet wird.

Der Hahn wird zunehmend nervöser, achtet kaum noch auf das, was um ihn herum geschieht, folgt dem Weibchen, wohin es auch fliegt, und trippelt unruhig auf der Stange hin und her. Erregt und hektisch kratzt er sich immer wieder mit den Zehen am Kopf, wobei er den Fuß hinter dem etwas abgespreizten Flügel nach oben führt. Die ganze Zeit würgt er Futter aus dem Kropf hoch, schiebt es sichtbar im Schnabel herum und schluckt es wieder hinunter oder versucht, die Henne zu füttern. Immer wieder fliegt er den Futternapf und das Trinkgefäß an und nimmt hastig neue Nahrung auf. Die Henne scheint vor diesem aufdringlichen Gehabe zunächst etwas zurückzuweichen, doch schließlich nimmt sie die Werbung an, indem sie sich auf der Stange duckt und mit zurückgelegtem Kopf füttern läßt. Sie stößt eigenartige Laute aus und wippt dabei mit dem Schwanz. Ist die Henne zur Paarung bereit, breitet sie die Flügel aus und legt die Kloake frei, indem sie das Schwanzgefieder aufstellt.

Zur Kopulation steigt der Hahn von der Seite auf den Rücken der Henne, wo er sich mit Zehen und Krallen festhält. Er drückt seinen Schwanz nach unten und preßt so die eigene Kloake gegen die des Weibchens. Die rhythmischen Bewegungen des Tretakts werden des öfteren dadurch unterbrochen, daß der Hahn die Seite wechselt, von der aus er seine Geschlechtsöffnung an die des Weibchens bringt. Wie fast alle Vögel haben Agaporniden keinen Penis, und die Samenübergabe erfolgt duch das Reiben der Kloaken aneinander. Dabei bemüht sich die Henne sehr, die Balance zu halten, um so eine Befruchtung zu ermöglichen. Der Tretakt dauert mehrere Minuten und wird kurz vor und während der Zeit der Eiablage mehrmals am Tag wiederholt. Ist es zum Samenerguß gekommen, hält der Hahn kurz inne und steigt dann ein wenig erschöpft ab, während die Henne noch in der Kopulationsstellung verharrt. Dann widmen sich beide der Gefiederpflege.

Im Gegensatz zu den übrigen *Agapornis*-Arten, bei denen der Geschlechtsakt nahezu lautlos vollzogen wird, lassen die Weibchen der Taranta-Unzertrennlichen dabei leise Töne hören, wie sie auch bei der Balz tackernde Geräusche von sich geben und mit den Flügeln schlagen.

Während der zwei, drei Wochen vor der Eiablage, in denen das Balzverhalten seinen Höhepunkt erreicht, ist das Weibchen auch intensiv mit der Auspolsterung der Nisthöhle beschäftigt. Die Männchen beteiligen sich nicht an dieser Arbeit. Die Arten mit Geschlechtsdimorphismus (*A. canus, A. taranta, A. pullarius*) tragen im Bürzel- und Kleingefieder lediglich eine dünne Schicht aus zerkleinerten Ästen und Zweigen ein. Rosenköpfchen, die sich der gleichen Transportmethode bedienen, sorgen für eine mehrere Zentimeter dicke Unterlage, auf der sie ein becherförmiges Nest mit einer seitlichen Stabilisierungswand formen. Unzertrennliche mit Augenringen, die weit groberes Material verwenden können, weil sie es mit dem Schnabel eintragen, bauen dagegen kunstvoll überdachte Nester, meist noch mit einer Vorkammer. Dafür verarbeiten sie eine Menge Nistmaterial, für das frische Zweige von Weiden und anderen weichen Hölzern bevorzugt werden, deren Rinde sie abschälen.

Eiablage und Brut

Die erste Eiablage kündigt sich bereits einige Tage zuvor an, denn der Unterleib des Weibchens wird sichtlich dicker, und es wird mehr Zeit im Nistkasten verbracht. Im Abstand von zwei Tagen werden durchschnittlich fünf Eier gelegt, wobei das letzte oft erst nach drei Tagen folgt. Ist das Gelege entschieden größer, liegt der Verdacht nahe, daß zwei Weibchen den Nistkasten belegt haben und die Eier folglich unbefruchtet sind. Doch in Ausnahmefällen können schon einmal zehn befruchtete Eier

Gelege eines Rosenköpfchens (von oben)

Foto: Ochs

gelegt werden, die selbstverständlich nicht alle zum Schlupf kommen, schließlich liegen fast drei Wochen zwischen dem ersten und dem letzten Ei.

Nur wenige Agaporniden - Gra</u>köpfchen und Erdbeerköpfchen gehören oft dazu - beginnen die Brut mit der ersten Eiablage, einige sitzen bereits einen Tag später fest, die meisten aber brüten ab dem zweiten Ei. Manche Taranta-Unzertrennliche warten auch länger. Die Brut ist allein Sache des Weibchens, das nur noch sporadisch vom Gelege aufsteht, um sich zu entleeren oder eventuell noch frische Zweige ins Nest einzuarbeiten. Gefüttert wird es vom Männchen, das einen großen Teil des Tages vor dem Nesteingang Wache hält. Zumindest die Nacht verbringt es aber meist ebenfalls im Kasten.

Je nach Art müssen die Eier 21 - 25 Tage bebrütet werden, ehe die Jungen schlüpfen. Vor dem Schlupf baden die Weibchen öfter, wohl um zusätzliche Luftfeuchtigkeit ins Nest zu bringen. In dieser Zeit wird auch vermehrt Aufzuchtfutter aufgenommen.

Schlupf und Jungenaufzucht

Zwei Tage vor dem Schlupf kann das geübte Auge feststellen, daß die Eischale an einer

Zwei frisch geschlüpfte Schwarzköpfchen (von oben)

Foto: Ochs

ner Stelle etwas unterhalb der Mitte feine Sprünge aufweist. Am folgenden Tag ist dort ein winziges Loch entstanden, und man vernimmt bereits das Piepsen des Jungvogels, der sich im Ei dreht und die Schale mit seinem Eizahn bearbeitet, bis er sie schließlich gesprengt hat. Gelegentlich hilft die Mutter dabei auch vorsichtig nach. Das Ei bricht in zwei Hälften auseinander, und das Junge liegt zunächst erschöpft und mit nassen Dunen im Kasten. Sobald es getrocknet und erholt ist, beginnt es schon, um Futter zu betteln und den Schnabel zu sperren. Manche Weibchen lassen sich bis zur Anfütterung Zeit, doch hält die Nahrung im Dottersack, der in den letzten Stunden vor dem Schlupf eingezogen wurde, den jungen Agaporniden zumindest zwölf Stunden am Leben. Dem Beginn der Brut entsprechend schlüpfen zuerst meist zwei Junge und dann im Abstand von jeweils zwei Tagen die anderen.

Zunächst werden die Jungen nur von der Mutter gefüttert, die zumindest die ersten zehn Tage noch fest im Kasten bleibt und hudert. Das Kropffutter, das sie an die Nestlinge weitergibt, ist bereits zweifach vorverdaut und mit Schleim angereichert, denn sie selbst hatte es ja auch aus dem Kropf des Partners bekommen. Erst wenn die Jungen 14 Tage alt sind, füttert das Männchen sie auch direkt.

Die Augen sind zunächst geschlossen und öffnen sich erst mit 11 - 15 Tagen. Etwa zur gleichen Zeit fällt der Eizahn ab.

Beim Schlupf ist vor allem der Rücken mit langen flauschigen Dunen bedeckt, am Kopf fehlen sie. Bei Grauköpfchen sind diese Erstlingsdunen weiß, während sie bei den wildfarbenen Vögeln der anderen Arten rosa sind und weißer Flaum Mutationen der Blau-Reihe kennzeichnet. Im Alter von etwa zehn Tagen schiebt ein zweiter, dichterer Flaum nach, der die Jungen wärmt, wenn sie nicht mehr von der Mutter gehudert werden. Dieser Flaum ist dunkelgrau, bei den Gelb-Mutationen aber hell. Aus den Keimen der Erstlingsdunen brechen bald darauf Blutkiele durch die Oberhaut, aus denen sich an den Flügeldecken des 16 Tage alten Nestlings die ersten Federspitzen

Foto: Ochs

Fünf junge Rosenköpfchen der Australisch-Zimt-Mutation mit einem Altersunterschied von zwei Wochen: Während die beiden ältesten schon fast ausfliegen, ist der jüngste noch gar nicht recht befiedert.

zeigen. Mit 30 Tagen sind junge Agaporniden voll befiedert, wenngleich der Verhornungsprozeß erst mit 45 - 50 Tagen abgeschlossen ist.

Im Alter von etwa fünf Wochen, bei Taranta-Unzertrennlichen deutlich später, beginnen die Jungvögel, ihre Umgebung vom Einflugloch aus zu beobachten und erste Flugversuche zu starten. Dabei werden sie stets von einem Elternteil begleitet, der ihnen in Notlagen zu Hilfe kommt und den Weg zurück ins Nest zeigt. Während sie in den ersten Tagen noch unbeholfen wirken, vor allem wenn Hindernisse im Weg stehen, fliegen sie schon bald erstaunlich geschickt. Ist diese Sicherheit einmal erreicht, kehren sie nur noch selten in den Nistkasten zurück, wofür oft auch die Eltern sorgen. Die ausgeflogenen Jungen werden buchstäblich vom Nesteingang weggejagt und schmerzhaft, wenn auch unblutig, in die Zehen gebissen, wenn sie es doch wagen, das Verbot zu mißachten. Denn nicht selten beginnt das Weibchen dann bereits die nächste Brut und möchte verhindern, daß die schreckhaften und ungestümen Jungen die neuen Eier zertreten.

Zwei bis drei Wochen nach dem Ausfliegen ist es ohnehin ratsam die Jungvögel von den Eltern zu trennen, denn dann - mit gut 7 Wochen - sind sie bereits selbständig und futterfest. Ist man sich dessen allerdings nicht sicher, muß man sich unbedingt vergewissern, ob die jungen Vögel tatsächlich selbst fressen, worüber ein paar Hirsekolben, die man am besten auf Höhe der Sitzstangen anbringt, schnell Aufschluß geben können.

Die Futtermischung der jungen Agaporniden sollte bis zur Jugendmauser nur wenig ölhaltige Samen enthalten, auch Keim-, Ei- und Weichfutter ist eher zu meiden, und auf Grünfutter sollte ganz verzichtet werden.

Alter

Agaporniden in Gefangenschaft haben im allgemeinen ein höhere Lebenserwartung als in freier Natur: sie sind kaum Gefahren ausgesetzt, müssen nicht mit Katastrophen rechnen und werden in der Regel optimal versorgt. So sind 12 - 15 Jahre alte Unzertrennliche keine Seltenheit. Für die Zucht sind sie kaum so lang zu verwenden, doch haben wir mit den Männchen fast aller *Agapornis*-Arten die Erfahrung gemacht, daß sie - mit Ausnahme von Rußköpfchen - noch zehnjährig für befruchtete Gelege sorgen können. Weibchen dagegen, die älter als sechs Jahre sind, ziehen nur mehr unregelmäßig und unzuverlässig Junge groß.

Zucht

Es versteht sich von selbst, daß es nur dem Züchter vergönnt ist, die ganze Palette der Verhaltensmuster im Leben von Agaporniden kennenzulernen. Und so gibt es kaum einen Halter, der nicht mit dem Gedanken spielt, sein Pärchen einmal brüten zu lassen. Allerdings ist jede nicht genehmigte Zucht von Sittichen und Papageien gesetzwidrig, und der Züchter muß zusätzlich zur Befolgung der bereits erwähnten Haltevorschriften einige Auflagen erfüllen, wenn er nicht in Konflikt mit den Behörden kommen will.

Gesetzliche Bestimmungen

Jede Papageienzucht, und damit auch die Nachzucht von Agaporniden, ist genehmigungspflichtig (§ 61d Tierseuchengesetz). Eine solche **Zuchtgenehmigung** muß bei der zuständigen Unteren Naturschutzbehörde im Landratsamt, bei der Stadt oder der Oberkreisdirektion schriftlich beantragt werden. Von dort wird der Besuch des Amtstierarztes veranlaßt, der sich vergewissern muß, ob der künftige Züchter über die erforderliche Zuverlässigkeit und ausreichendes Fachwissen verfügt und ob eine entsprechende Zuchtanlage in geeigneten Räumen vorhanden ist oder beantragt wurde. Eine Zucht in Wohn- oder Schlafräumen wird sicher nicht genehmigt, auch ist ein möglicher Quarantäneraum nachzuweisen. Sind diese Voraussetzungen erfüllt, wird gegen eine nicht unerhebliche Gebühr die Erlaubnis zur Zucht und zum Handel mit Papageien erteilt.

Damit verbunden ist allerdings die Pflicht, gemäß § 4 der Psittakose-Verordnung von 1975 ein amtliches **Nachweisbuch** zu führen, in dem alle Veränderungen im Bestand täglich festgehalten werden: Art und Ringnummer von erworbenen und nachgezogenen Vögeln, Herkunftsnachweis bzw. Datum der Beringung, Abgangsdatum und gegebenenfalls den Empfänger der Tiere und vor allem Angaben über eventuelle Behandlungen gegen Psittakose. Dieses Buch muß gebunden sein und fortlaufende Seiten haben; Eintragungen dürfen nachträglich nicht verändert werden.

In vielen Bundesländern ist der Züchter sogar zu doppelter Buchführung gezwungen, denn er muß ja auch noch in regelmäßigen Abständen die bereits erwähnten Bestandsmeldungen (nach § 10, Abs. 3 BArtSchV) bei der zuständigen Behörde vorlegen.

Die Psittakose-Verordnung schreibt außerdem vor, daß Nachzuchttiere, wie alle Papageien, mit amtlichen Fußringen zu versehen sind. Für die **Beringung** können zumindest gegenwärtig noch die anerkannten offenen Ringe verwendet werden, die gegen Vorlage der Zuchtgenehmigung über die *Wirtschaftsgemeinschaft Zoologischer Fachbetriebe Deutschlands* (Rheinstr. 35, 63225 Langen) zu beziehen sind. Doch ist die Mindestabnahmemenge auf 50 Ringe einer Größe festgelegt, und viele Züchter kaufen nur ungern Vögel, deren Alter sich nicht zweifelsfrei feststellen läßt.

Insofern muß dringend zu geschlossenen Ringen geraten werden, die über die Mitgliedschaft in einem der großen Zuchtverbände, wie die *Vereinigung für Artenschutz, Vogelhaltung und Vogelzucht* (AZ, Postfach 1168, 71501 Backnang) zu erhalten sind. Auf diesen Ringen, die man in der vorgeschriebenen Größe nur Nestlingen im Alter von 10 - 18 Tagen, nicht aber ausgewachsenen Vögeln überziehen kann, ist neben der Mitgliedsnummer und einer laufenden Nummer die Jahreszahl eingeprägt, so daß damit sowohl die Herkunft des Vogels als auch sein Alter dauerhaft dokumentiert werden. Eine Weitergabe von Ringen an andere, womöglich gar illegale Züchter ist streng untersagt.

Für die *Agapornis*-Arten gelten neuerdings folgende Ringgrößen als verbindlich:

    3,8 mm *A. canus*
    4,0 mm *A. pullarius, A. p. lilianae, A. p. nigrigenis*
    4,5 mm *A. p. personatus, A. p. fischeri, A. roseicollis, A. taranta*

EUROPÄISCHE GEMEINSCHAFT

1 Inhaber	
Dr. Gottlieb Gaiser Haferfeldstr. 50 86405 Meitingen	**CITES** **BESCHEINIGUNG**

2 Nummer 362/94 **ORIGINAL**

3 AUSSTELLENDE BEHÖRDE
Landratsamt Augsburg
- Untere Naturschutzbehörde -
Prinzregentenplatz 4
86150 Augsburg

4 Vollständige Beschreibung der Waren (Geschlecht, Alter, Kennzeichen, usw.)	5 Ursprungsland und Genehmigungsnr.	6 Eigengewicht (kg)	7 Menge
Taranta-Unzertrennlicher, Nachzucht Ring-Nr. 25046-076/94	BRD	--	1
	8 Datum des Erwerbs 1994	9 Anhang Nr. WA II C2	10 Herkunft (*) C
11 Wissenschaftliche Bezeichnung Agapornis Taranta	12 Übliche Bezeichnung Bergpapagei		

13 HIERMIT WIRD BESCHEINIGT, DASS DIE VORGENANNTEN EXEMPLARE

☐ vor Inkrafttreten der Verordnung (EWG) Nr. 3626/82, aber gemäß den Bestimmungen des Übereinkommens in den Geltungsbereich der genannten Verordnung verbracht wurden.

☐ gemäß der Verordnung (EWG) Nr. 3626/82 in die Gemeinschaft verbracht wurden.

☐ erworben wurden, ehe das Übereinkommen darauf in .... (Mitgliedstaat) anwendbar war.

☒ in Gefangenschaft geboren und aufgezogen wurden oder Teile solcher Tiere sind oder daraus erzeugt wurden.

☐ künstlich vermehrt wurden oder Teile solcher Pflanzen sind oder daraus erzeugt wurden.

☐ aufgrund des geltenden Rechts der Natur entnommen wurden.

☐ mit Zustimmung der zuständigen Behörden der Natur entnommen wurden.

Augsburg, den 06. OKT. 1994
Landratsamt Augsburg
i. A.
Keil
Reg. Insp.'in z. A.

Bestell-Nr. 262

WILHELM KÖHLER VERLAG

CITES-Bescheinigung für einen Taranta-Unzertrennlichen

Für den Züchter von Rosen-, Schwarz-, Ruß- und Pfirsichköpfchen ist mit der Verwendung von geschlossenen Fußringen eine Befreiung von der CITES-Pflicht verbunden, während für Orangeköpfchen, Grauköpfchen, Taranta-Unzertrennliche und Erdbeerköpfchen ebenso wie für alle offen beringten Agaporniden - auch die der häufiger gezogenen Arten - die Ausstellung eines solchen Dokuments mit der Beringung der Tiere beantragt werden muß. Da die ohnehin überlasteten Mitarbeiter in den Unteren Naturschutzbehörden in der Regel dankbar sind, wenn der Züchter die Formulare selbst ausfüllt und dem Amt nur noch zur Bestätigung vorlegt, ist hier ein Muster wiedergegeben, das beim Ausfüllen eigener Formulare hilfreich sein sollte. Die Dokumenten-Nummer (2) wird selbstverständlich von der Behörde vergeben.

Zuchtziel

Wie in der Wellensittichzucht liegen die Ziele der einzelnen Züchter oft weit auseinander. So wie dort der eine Hansi-Bubi-Vögel produziert, um die örtlichen Zoohandlungen damit zu versorgen, der andere aber versucht, das Ideal des Standards zu erreichen, um bei Ausstellungen den Sieg davonzutragen, ist es auch in der Agapornidenzucht sinnvoll, zwischen einer wenig ambitionierten **Vermehrungszucht** und einer **Farb- bzw. Schauzucht** zu unterscheiden.

In der Vermehrungszucht geht es in erster Linie darum, von den vorhandenen Zuchtpaaren möglichst viele Nachkommen zu erhalten, wobei die Qualität der Jungvögel von sekundärer Bedeutung ist. An dieser Zielsetzung orientieren sich zwangsläufig zunächst alle Züchter von selten gehaltenen oder gar vom Aussterben bedrohten Arten, die nicht mehr oder nur noch selten importiert werden. Die Erhaltung und Festigung einer Art oder Unterart in Züchterhand hat hier absolute Priorität und ist bei

Agaporniden gegenwärtig noch immer bei Grauköpfchen, Taranta-Unzertrennlichen, Ruß- und Erdbeerköpfchen, vor allem aber bei Orangeköpfchen angesagt.

Ist eine Art erst einmal etabliert und wird sie in ausreichender Stückzahl nachgezogen, wird eine Verschiebung der Interessen legitim. Dann kann man sich nämlich daranmachen, den charakteristischen Merkmalen einer Art besondere Aufmerksamkeit zu widmen, eine Idealvorstellung bezüglich Typ und Größe zu entwickeln und somit das Zuchtziel neu zu definieren.

Bei dem Versuch, diesem Ziel möglichst nahezukommen, können Zufallsverpaarungen nicht weiterhelfen, auch die Gemeinschaftszucht in Volieren birgt zu viele Unsicherheitsfaktoren. Planmäßig führt nur die konsequente Auswahl der geeignetsten Vögel und die Zucht in Einzelpaarhaltung zu den angestrebten Ergebnissen, zumal in der Mutationszucht. Denn nur so läßt sich die Abstammung eines Vogels zweifelsfrei zurückverfolgen und eventuelle Spalterbigkeit garantieren.

Es wäre zwar denkbar, das vorgeschriebene amtliche Nachweisbuch so anzulegen, daß man darin auch Angaben über Abstammung, Genotyp und Zuchterfolge aller Vögel im Bestand aufnehmen kann, doch es empfiehlt sich hier eine separate Buchführung, ob nun handschriftlich oder mit dem Computer.

Ein Zuchtregister zu jedem einzelnen Zuchtpaar ist sehr aufschluß- und hilfreich, denn es ermöglicht eine Übersicht über sämtlich Bruten und die Nachzuchtergebnisse auch der vergangenen Jahre. Denn es sollte nicht nur die wichtigsten Daten zu den Elterntieren liefern, sondern auch zu den einzelnen Bruten: Wird jedes Ei eingetragen, läßt sich auch festhalten, wie viele befruchtet waren und wie viele Junge letztlich geschlüpft sind. Ein solches Blatt könnte folgendermaßen aufgebaut sein:

Art		**Zuchtjahr** Voliere/Zuchtbox	
1,0		0,1	
Farbe:		Farbe:	
Ring-Nr.		Ring-Nr.	
Herkunft:		Herkunft:	
Eltern:		Eltern:	
umgepaart von/an		umgepaart von/an:	
Gelege/Eiablage	**Schlupf**	**Ring-Nr.**	**Farbe**

Zeitraubender, aber nicht weniger nützlich ist die Erfassung der im Zuchtregister vorgesehenen Angaben für jeden einzelnen Vogel auf vorgefertigten Stammkarten, was den Vorteil hat, daß so auch alle Jungvögel einen separaten Abstammungsnachweis besitzen. Dafür genügen Karteikarten der Größe DIN A6 oder DIN A7, die beidseitig beschrieben werden können.

Bei Agaporniden selten praktiziert, aber sicher auch hier am sinnvollsten ist eine **Linienzucht**, wie sie bei Wellensittichen und Kanarien gang und gäbe ist. Dabei handelt es sich um eine weitläufige, aber kontrollierte Form der Inzucht, durch die bestimmte erwünschte Eigenschaften gefestigt werden sollen (vgl. VINS 1993). Die Ausgangsvögel werden ihrem Phänotyp nach ausgewählt, der dem Ideal bereits möglichst nahekommen muß. Nur wenn die Nachkommen den Eltern gegenüber keinen Rückschritt darstellen, ist eine Rückverpaarung an den Vater oder die Mutter sinnvoll, denn nicht nur positive Eigenschaften werden durch Inzucht verstärkt, sondern auch negative. Häufiges Umpaaren ist nicht immer problemlos, da die Paarbindung bei Unzertrennlichen doch bedeutend stärker ist als etwa bei Wellensittichen oder gar bei Kanarien. So lassen die meisten Agaporidenzüchter ihre erfolgreichen Paare beisammen und beginnen mit der eigentlichen Linienzucht erst auf der Ebene von Cousins und Cousinen. Stets aber dürfen nur die besten Vögel - auch hinsichtlich nicht augenfälliger Merkmale, wie Vitalität oder Brutverhalten - Weiterverwendung finden, die übrigen würden den einmal erreichten Stand nur wieder gefährden. Bis zum idealtypischen Vogel aber ist es ein weiter Weg, und viele geben bereits vorzeitig auf.

Neben der Farb- und Schauzucht hat selbstverständlich auch bei den häufig anzutreffenden *Agapornis*-Arten - Rosenköpfchen, Schwarz- und Pfirsichköpfchen - die Vermehrungszucht ihre Berechtigung, wie sie ohnehin von einem Großteil der Züchter praktiziert wird. Mit ihrer Nachzucht wird vor allem der Bedarf von Zoohandlungen und Privatleuten gedeckt. An solche Vögel darf man nicht die Idealvorstellungen bezüglich Farbausprägung und Größe anlegen, aber auch weniger imposante und schlechter gezeichnete Vögel können liebe Hausgenossen sein, die dem Tierliebhaber viel Freude bereiten. Der Züchter sollte die eigene Nachzucht allerdings auch bei dieser Zielsetzung nicht unkontrolliert in den Bestand integrieren und zur Weiterzucht verwenden, da nur allzu rasch die Gefahr der Inzuchtdepression besteht. Denn wenn vorwiegend schlechte Eigenschaften durch Inzucht verstärkt werden, kann es innerhalb weniger Jahre passieren, daß aus einem zuvor vitalen und brutfreudigen Stamm plötzlich kaum noch lebensfähige Jungvögel hervorgehen.

Zuchtvorbereitungen

Während Agaporniden in freier Natur Saisonbrüter sind, die das reiche Nahrungsangebot der Regenzeit zu nutzen verstehen, zeigen sie in geheizten Innenräumen das ganze Jahr über Bereitschaft zur Brut. Viele Züchter ziehen deshalb zu jeder Jahreszeit Junge groß und treiben nicht selten Raubbau an den Zuchttieren, indem sie auch eine vierte und fünfte Brut nicht verhindern. Daß darunter die Qualität und Vitalität der Nachzuchtvögel leidet, versteht sich von selbst. Nur vergleichsweise wenige Weibchen legen von sich aus eine Ruhephase ein. Verantwortungsbewußte Züchter, denen am Wohl ihrer Vögel gelegen ist, verhindern eine Überforderung ihrer Zuchtpaare, indem sie nach zwei, spätestens aber drei Bruten den Nistkasten verschließen oder entfernen und eine vier- bis sechsmonatige Erholungspause einplanen.

Ein fester Rhythmus entsteht fast zwangsläufig, wenn Ausstellungen beschickt werden. Dann beginnt die Zuchtsaison nach den großen Schauen, die im November und Dezember stattfinden.

Neben den bewährten Zuchtpaaren wird man stets auch einige neue zusammenstellen wollen, um die besten Jungvögel des Vorjahrs in die Zucht zu integrieren. Zwar ist die Geschlechtsreife bereits mit vier bis sechs Monaten erreicht, doch sollten Agaporniden frühestens mit 10 Monaten zur Zucht angesetzt werden. Überläßt man die Partnerwahl nicht den Vögeln selbst, muß man ihnen lange genug vorher Gelegenheit geben, sich mit dem vorgesehenen Partner anzufreunden - oder abzufinden. Denn man kann von willkürlich zusammengestellten Paaren nicht erwarten, daß sie innerhalb von 14 Tagen befruchtete Eier legen und Junge großziehen, was wohl vorkommt, aber sicher nicht die Regel ist. Es hat sich übrigens weit besser bewährt, ein erfahrenes Männchen mit einem jungen Weibchen zu verpaaren als umgekehrt.

Geschlechtsbestimmung

Für die Zusammenstellung von neuen Paaren, aber auch für den Verkauf von Jungvögeln ist eine sichere Geschlechtsbestimmung nötig. Das ist bei den Arten mit Geschlechtsdimorphismus kein Problem, doch gerade bei den häufiger gehaltenen Arten - den Rosenköpfchen und den Unterarten der Augenring-Unzertrennlichen - sind Männchen und Weibchen äußerlich nicht zu unterscheiden.

Eine sichere Methode wäre die Endoskopie, bei der durch einen kleinen Schnitt in die Bauchdecke des Vogels ein optisches Gerät mit einer Lichtquelle, das Endoskop, in die Bauchhöhle eingeführt wird, um festzustellen, ob das Tier Hoden oder einen Eierstock besitzt. Allerdings wird dieses Verfahren bei Agaporniden kaum angewandt, was wohl an dem geringen Gewicht dieser Vögel liegt, das die Dosierung bei der Narkose zum Risiko werden läßt. Außerdem ist ein solcher Eingriff verhältnismäßig teuer.

Die Preisfrage läßt auch die Chromosomenanalyse, die Karyotopie, zur kaum praktizierten Lösung werden, obwohl sie gleichfalls verläßlich Auskunft über das Geschlecht eines Agaporniden geben könnte.

So bleiben lediglich die weniger verläßlichen, aber kostenlosen Erfahrungswerte, die das Geschlecht nach Anhaltspunkten in der Anatomie des Vogels und im geschlechtsspezifischen Verhalten zu bestimmen versuchen.

Vom Auspendeln halten wir nichts, obwohl es von einer ganzen Reihe von Züchtern praktiziert wird. Sie lassen das Pendel über dem Becken schwingen und warten dann, ob es in eine Kreisbewegung übergeht, was sie auf ein Weibchen schließen läßt, oder eine gerade Linie beschreibt, die für das Männchen charakteristisch sein soll. Nur zu oft zeigt sich hierbei, daß der Impuls für das Pendel nicht von Schwingungen des Vogels ausgeht, sondern von der Erwartung dessen, der das Pendel hält.

Bestechend erscheint die Aussicht, das Geschlecht eines Agaporniden bereits im Nest bestimmen zu können. Die Kloakenöffnung eines jungen Männchens soll die Form eines geraden Strichs haben, die des Weibchens einen Halbkreis beschreiben.

Eigene Nachprüfungen anhand dieser Kriterien waren nicht sonderlich erfolgreich, da die Kloakenform der meisten Nestlinge irgendwo zwischen den beiden idealtypischen Ausprägungen lag. Am gebräuchlichsten ist das Abtasten der **Beckenknochen**. Dafür muß man selbstverständlich den Vogel in die Hand nehmen. Am besten wartet man dann ein, zwei Minuten, bis sich der Vogel etwas beruhigt hat, sonst ist er zu verkrampft, und die Ergebnisse werden noch unzuverlässiger. Mit dem Zeigefinger der freien Hand sucht man dann die deutlich vorstehenden und leicht zu erfühlenden Beckenknochen, wie hier dargestellt. Die Beckenknochen des Weibchens liegen mehrere Millimeter auseinander, geben etwas nach und fühlen sich abgerundet an, die des Männchens stehen fast nebeneinander und wirken steil und spitz.

Aufschlußreicher ist aber meist der Augenschein, gerade im Beckenbereich, wenn man den Vogel auf die beschriebene Weise hält. Weibchen sind in der Regel massiger und schwerer - vor allem bei den Unzertrennlichen mit weißem Augenring - und wirken unterhalb des Beinansatzes viel breiter als Männchen, bei denen der **Unterleib** ohne Wölbung spitz auf den Schwanz zuläuft.

Foto: Gaiser

Geschlechtsbestimmung eines Schwarzköpfchens durch Abtasten der Beckenknochen

Auch die **Kopfform** bietet Anhaltspunkte. Der Kopf des Weibchens wirkt von vorn breiter, von der Seite gesehen flacher und zum Nacken hin ab der Stirn abfallend. Der Kopf des Männchens erscheint von der Seite gewölbter und runder. Deshalb scheint das Auge auch mehr im Zentrum des Kopfes zu sitzen. Bei den Unterarten von *Agapornis personatus* soll der Augenring bei den Weibchen ein wenig breiter ausfallen.

Der **Oberschnabel** des Weibchens wirkt kräftiger und ist am Ansatz breiter, was am besten von der Seite zu erkennen ist. Aus diesem Grund liegt die Verlängerung der Stelle, an der Ober- und Unterschnabel miteinander verbunden sind, beim Weibchen in der Regel unterhalb des Auges, bei Männchen auf Augenhöhe.

Die hier beschriebenen Merkmale lassen sich am zuverlässigsten überprüfen, wenn man den fraglichen Vogel in der einen Hand hält und in der anderen möglichst einen, dessen Geschlecht bekannt ist. Übrigens schreien die meisten Weibchen, wenn man sie herausfängt, und wenn man nicht aufpaßt, beißen sie viel eher und fester zu als Männchen. Man kann sich aber auch gewaltig täuschen; in unseren Käfigen sitzen genügend Agaporniden, mit denen man jede einzelne der hier erwähnten überlieferten Bestimmungsmethoden widerlegen könnte.

Ebensowenig kann man sich auf sekundäre Unterschiede verlassen, die nur bei kurzer Beobachtung festgestellt werden, wenngleich ihnen im allgemeinen durchaus Bedeutung zukommt.

In Ruhestellung sitzen Weibchen breitbeiniger auf der Stange und berühren diese fast mit dem Bauch. Ihr Schwanzgefieder wird gern aufgefächert, das des Männchens läuft spitz zu. Bei Annäherung verschwindet zuerst das Weibchen im Kasten, oder es geht hinter dem Partner in Deckung. Kopfkratzen ist weitgehend auf Männchen beschränkt, von denen man auch sagt, daß sie auch schneller jede Gelegenheit zur Flucht aus ihrem Käfig oder der Voliere ergreifen.

Von den sozialen Verhaltensweisen erlauben den sichersten Rückschluß auf das Geschlecht das Eintragen von Nistmaterial und das Balzverhalten. Wenngleich alle Agaporniden gern an frischen Zweigen nagen, schälen doch nur Weibchen längere Rindenstücke ab und tragen sie ins Nest. Ein Rosenköpfchen, das sich Nistmaterial ins Bürzelgefieder steckt, oder ein Schwarzköpfchen, das einen längeren Streifen durch den Schnabel wandern läßt, um ihn schließlich nahe des anderen Endes zu packen, ihn in den Wassernapf taucht und damit zielstrebig ins Nest fliegt, ist mit ziemlicher Sicherheit ein Weibchen. In der Regel fordert nur das Weibchen zur Kopulation auf, indem es die Flügel ausbreitet, und normalerweise füttert nur das Männchen.

Doch selbst hier haben wir Überraschungen erlebt: ein Schwarzköpfchenhahn, der ein uberdachtes Nest baute, zwei Rußköpfchenweibchen, die sich gegenseitig fütterten und auch sonst prächtig verstanden, kopulierende Pfirsichköpfchenhähne. Erfahrene Zuchtvögel können aber auch mögliche Partner zu diesen Verhaltensweisen auffordern, indem sie ihnen deren Rolle vorzumachen versuchen.

Zusammenfassend muß man deshalb sagen: Ganz sicher ist eine Henne erst dann eine Henne, wenn sie Eier legt, und ihr Partner ein Hahn, wenn die Eier befruchtet sind - vorausgesetzt sie werden paarweise gehalten...

Nistgelegenheiten

Entscheidender Auslöser für den Fortpflanzungstrieb ist das Angebot einer Nisthöhle, ohne die Agaporniden als Höhlenbrüter nicht zur Brut schreiten würden. Wohl werden gelegentlich - vor allem von Stubenvögeln - Eier auf dem Käfigboden abgelegt, doch uns ist keine erfolgreiche Aufzucht außerhalb eines Nistkastens bekannt.

Unzertrennliche sind bei der Wahl der Nistgelegenheit nicht wählerisch und akzeptieren sowohl enge wie geräumige Kästen, hoch- und querformatige, aus Brettern zusammengeschraubte ebenso wie Naturstämme. Mit Preßspanplatten als Baumaterial sollte man allerdings vorsichtig sein, denn gerade in solchen Nistkästen scheinen häufiger Verluste aufzutreten als bei der Verwendung von Naturholz.

Die beiden Autoren verwenden Nistkästen aus ungehobeltem, mindestens zwei Zentimeter dickem Naturholz, die von außen angebracht sind. Das Einfluglöch hat einen

Durchmesser von 5 cm. Doch während von Ochs Kästen mit den Innenmaßen 25 cm x 15 cm x 15 cm im Querformat mit abnehmbarem Deckel bevorzugt werden, haben die Nistkästen bei Gaiser die Maße 15 cm x 15 cm x 30 cm, sind also hochformatig, und für die Nistkastenkontrolle läßt sich eine Tür auf halber Höhe öffnen. Auf den Bruterfolg scheinen derartige Unterschiede keinen Einfluß zu haben.

Eine Anflugstange hat vor Brutbeginn die Funktion, das Interesse am Nistkasten zu wecken, danach wird sie vorwiegend vom Männchen genutzt, um Wache zu halten und von dort das Weibchen zu füttern. Es gibt allerdings Weibchen, die nach Störungen sehr lange auf der Anflugstange verharren, ehe sie wieder das Nest aufsuchen. In diesem Fall ist es angebracht, die Stange so lange zu entfernen, bis die Jungen nicht mehr gehudert werden. Sinnvoller ist es allerdings, die Zuchtpaare rechtzeitig an tägliche Kontrollen zu gewöhnen, so daß sie zur Zeit der Eiablage bereits zum Tagesablauf gehören wie die Gabe von Nistmaterial und die Fütterung. Nur wenn eine Kontrolle die seltene Ausnahme darstellt, wird sie von den Vögeln als Störung empfunden.

Maßnahmen des Züchters

Neben dem Angebot eines - vorher desinfizierten - Nistkastens sollten noch weitere Veränderungen der Haltebedingungen den Beginn der Brutsaison signalisieren. Der Tag wird künstlich auf 12 - 14 Stunden verlängert, täglich werden frische Weidenzweige gereicht, die kohlehydratreiche Ernährung der Ruhephase wird in Richtung einer eiweißbetonten Fütterung verschoben, indem zum Grundfutter Aufzucht- und Keimfutter kommen, sowie vermehrte Gaben von Futterkalk und Vitaminen.

Wenngleich Agaporniden auch auf dem Käfigboden, im und gegebenenfalls auf dem Nistkasten kopulieren, findet der Geschlechtsakt normalerweise auf den Sitzstangen statt. Um den entsprechenden Halt zu gewährleisten, sollten deshalb keine glatten, wackligen oder zu dicken Stäbe verwendet werden, sondern fest verankerte Naturäste, die die Füße fast umgreifen können.

Mit der Ablage des ersten Eis stellen viele Züchter ihre Kontrollen ein und warten gespannt, ob sich innerhalb des nächsten Monats Nachwuchs einstellt. Damit verschenken sie aber jede Möglichkeit, auf Störungen im Brutablauf und in der Jungenaufzucht zu reagieren und helfend einzugreifen. Vielmehr sollte der Züchter stets auf dem laufenden sein und den Überblick bewahren.

Sehr nützlich ist eine Beschriftung der Eier nach der Ablage. Mit einem wasserfesten Folienstift lassen sich etwa die Reihenfolge und das Datum der Ablage festhalten, mit einem geeigneten Kürzel sogar noch die Herkunft. Damit ist dann für alle Eventualitäten vorgesorgt.

Dann läßt sich beispielsweise nachprüfen, welche Eier konkret befruchtet sind. Das bloße Wissen, daß von fünf Eiern drei schier sind, ist weit weniger aufschlußreich als die Erkenntnis, daß man nur beim ersten und vierten Ei mit dem Schlupf eines Jungvogels rechnen kann. Möglicherweise lassen sich bei parallel brütenden Paaren durch entsprechendes Umlegen mehrere Junge retten, die sonst kaum eine Chance gehabt hätten. Durch die Kennzeichnung der Eier mit der Herkunft kann man beim Schlupf außerdem die Abstammung des Nestlings feststellen, am besten natürlich wenn die Jungen sich am ersten Flaum unterscheiden. Optimal wäre es in solch einem Fall, wenn etwa Vögel der Blau-Reihe bei einem gelben oder wildfarbenen Paar zum Schlupf kommen könnten: die blauen Stiefkinder hätten dann einen weißen, die anderen - eigenen - einen rosa Flaum.

Ob ein Ei befruchtet ist, läßt sich jeweils fünf Tage nach Brutbeginn bzw. Eiablage verläßlich feststellen, wenn man es gegen eine Taschenlampe oder eine andere nicht zu starke Lichtquelle hält. Dann kann man nämlich ganz deutlich Blutgefäße erkennen, während unbefruchtete Eier durchsichtig bleiben. Auch über die weitere Entwicklung erhält man durch ständige Kontrollen Aufschluß. Befruchtete Eier werden mit der Zeit dunkler und sehen aus wie aus Porzellan. Stirbt ein Ei in einem frühen Stadium ab, verschwimmen die zuvor erkennbaren Strukturen im Innern, so daß im Gegenlicht nur mehr ein grauer, freischwebender Fleck zu sehen ist. Stirbt ein Embryo kurz vor dem Schlupf ab, wird die Schale um die Eimitte mehr oder weniger gelbscheckig. Entdeckt man bei einer Kontrolle ein leicht beschädigtes Ei oder ist man gar selbst schuld an Nadelrissen, kann dünn aufgetragener Klebstoff den Embryo unter Umständen retten.

Ist ein ganzes Gelege unbefruchtet, sollte man es dennoch nicht vorzeitig wegnehmen, um den Brutzyklus nicht zu stören, sonst könnten instinktiv richtige Verhaltensweisen fehlgeprägt werden. Eine junge Henne, der die Eier bereits nach zwei Wochen genommen werden, könnte auch bei künftigen Bruten zu früh vom Gelege aufstehen. Ideal wäre es, ein oder zwei befruchtete Eier eines anderen Paares unterzulegen, schon um zu verhindern, daß der Organismus bereits nach vier Wochen wieder Eier produziert.

Einzelne unbefruchtete Eier braucht man nur bei einer überdurchschnittlichen Gelegegröße zu entfernen, denn sie können später dazu beitragen, daß die zuletzt geschlüpften Jungen länger gewärmt und angemessener versorgt werden. Es hat sich sogar bewährt, zu einem vollständig befruchteten Gelege ein schieres Ei zu legen, denn dann werden die kleinsten Nestlinge nicht mehr von älteren Geschwistern erdrückt.

Bei einer durchgängigen Kontrolle werden Eintragungen in das oben erwähnte Zuchtregister sehr aufschlußreich. Dort wird die Ablage jedes einzelnen Eis vermerkt, und unter der Rubrik "Schlupf" erscheint entweder das entsprechende Datum oder ein Symbol für unbefruchtete (Ø) und abgestorbene (†) Eier. Stirbt ein Jungvogel noch während der Nestlingszeit, sollte das Alter in Tagen erfaßt werden (z.B. † 17tg.).

Mit 12 - 15 Tagen muß der Vogel beringt werden, denn nur wenige Tage lang ist es möglich, die geschlossenen Ringe der vorgeschriebenen Größe überzuziehen. Erfolgt die Beringung zu früh, verlieren die Jungen ihre Ringe wieder, die dann kaum mehr wiederzufinden sind. Versucht man es zu spät oder entdeckt man den Verlust eines Rings zu spät, sind die Füße zu fleischig geworden, und es bleibt nur noch die Möglichkeit der offenen Beringung, die aber keinen Selbstzuchtnachweis mehr darstellen kann.

Für das Anlegen eines geschlossenen Rings braucht man ein gewisses Maß an Fingerspitzengefühl. Wie im Foto zu sehen, nimmt man dazu den jungen Vogel locker in die Hand und hält den Fuß mit Daumen und Zeigefinger. Die beiden nach vorn zeigenden Zehen und der längere der nach hinten gestellten Zehen werden nach vorn gerichtet und durch die Öffnung des Rings gezogen, der dann über den kleinsten Zeh

Beringung eines 14 Tage alten pastellgelben Schwarzköpfchens: Drei Zehen zeigen nach vorn, der kleinste nach hinten.

zurück bis ans Gelenk geschoben wird. Ist auch die Kralle dieses hinteren Zehs durchgezogen, ist der Fuß wieder frei beweglich, und der Ring sitzt locker am Lauf, doch ist darauf zu achten, daß er nicht über das Gelenk hinaufrutscht.

In der Folgezeit ist immer wieder zu kontrollieren, daß die jungen Vögel sich nicht mit dem Ring im Nistmaterial verfangen haben. Wenn die Eltern neue Rindenstücke und Zweige eintragen, kann es vor allem bei den Augenring-Arten passieren, daß bereits verholzte Teile zwischen Fuß und Ring geschoben werden. Entdeckt man das nicht rechtzeitig, sind schlimme Entzündungen, Beinbrüche oder gar der Verlust eines Fußes oder des Vogels möglich. Manchmal bleibt nichts anderes übrig, als den Ring wieder zu entfernen, was allerdings ein schwieriges Unterfangen ist. Man muß dann sehr aufpassen, daß man mit dem Seitenschneider nicht einen Teil des meist geschwollenen Fußes erfaßt und neben dem Ring auch eine Sehne durchtrennt. Später muß dann offen nachberingt werden, was im Nachweisbuch aktenkundig zu machen ist. Manipulationen an Fußringen sind strengstens untersagt und führen zum Ausschluß aus den Zuchtverbänden.

Wenn die ersten Jungen ausfliegen, kann es schon einmal vorkommen, daß sich auch Geschwister, die noch nicht flügge sind, in den Zuchtkäfig verirren und nicht aus eigener Kraft ins Nest zurückkommen. In diesem Fall sollte man nachhelfen, um eine Unterkühlung zu verhindern.

Das ist auch der Zeitpunkt, zu dem man den Nistkasten reinigen und desinfizieren sollte, damit eine zweite Brut nicht schon in einem verunreinigten Nest begonnen wird. Denn oft legt das Weibchen bereits wieder, ehe die Jungen, die nun ohnehin nur noch vom Vater gefüttert werden, selbständig sind. Es versteht sich von selbst, daß nun besonders viele frische Weidenzweige zu reichen sind, damit schnell das neue Nest entstehen kann. Hat der Züchter zu lange gewartet, ist eine Einstreu aus groben Hobelspänen angeraten, damit die neuen Eier nicht auf den blanken Boden des Nistkastens gelegt werden müssen.

Den ausgeflogenen Jungvögeln wird nun meist die Rückkehr ins Nest verwehrt, was oft einen schmerzhaften Lernprozeß darstellt und mit viel Gezeter verbunden sein kann. Sind die Jungen selbständig, sollten sie von den Eltern getrennt werden. Ist man sich nicht ganz sicher, kann der Zuchtkäfig auch mit einem Gitter abgeteilt werden, durch das das Männchen gegebenenfalls noch füttern kann.

Probleme

Absterben von Embryonen

Seit den Anfangsjahren der Agapornidenzucht stellen Schwierigkeiten beim Schlupf ein Hauptproblem dar. Embryonen in den Eiern sind voll entwickelt, haben oft gar schon den Dottersack eingezogen, schaffen es aber nicht, die Eischale zu sprengen.

Die Standard-Antwort auf dieses Problem ist die Vermutung, daß keine ausreichende Luftfeuchtigkeit im Nest vorhanden ist. Um diese Ursache zu beheben, werden Spezialnistkästen mit Wasserschublade verwendet, das Nistmaterial im Kasten mit einer Wäschespritze besprüht oder die Eier in lauwarmem Wasser geschwemmt. Tatsächlich führen solche Maßnahmen bei einem oder anderen Züchter auch zum gewünschten Erfolg. So schlüpfen zwar mehr Junge, doch oft wird das Problem nur verschoben und taucht in Form einer erhöhten Jungensterblichkeit in den folgenden Wochen und bis hin zur Mauser wieder auf.

Ganz offensichtlich ist das Absterben von Embryonen nicht allein auf Umweltfaktoren zurückzuführen, sondern hat vielmehr seinen Ursprung in den Erbanlagen. Bei gesunden, vitalen Elterntieren, die sich in Brutkondition befinden und auch in genetischer Hinsicht zusammenpassen, taucht das Problem der Schlupfunfähigkeit kaum einmal auf. Wenn Junge ohne fremde Hilfe nicht aus dem Ei kommen, offenbart sich darin eine mangelnde Lebensfähigkeit, und ihr Absterben gehört zum Prinzip der natürlichen Auslese.

Wir halten deshalb nicht viel von den beschriebenen Methoden. Ein zugedeckter Wassereimer im Zuchtraum und die Möglichkeit der Zuchtvögel zu baden sorgen für ausreichende Luftfeuchtigkeit, um vitalen Vögeln den Schlupf zu ermöglichen.

Mangelhafte Fütterung - Handaufzucht

Unerfahrene Weibchen versäumen es gelegentlich, die frisch geschlüpften Jungvögel anzufüttern und lassen sie verhungern. Wenn das zur Regel wird, bleibt nichts anderes übrig, als die verbliebenen Eier eventuell umzulegen und das Weibchen aus der Zucht zu entfernen. Oft hilft es aber bereits, wenn es gelingt den ersten Tag zu überbrücken. Hat das Junge nach zwölf Stunden noch immer einen leeren Kropf, kann man ihm alle zwei bis drei Stunden - auch in der Nacht - etwas Speichel, dünnen Loribrei oder die wässrig angerührten feinen Bestandteile des Aufzuchtfutters einflößen. Wenn man Glück hat, erhört die Mutter dann nach einiger Zeit das Betteln der Nestlinge und füttert sie ganz normal weiter.

Ist das nicht der Fall und hat man keine Möglichkeit, die Jungen einem anderen Paar unterzulegen, kann man es mit einer Handaufzucht versuchen, was aber sehr viel Geschick und Geduld erfordert. Der Futterbrei, der fertig gekauft werden kann, muß stets handwarm sein, damit er problemlos verdaut wird. Da er rasch abkühlt, muß die Fütterung schnell erfolgen, wozu ab dem vierten Tag eine Einwegspritze gute Dienste leistet, deren Nadel durch ein drei Zentimeter langes Ventilschläuchlein ersetzt wurde. Der dünne Schlauch wird vorsichtig in den Kropf geschoben, der dann mit sanftem Druck gefüllt wird. Ab der zweiten Woche braucht die Fütterung nur mehr alle vier Stunden und nicht mehr in der Nacht erfolgen, und mit vier Wochen reichen drei Mahlzeiten am Tag. Mit der Zeit wird der Futterbrei etwas konsistenter und allmählich mit gemahlenem und entspelztem Körnerfutter vermischt. Nun wird es mit einem Teelöffel verabreicht. Bis zur selbständigen Futteraufnahme dauert es meist länger, da der Vogel erst lernen muß, die Körner aus der Schale zu holen.

Handaufgezogene Junge werden sehr zahm, sind aber kaum mehr zur Zucht zu verwenden, da sie auf den Menschen geprägt sind und in seltenen Fällen Anschluß an die eigene Art gewinnen.

Der große Altersunterschiede unter den Jungvögeln, die ja im Abstand von jeweils zwei Tagen schlüpfen, wird vor allem für die jüngsten zum Problem, da nicht alle Eltern es verstehen, sie altersgemäß zu versorgen. Sie bekommen dann bereits früh zu grobes Futter, das sie nur teilweise verdauen können. Der Rest bleibt deutlich sichtbar im Kropf und beginnt zu gären, was zusammen mit der mangelhaften Ernährung nach wenigen Tagen zum Tod führt. Erkennt der Züchter dieses Problem, braucht er nur ein paar Tage lang dünnflüssigen Brei zufüttern, bis auch die groberen Bestandteile verdaut werden und alles wieder den gewohnten Gang geht.

Federrupfen

Eine weit verbreitete Erscheinung in der Agapornidenhaltung ist das Rupfen der Jungen. Bereits mit dem Sprießen der ersten Federkiele beginnen manche Weibchen, gelegentlich auch die Männchen und möglicherweise sogar die Nestlinge selbst mit dieser Unart. Betroffen sind in der Regel der Rücken, das Schultergefieder und die Hals- und Nackenpartie. Meist braucht hier nicht eingegriffen zu werden, da diese Federn ohne weiteres nachwachsen und zwei bis drei Wochen nach dem Ausfliegen kaum noch etwas zu bemerken ist. Anders verhält es sich, wenn Schwung- und Schwanzfedern in Mitleidenschaft gezogen werden. Sie schieben nie ganz gerade nach, und der Vogel macht Zeit seines Lebens einen mehr oder weniger zerfledderten Eindruck. Stellt man hierfür die ersten Anzeichen fest, muß etwas getan werden.

Hat man ein geeignetes Paar, dessen Jungen ungefähr im gleichen Alter sind und nicht gerupft werden, könnte man zumindest ein oder zwei Jungvögel umlegen. Doch nicht alle sind zur Ammenaufzucht bereit, und es ist auch schon vorgekommen, daß

Junge einer anderen Art oder Unterart zunächst akzeptiert, aber nach ein paar Wochen getötet wurden.

Weiß man, welcher Elternteil rupft, kann man ihn wegsperren, doch muß beobachtet werden, ob der verbliebene Vogel die Jungen weiterfüttert, was aber eher die Regel als die Ausnahme ist, selbst wenn es die Henne war, die entfernt werden mußte. Oftmals wirkt eine solche Trennung heilsam, und man kann den Partner nach ein paar Tagen wieder mit zu den Jungen lassen, ohne daß er weiterrupft. Man kann auch den umgekehrten Weg gehen und die Nestlinge in ein oben mit Gitter bespanntes Kästchen umsetzen, in dem sie gefüttert werden können, ohne daß die Eltern den Rücken erreichen.

Eine andere Möglichkeit, die mit Erfolg praktiziert wird, ist es, Licht in den Nistkasten zu lassen, indem der Deckel entfernt oder die Kontrolltür durch eine Glasscheibe ersetzt wird. Die Bepinselung der betroffenen Stellen mit Cremes oder übelschmeckenden Tinkturen erreicht dagegen nur selten seine Absicht.

Hat ein Paar erst einmal angefangen, die Jungen zu rupfen, ist es kaum noch von dieser Unart abzubringen. Das spätere Brutverhalten der Jungvögel wird dadurch jedoch nicht beeinflußt. Die Neigung zum Rupfen wird offenbar weder vererbt noch erlernt. Die Ursachen müssen folglich in den Haltebedingungen liegen, ohne zwingend zum entsprechenden Fehlverhalten zu führen, denn in fast jedem Bestand mit Rupfern gibt es auch Unzertrennliche, die ihre Jungen problemlos großziehen. Während der eine Vogel mit seinen Umweltbedingungen zurechtkommt, verkraftet der andere sie nicht entsprechend.

Natürliches Sonnenlicht und Harmonie in der Partnerschaft scheinen die wichtigsten Faktoren für eine optimale Aufzucht zu sein, denn bei der Haltung in Freivolieren und bei freier Partnerwahl werden Agaporniden nur selten zu Rupfern. Bei der Haltung in Innenräumen und in Einzelboxen sollte man deshalb besonderen Wert auf eine Beleuchtung mit Tageslichtspektrum legen. Auch ständige Gaben von frischen Zweigen zum Benagen und Nistkästen aus unbehandeltem Naturholz schlagen positiv zu Buche, ebenso die häufige Gelegenheit zum Baden. Schließlich ist täglich frisches Wasser zu geben und auf eine ausgewogene, artgerechte Fütterung zu achten, da auch Erklärungsansätze nicht von der Hand zu weisen sind, die die Ursache des Federrupfens in einer mangelhaften Versorgung mit Vitaminen, Mineralien und Aminosäuren - hier vor allem Arginin - vermuten.

Schauwesen

Der ambitionierte Züchter, der sich nicht mit einer Vermehrung seiner Agaporniden begnügt, sondern in jeder von ihm gehaltenen Art und Mutation den Idealvogel anstrebt, wird die Bestätigung im Vergleich mit anderen Züchtern suchen. Dazu hat er auf Orts-, Landes- und Bundesebene auf Vogelschauen Gelegenheit, in denen die ausgestellten Vögel von unabhängigen, geprüften Zuchtrichtern bewertet werden.

Die Bewertung erfolgt nach einer Musterbeschreibung, die im sogenannten *Standard* erfaßt und für einen bestimmten Zeitraum festgeschrieben ist. In der *Vereinigung für Artenschutz, Vogelhaltung und Vogelschutz* (*AZ*) wird der Standard für Großsittiche,

Landesgruppen 9 und 18: *A. roseicollis* auf der Bayerischen AZ-Landesschau 1994 in Meitingen

zu denen die *Agapornis*-Arten ja gehören, gegenwärtig überarbeitet, so daß der bisher gültige *Standard* von 1986 im Zuchtjahr 1995 durch einen neuen ersetzt wird.
Die Bewertungsrichtlinien berücksichtigen die unterschiedlichsten Aspekte, um den Vogel in seiner Gesamtheit beurteilen zu können.
Farbe und Zeichnung schlagen dabei erwartungsgemäß am deutlichsten zu Buche, bestimmen sie doch sichtbar die Artreinheit. Von der Maske werden reine Farben und deutliche Abgrenzungen verlangt.
Insgesamt ebenso wichtig sind die beiden Kriterien **Größe und Schaukondition**. Unter Kondition versteht man den Allgemeinzustand des Vogels. Dazu gehören ein glattes Gefieder, ein ruhiges Wesen und vor allem die Bereitschaft, sich dem Zuchtrichter ohne Angst zu präsentieren.
Ansonsten werden noch **Typ und Haltung**, die Flügelstellung und die Vollständigkeit von Zehen und Krallen in das Urteil einbezogen. Der Typ wird als kräftig und wohlproportioniert beschrieben, von der massigen Kopfform beherrscht und nach unten harmonisch auslaufend, ohne Knick in der Körperform. Die Sitzhaltung soll natürlich und aufrecht erscheinen, etwa im Winkel von 60° zur Stange, ohne daß der Körper aufliegt. Der Schnabel darf nicht vorstehen und keine Risse aufweisen, die Flügel sollen eng anliegen und über dem Bürzelgefieder schließen, ohne zu kreuzen, die Handschwingen müssen vollständig und unbeschädigt sein.
Bei einer solchen Vielzahl von Kriterien, die im Prinzip auf eine Punktwertung hin angelegt sind, ist es verständlich, wenn auf größeren Schauen ein Plazierungssystem zur Anwendung kommt.

Bei einer Beschickung von mehreren hundert Vögeln ist eine Klassifizierung wie in der AGZ-Schauklasseneinteilung, die auf der gegenüberliegenden Seite in der Fassung von 1994 auszugsweise wiedergegeben ist, unumgänglich. Innerhalb der Sparte "Großsittiche/Papageien" nehmen die Agapornis-Arten vier von zwanzig Bundesgruppen ein und stellen zusammen mit den Sperlingspapageien (Forpus) einen Bundessieger. Diese vier Bundesgruppen sind wiederum in Klassen unterteilt, die zunächst getrennt bewertet werden. Die sieben besten Vögel einer Klasse werden der Reihenfolge nach plaziert, und der Sieger konkurriert mit bestimmten anderen Schauklassensiegern (hier in Klammern angegeben) zunächst um den Gruppensieg und als Gruppensieger wiederum um den Bundesgruppensieg.

Die wildfarbenen Siegervögel der drei Bundesgruppen 8/9/10 machen den Bundessieger schließlich unter sich aus. Die beiden Mutationssieger müssen sich allerdings mit allen abweichend gefärbten Großsittichen um den 1994 erstmals vergebenen Titel "Bundessieger Mutationen" streiten.

Die einzelnen Klassen sind ihrerseits nach Züchterstufe (Z bzw. F=Fortgeschrittene), sowie Alt- und Jungvögeln und gegebenenfalls noch nach Geschlechtern unterteilt.

Auf Landes- und Ortsschauen wird ähnlich verfahren, wenngleich die geringere Zahl der eingelieferten Vögel auf Ortsebene eine weitgehende Zusammenfassung der vielen Schauklassen erforderlich macht.

Für die Bewertung werden die Agaporniden einzeln in genormte Schaukäfige des Typs 0 gesetzt, die identisch mit den Schaukäfigen für Wellensittiche sind (Außenmaße: 356 mm Breite, 307 mm Höhe, 165 mm Tiefe). Die geringe Größe wird vor allem von Tierschutzverbänden kritisiert, wie überhaupt das Schauwesen in letzter Zeit immer mehr unter Beschuß gerät und doch Tausende von Menschen anlockt und für die Vögel interessiert

Auch aus Züchtersicht ließen sich manche Anmerkungen machen, die sich mit den Bewertungskriterien auseinandersetzen. So wird Größe immer mehr zum entscheidenden Merkmal sowohl innerhalb der Klassen als auch im Vergleich der einzelnen Arten. Die kleineren, lebhafteren Agapornis-Arten haben kaum eine Chance gegen die von Natur aus größeren und durch Auslese phlegmatischeren. Statt Vitalität und natürliches Verhalten werden Trägheit und Fettleibigkeit belohnt.

Das wird besonders bei Mutationen zum Problem, bei denen das Hauptaugenmerk auf Farbe und Zeichnung liegen sollte, die jedoch ebenfalls in erster Linie nach Größe und Typ bewertet werden. Außerdem müßte hier unbedingt noch die Seltenheit, das Alter und der Status einer Mutation in Betracht gezogen werden, sonst setzt bald niemand mehr eine Neumutation den Risiken einer Ausstellung aus.

Zufrieden ist meist ohnehin nur der Sieger, die Arbeit des Zuchtrichters ein undankbares Geschäft. Wenn der Aussteller die Vögel erst kurz vor der Auslieferung sieht, sind fast drei Tage nach der Bewertung vergangen, bei der sie sich ganz anders präsentiert haben können. Aber auch dann bleiben Siegervögel noch außergewöhnliche Exemplare ihrer Art und können Impulse für die Zukunft geben.

AZ-AGZ-Schauklasseneinteilung der Gattung *Agapornis*

(Gruppe)		FA	FJ	ZA	ZJ
Bundesgruppe 8: Verschiedene Agapornis, Wildfarbe					
(24)	A. p. fischeri	448/1	468/1	488/1	508/1
(25)	A. p. personatus	448/2	468/2	488/2	508/2
(26)	A. p. nigrigenis	448/3	468/3	488/3	508/3
(27)	A. p. lilianae	448/4	468/4	488/4	508/4
(28)	A. taranta	448/5	468/5	488/5	508/5
(29)	A. canus	448/6	468/6	488/6	508/6
(30)	Sonstige Agapornis	448/50	468/50	488/50	508/50
Bundesgruppe 9:					
(31)	**Agapornis roseicollis, Wildfarbe**	**449**	**469**	**489**	**509**
Bundesgruppe 17: Verschiedene Agapornis (und Forpus), Mutationen					
(68)	A. p. fischeri pastellgelb	457/1/1	477/1/1	497/1/1	517/1/1
(68)	A. p. fischeri blau	457/1/2	477/1/2	497/1/2	517/1/2
(68)	A. p. fischeri, sonstige Mutationen	457/1/50	477/1/50	497/1/50	517/1/50
(69)	A. p. personatus pastellgelb	457/2/1	477/2/1	497/2/1	517/2/1
(69)	A. p. personatus blau	457/2/2	477/2/2	497/2/2	517/2/2
(69)	A. p. personatus blauweiß	457/2/3	477/2/3	497/2/3	517/2/3
(69)	A. p. personatus dunkelblau (kobalt)	457/2/4	477/2/4	497/2/4	517/2/4
(69)	A. p. personatus, sonstige Mutationen	457/2/50	477/2/50	497/2/50	517/2/50
(70)	Sonstige Agapornis, alle Mutationen	457/8/50	477/8/50	497/8/50	517/8/50
(sowie drei Forpus-Klassen)					
Bundesgruppe 18: Agapornis roseicollis, Mutationen					
(72)	A. roseicollis dunkelgrün	458/1	478/1	498/1	518/1
(72)	A. roseicollis oliv	458/2	478/2	498/2	518/2
(73)	A. roseicollis zimt hellgrün	458/3	478/3	498/3	518/3
(74)	A. roseicollis lutino	458/4	478/4	498/4	518/4
(75)	A. roseicollis gelb (japanisch gelb)	458/5	478/5	498/5	518/5
(75)	A. roseicollis gelbgesäumt (gesäumt gelb)	458/6	478/6	498/6	518/6
(76)	A. roseicollis Schecke hellgrün	458/7	478/7	498/7	518/7
(77)	A. roseicollis Orangemaske	458/8	478/8	498/8	518/8
(78)	A. roseicollis pastellblau	458/20	478/20	498/20	518/20
(79)	A. roseicollis dunkelblau (pastellkobalt)	458/21	478/21	498/21	518/21
(79)	A. roseicollis mauve (pastellmauve)	458/22	478/22	498/22	518/22
(75)	A. roseicollis Weißmaske hellblau	458/23	478/23	498/23	518/23
(73)	A. roseicollis zimt pastellblau	458/24	478/24	498/24	518/24
(75)	A. roseicollis pastellalbino	458/25	478/25	498/25	518/25
(75)	A. roseicollis weiß (japanisch pastellweiß)	458/26	478/26	498/26	518/26
(75)	A. roseicollis weißgesäumt (gesäumt pastellweiß)	458/27	478/27	498/27	518/27
(76)	A. roseicollis Schecke blaugelb (Pastellschecke)	458/28	478/28	498/28	518/28
(80)	A. roseicollis, sonstige Mutationen	458/50	478/50	498/50	518/50

Krankheiten

Wie bei allen Lebewesen kommt es auch bei Unzertrennlichen hin und wieder vor, daß Erkrankungen auftreten. Im großen und ganzen sind gerade die häufig gehaltenen Agaporniden zumindest nach der ersten Mauser nicht sonderlich anfällig, doch wenn ein Vogel erst einmal deutliche Krankheitssymptome zeigt, ist es für eine Behandlung meist bereits zu spät. Ohnehin kennen sich nur wenige Tierärzte mit diesen kleinen Papageien wirklich aus und sind in der Lage, die meist unspezifischen Symptome richtig zu deuten.

Kranke Tiere sitzen mit aufgeplustertem Gefieder herum, ihre Augen wirken matt und trübe und sind stets halb geschlossen, die Atmung ist flach und hastig, der Schnabel etwas geöffnet, sie scheinen ständig auf beiden Beinen zu schlafen und dabei nur mit Mühe das Gleichgewicht halten zu können, sie nehmen kaum noch Futter auf und leiden oft auch an Durchfall. Schließlich werden sie zu schwach, sich auf der Sitzstange festzuhalten, und kauern teilnahmslos in einer Käfigecke.

In diesem fortgeschrittenen Stadium einer Krankheit ist die Hoffnung auf eine Rettung denkbar gering. Der Vogel muß unverzüglich aus seinem Käfig genommen und in einen Krankenkäfig umgesetzt werden, in dem man ihm eine Wärmebestrahlung angedeihen läßt. Eine Infrarot-Lampe leistet hier gute Dienste, doch darf sie nicht zu nah am Käfig stehen, da eine Temperatur von über 40°C den entgegengesetzen Effekt hat und dem Vogel nur schadet. Der kranke Vogel sollte in jedem Fall die Möglichkeit haben, sich in ein nicht bestrahltes Eck zurückziehen zu können. Als Futter sollte nur noch trockenes Körnerfutter, am besten Kolbenhirse angeboten werden, statt des üblichen Trinkwassers ist Pfefferminz- oder Kamillentee zu empfehlen. Den Boden bedeckt man mit Zeitungs- oder Haushaltspapier, um die Konsistenz des Kots besser kontrollieren zu können.

Verweigert der Vogel bereits die Futteraufnahme, kann wie bei der Handaufzucht lauwarme, dünnflüssige Nahrung direkt in den Kropf gespritzt werden, doch meist wird in diesem Stadium bereits nicht mehr verdaut.

Deshalb wäre es wichtig, eine Erkrankung bereits früher zu erkennen. Dazu muß man seine Agaporniden täglich eine Weile beobachten können, und wenn nur ein paar der erwähnten Anzeichen von Unpäßlichkeit festzustellen sind, sollte man den betreffenden Vogel herausfangen und einer genauen Untersuchung unterziehen. Über den Ernährungszustand gibt ein Abtasten des Brustbeinkamms Aufschluß, auch Verletzungen lassen sich ertasten. Anlaß zur Sorge besteht auch, wenn Körperöffnungen - Augen, Nasenlöcher, Kloake - verklebt sind oder wenn dort Sekretbildung festzustellen ist. Je eher man hier eingreift, desto größer ist die Wahrscheinlichkeit, noch helfen zu können.

Die beste Vorbeugung gegen Mangel- und Infektionskrankheiten aller Art, aber auch gegen Parasitenbefall ist eine ausgewogene Ernährung mit qualitativ hochwertigem Futter und ein besonderes Augenmerk auf die Hygiene im Zuchtraum. In einem gesunden Bestand erschöpfen sich die Samariterdienste des Züchters meist in der Behandlung von Verletzungen oder Erkältungskrankheiten.

Verletzungen

Die Verletzungen, die sich Agaporniden zufügen, sind in der Regel Bißwunden an den Zehen, am Schnabel oder in Augennähe. Selbst wenn Blut geflossen ist, verheilen solche Wunden schnell und lassen meist nur eine Narbe zurück, was am Schnabel allerdings recht häßlich wirkt. Auch der Verlust einzelner Krallen oder gar Zehen wird problemlos verkraftet. Der Züchter kann lediglich helfen, die Blutung zu stillen und die Wunde vor Entzündungen zu schützen: Eisenchlorid oder der sogenannte "Höllenstift" und Ringelblumensalbe erweisen hierfür gute Dienste.

Bei blutenden Wunden im Bereich von Ober- und Hinterkopf muß der Vogel sofort herausgefangen werden, da sonst die Gefahr besteht, daß er weiter attackiert wird, ohne noch die Kraft zur Flucht zu haben. Antibiotikasalben können hier helfen, doch ist es ratsam, die Versorgung einem Tierarzt zu überlassen.

Ein anderer Grund für Verletzungen kann übermäßiges Krallenwachstum sein. Wenn das Tier mit den Krallen hängenbleibt, reagiert es oft panisch und versucht, sich loszureißen, was sogar zum Verlust des ganzen Beins führen kann. Ist der Käfig mit Naturholzästen in verschiedenen Stärken und einem Kalkstein ausgestattet, nutzen sich die Krallen normalerweise von selbst ab, und es ist nicht nötig, ab und zu oder gar regelmäßig mit einer Nagelschere einzugreifen. Ist das doch der Fall, sollte man mit einem Schrägschnitt, bei dem die natürliche Biegung der Kralle erhalten bleibt, die Überlänge beseitigen. Dafür muß der Fuß gegen ein Licht gehalten werden, um den Verlauf der Blutader in den Krallen verfolgen zu können.

Ähnliches gilt für einen abnormal wachsenden Schnabel, was die Folge einer Verletzung sein kann, aber auch durch Räudemilben ausgelöst wird, doch verwendet man hierzu besser eine kleinen Feile.

Beinbrüche und andere Frakturen treten bei Agaporniden vergleichsweise selten auf und sind fast stets darauf zurückzuführen, daß sich ein Vogel mit dem Ring in einem abstehenden Holzspan verfangen und ungestüm versucht hat, sich zu befreien. Häufiger passiert das noch Nestlingen, deren Eltern beim Ausbessern des Nests ein Aststück versehentlich zwischen Lauf und Fußring gesteckt haben. Will man hier selbst eingreifen, braucht man schon Fingerspitzengefühl und vor allem einen Helfer, der den verletzten Vogel hält. Zunächst muß er die Bruchenden aneinanderlegen und den Fuß in dieser Stellung fixieren. Eine Schiene ist nicht unbedingt nötig, da sie wieder relativ viel Spielraum ermöglicht, was den Heilungsprozeß erschweren könnte. Bewährt hat sich ein weiträumiges Umwickeln der Bruchstelle mit Klebeband, Tape oder Leukoplast, das nach zwei Wochen wieder entfernt werden kann, falls das nicht bereits der Vogel mit seinem kräftigen Schnabel erledigt hat. Unter Umständen bleibt nichts anderes übrig, als ihn durch eine scheibenförmige Halskrause aus Plastik daran zu hindern. Wächst die Bruchstelle nicht wieder ganz exakt zusammen, tut das dem Wohlbefinden des Tiers später keinen Abbruch, doch ein Tierarzt wird hier sicher kompetenter eingreifen können.

Erkältungskrankheiten

Naßkalte Witterung oder Zugluft können dazu führen, daß Nasen- und Augenausfluß und eine Schwellung der Lidbindehäute auftreten, die typischen Anzeichen von Schnupfen. Meist helfen neben Infrarotlicht ein Kamillen-Dampfbad, bei dem der Käfig über den dampfenden Topf gestellt und mit einem Tuch abgedeckt wird, eine zusätzliche Versorgung mit Vitamin A, sowie eine Behandlung der Nasenöffnungen und der

Bindehäute mit Kamillentee oder Borwasser (2 % ig). Verschlimmert sich das Allgemeinbefinden und ist gar eine Lungenentzündung zu befürchten, sollte der Tierarzt aufgesucht werden, der durch den Einsatz eines Breitbandantibiotikums zu helfen versucht. Wenn der Vogel erst einmal nach Atem ringt, ist es oft schon zu spät.

Legenot

Hin und wieder gelingt es einem brütenden Weibchen nicht, ein bereits voll entwickeltes Ei zu legen. Schuld daran könnte eine zu fettreiche und mineralstoffarme Ernährung sein oder ein plötzlicher Kälteeinbruch, auch hormonelle Störungen und eine Deformation oder Fehlfunktion der Geschlechtsorgane kommen in Betracht. Legenot kann sowohl beim ersten wie beim letzten Ei auftreten, ebenso bei einer ersten Brut wie bei erfahrenen Zuchtweibchen.

Der Vogel, dessen Ei schon zu lange im Eileiter steckt, ist zunächst von einer inneren Unruhe befallen, er besucht und verläßt ständig das Nest, sitzt mit hängenden Flügeln und wippendem Schwanz auf der Stange und preßt. Erkennt man diesen Zustand nicht oder zu spät, hält sich der Vogel fast schon bewegungsunfähig nur noch am Käfigboden auf.

Dann ist Hilfe oft schon zu spät. Am wichtigsten ist nun Wärme. Die Kloakengegend wird mit handwarmem Öl eingerieben, vielleicht auch ein Tropfen hineingeträufelt. Mit einer Massage des Vogelbauchs in Richtung Kloake kommt es dann meist doch noch zur Ablage. Scheitert dieses Unterfangen, kann der Tierarzt das Ei auch operativ entfernen. Rasches Eingreifen rettet in der Regel den Vogel, die Brut ist allerdings verloren.

Verdauungsprobleme

Stellt man bei einem Unzertrennlichen fest, daß neben den allgemeinen Krankheitssymptomen ständig das Gefieder um die Kloake verschmiert ist und der Kot seine gewohnte Konsistenz verliert, liegt ganz offensichtlich eine Darmentzündung vor. Helfen die Pauschalmaßnahmen im Krankheitsfall - Wärme, Diät, Isolation - und Kohlegaben nicht, ist der Gang zum Tierarzt unumgänglich, denn Durchfall kann die verschiedensten Ursachen haben (verunreinigtes Futter, Streß, Bakterien, Parasiten), und die Behandlungsweise unterscheidet sich dementsprechend. Werden Medikamente eingesetzt, müssen unbedingt die Kohlegaben eingestellt werden, da sie deren Wirkung neutralisieren würden.

Bei Agaporniden, namentlich bei Nestlingen, kommen auch Kropfentzündungen vor, die von Infektionskrankheiten ausgelöst werden können, aber auch durch verunreinigtes Futter und verkeimtes Trinkwasser. Die Vorverdauung im Kropf fällt aus, das Futter gelangt nicht in den Magen und beginnt zu gären. Es kann bereits helfen, Salbeioder Kamillentee in den Kropf zu geben, da dieser entzündungshemmend und heilend auf die Schleimhäute wirkt, aber auch Absaugen kann nötig sein und die tierärztliche Behandlung mit Antibiotika.

Gefieder- und Hautprobleme

Normalerweise bedeutet die Mauser zwar eine besondere Belastung des Organismus, doch ist dieser natürliche Federwechsel, der an keine feste Zeit gebunden ist und sich über 5 - 8 Wochen hinzieht, keine Schwächeperiode, in der ein adulter Unzertrennicher anfälliger für Krankheiten wäre als sonst. Anders verhält es sich mit der Jugendmauser, in der es immer wieder Verluste zu beklagen gibt, vor allem wenn ein Vogel während dieser Zeit den Standort wechseln muß. Offenbar ist bei jungen Agaporniden die Fähigkeit, sich an veränderte Bedingungen anzupassen, noch nicht sehr ausgeprägt, auch ermöglichen eine eventuell vorausgehende mangelhafte Ernährung und schlechte Haltebedingungen keinen genügenden Aufbau von Abwehrkräften und Energiereserven, die hier offensichtlich eine besondere Rolle spielen, und schließlich könnte bei manchen die Anfälligkeit in den Erbanlagen vorprogrammiert sein.

Gelegentlich kommt es zur sogenannten Stockmauser, bei der sich der Federwechsel monatelang hinzieht. Einzelne Bereiche schieben zwar Federkiele und feine Dunen nach, es brechen aber keine Federn durch. Eine Umstellung der Ernährung hin zu einer vitamin- und mineralstoffreicheren Versorgung mit Gaben von tierischem Eiweiß, ein Umzug ins Freie, sowie das Besprühen mit lauwarmem Wasser können den Prozeß beschleunigen.

Auch die Französische Mauser, für die es bis heute keine Heilungsmöglichkeit gibt, wurde schon bei Agaporniden beobachtet: Nestlinge verlieren noch im Nest oder kurz nach dem Ausfliegen ihre Schwung- und Schwanzfedern und sind dann meist nicht mehr in der Lage, ein vollständiges Federkleid zu bilden. Vielmehr verschlechtert sich der Gefiederzustand ständig, und die befallenen Vögel bleiben Zeit ihres Lebens flugunfähig. Auch hier wird eine mangelnde Versorgung mit tierischem Eiweiß während der Aufzuchtzeit angenommen. Die Elterntiere sollten nicht weiter zur Zucht verwendet werden.

Auf das Rupfen der Jungen brauchen wir hier nicht weiter eingehen, da das Problem bereits im Kapitel über die Zucht behandelt wurde. Es gibt aber auch Agaporniden, die sich selbst oder den Partner rupfen. Auch hierfür gibt es allenfalls Erklärungsansätze, aber keine gesicherten Erkenntnisse. Langeweile bei Einzelhaltung, psychischer Streß, Mangelerscheinungen bei einseitiger Ernährung werden angeführt, Abhilfe gibt es kaum. Nur ein geringer Prozentsatz von Rupfern legt diese Untugend wieder ab. Auch wenn die eine oder andere Maßnahme Erfolg hat - Vergesellschaftung mit einem anderen Vogel, Beschäftigungstherapie, Freivolierenhaltung etwa -, gibt es doch kein Patentrezept, vor allem nicht durch die im Zoohandel erhältlichen einschlägigen Präparate.

Das Federrupfen könnte auch durch eine Vorstufe des gleichfalls noch unerforschten EMA-Syndroms (*Eczema Melopsittacus et Agapornis*) ausgelöst werden, das sich zunächst in einer krankhaften Ekzembildung am Flügelansatz, in den Achselhöhlen oder auf der Flügelunterseite äußert (vgl. HAHN 1992), die schon deshalb nicht heilt, weil der befallene Agapornide die betreffenden Stellen ständig mit dem Schnabel bearbeitet, was bis zur Selbstverstümmelung führen kann. Auch hier ist eine Heilung gegenwärtig noch nicht möglich.

Leberschäden

Die Leber ist das Organ, das hauptsächlich für den Stoffwechsel verantwortlich ist und der Entgiftung dient. Alle im Vogelkörper ausbrechenden Krankheiten, zu fettreiche und zu eiweißhaltige Fütterung und das Fehlen essentieller Aminosäuren - insbesondere Methionin und Cholin - belasten und schädigen die Leber. Deshalb spricht der Befund bei vielen gestorbenen Agaporniden, die man untersuchen läßt, von Leberdegeneration.

Diese Todesursache trifft besonders auf Nestlinge zu, die von den Elterntieren fast ausschließlich mit Eifutter großgezogen werden und kaum Körnerfutter bekommen. Die Jungen gedeihen zunächst zwar prächtig, doch ehe der Züchter sich versieht, schlägt das anfänglich rasche Wachstum ins Gegenteil um: die Haut wird infolge Flüssigkeitsmangels faltig, die Beine magern ab, und schließlich ist ihnen nicht mehr zu helfen.

Parasitenbefall

Parasiten sind Lebewesen, die ständig oder vorübergehend ein Wirtstier aufsuchen, von dem sie sich ernähren. Die für viele Großsittiche typische Parasitenerkrankung - der Befall mit Haar- und Spulwürmern - spielt in der Agapornidenhaltung lediglich eine untergeordnete Rolle, da Unzertrennliche meist in Innenräumen untergebracht und nachgezogen werden. In Gartenvolieren kann es durchaus zum Befall durch den Kot freilebender Vögel kommen, so daß man bei dieser Haltungsart schon gelegentlich eine Kotprobe untersuchen lassen sollte.

Ein alltägliches Problem aber stellt der Befall mit Milben dar. Die Rote Vogelmilbe befällt die Tiere nur nachts und schwächt sie, indem sie ihr Blut saugt, tagsüber hält sie sich in Ritzen und Spalten versteckt und kann deshalb kaum entdeckt werden. Hat man einen entsprechenden Verdacht, wenn etwa die Vögel nachts besonders unruhig sind und untertags viel schlafen, kann man ein weißes Tuch über dem Käfig ausbreiten und es am Morgen nach roten Punkten inspizieren. Eine gründliche Säuberung der Käfige und die wiederholte Verwendung von Milbenspray schafft hier Abhilfe, praktischer ist aber das Aufstellen eines Insekten-Strips, da er auch in den verborgensten Ecken noch wirkt.

Besonders gefährdet werden Agaporniden durch Luftsackmilben, die mit infiziertem Trinkwasser und Futter aufgenommen werden und die Atmungsorgane befallen. Atemnot und schmatzende Geräusche beim Einatmen sollten hier hellhörig machen und den Gang zum Tierarzt bewirken.

Krusten und Wucherungen im Schnabelbereich, in der Augengegend und um die Kloake deuten auf Räudemilben hin, die sich in diesen Wucherungen ihre Gänge gegraben haben. Das Auftragen von Öl oder speziellen Mitteln erstickt diese Milben.

Gegen fast alle Milben, aber auch gegen die vergleichsweise harmlosen Federlinge helfen Insektizide, doch kann Hygiene und häufige Desinfektion der Käfige und Sitzstangen einen Befall in der Regel schon im Vorfeld verhindern.

Pilzerkrankungen

Mit schuld an der Ausbreitung von Pilzerkrankungen ist eine unkontrollierte Verabreichung von Antibiotika an die Vögel, die ihre natürlichen Bakterienkulturen zerstören und sich negativ auf die körpereigenen Abwehrmechanismen auswirken. Ein Schimmelpilz ist beispielsweise für Aspergillose verantwortlich, ein Sproßpilz für Soor. Oft haften Pilze an den Futtermitteln und gelangen durch die Nahrungsaufnahme oder über die Raumluft in den Körper des Agaporniden. Besonders gefährdet sind Nestlinge, die ohne erkennbare Erkrankung daran sterben können. Bei rechtzeitiger Erkennung ist eine Behandlung durch den Tierarzt durchaus erfolgversprechend.

Infektionskrankheiten

Die größte Gefahr für einen Bestand geht zweifellos von Krankheiten aus, die durch Erreger wie Viren und Bakterien übertragen werden und sich seuchenartig ausbreiten können. Hierzu gehören Salmonellose, die Newcastlesche Krankheit, Kanarien-pocken, Tuberkulose und die berühmt-berüchtigte Papageienkrankheit: die Ornithose bzw. Psittakose.

Ein Problem bei der Erkennung dieser Erkrankungen ist ein unspezifischer Krank-heitsverlauf, bei dem sämtliche oder nur einige der eingangs erwähnten Symptome auftreten, die ebenso auf eine Erkältungskrankheit schließen lassen könnten. Erst ei-ne Häufung von Todesfällen läßt den Verdacht aufkommen, daß es sich möglicher-weise um eine ansteckende Krankheit handelt. Eine veterinärärztliche Untersuchung dieser toten Tiere kann Gewißheit bringen.

Gerade die Psittakose war einst das Schreckgespenst aller Papageienzüchter, zumal die Krankheit auf den Menschen übertragbar ist und nicht selten einen tödlichen Aus-gang nahm. Die Ansteckung erfolgt durch das Einatmen von infiziertem Staub oder Kot. Beim Vogel wie beim Menschen lassen die Anzeichen zunächst eine Lungen-entzündung vermuten, die jedoch mit den üblichen Medikamenten nicht in den Griff zu bekommen ist. Deshalb sollte ein Papageienhalter seinem Hausarzt bei einer Erkäl-tungskrankheit den Hinweis auf sein Hobby geben, wenngleich sich das im Nachhin-ein in den allermeisten Fällen als falscher Verdacht erweist. Der Erreger (*Chlamydia psittaci*) ist leicht nachzuweisen, und ein negativer Befund kann auch die letzten Zweifel und Ängste beseitigen. Bestätigt sich der Verdacht allerdings, gibt es heute mit Tetra- und Multicyclinen wirksame Antibiotika für Mensch und Vogel. Die Zeiten, in denen der gesamte Bestand getötet werden mußte, wenn ein Befall festgestellt wurde, sind glücklicherweise vorüber. Es scheint sogar eine Therapierung über das Trink-wasser möglich, wenngleich diese von Amts wegen nicht zugelassen ist (vgl. REIß 1986).

Nach wie vor aber ist Psittakose anzeigepflichtig, und bereits der Verdacht muß dem zuständigen Veterinäramt gemeldet werden, das alle weiteren Maßnahmen im Sinne der Psittakose-Verordnung des Viehseuchengesetzes einleitet und überwacht.

Einsendung von toten Tieren

Möglicherweise sind es die Unannehmlichkeiten, die auf jemanden zukommen, wenn eine meldepflichtige Krankheit diagnostiziert wird, die die meisten Züchter davon ab-hält, den einen oder anderen Vogel, dessen Tod einem nicht so recht erklärlich ist, zur Sektion an ein Veterinäruntersuchungsamt einzuschicken. Dabei bedenken sie nicht, was ein unerkannter Fall von Psittakose für Folgen haben kann. Sie gefährden nicht nur die eigene Gesundheit, sondern nehmen auch in Kauf, daß möglicherweise er-krankte Vögel abgegeben werden und die Seuche sich im Nu verbreitet. Auch hier kann ein entsprechender Bescheid beruhigen, der vielleicht sogar Hinweise auf mög-liche Fütterungsfehler geben kann. Dann hätten sich die Untersuchungskosten bereits ausgezahlt.

Der tote Vogel sollte in Zeitungspapier eingewickelt werden und mit einem Bericht über den Krankheitsverlauf als Eilpaket ans Untersuchungsamt geschickt werden. Ei-ne gute Woche später liegt in der Regel das Ergebnis vor, ein endgültiger Psittakose-Befund dauert etwa drei Wochen. In dem schriftlichen Bericht wird aufgeführt, ob und welche Bakterien, Parasiten, Viren gefunden wurden und was die Gewebeuntersuchungen der inneren Organe ergeben haben. Schließlich wird die Todesursache angegeben.

Anhang

Kontaktadressen internationaler Agaporniden-Vereinigungen

Frankreich: Club Francais Agapornis (*La revue des oiseaux exotiques*)
M. Alain Delille, La Croix des Charriers, F-87510 St Gence, Frankreich

Belgien: Bond van Agapornieden (*BVA*)
Dhr. Edwin Vloeberghen, Leuvensesteenweg 118, B-3191 Hever, Belgien

Dänemark: The Danish Agapornis Club (*Dvaergpapegoje-nyl*)
Mr J. E. Rossau, Dreyersvej 19, DK-6000 Kolding, Dänemark

Großbritannien: The Lovebird (1990) Society (*The Newsletter*)
Mr Chris Rutt, 19, Cloverland Hatfield, Herts. AL10 9ED, Großbritannien

USA: The African Lovebird Society (*Agapornis World*)
Ms Janice Pritchard, 449 West Douglas, El Cajon, Ca 92020-4407, USA

Brasilien: The Brazilian Agapornis Club (*O Agapornis*)
Mr Paul R. Wolfensberger, Av. José de Souza Campos, 766, Cep 13092-020-Campinas-SP, Brasilien

Australien: The Lovebird Society Queensland (*Agapornis News*)
Ms Olive Bell, 45 Carwoola Street, Bardon West 4065, Brisbane, Queensland, Australien

Bildnachweis

Raffenberg: 40, 45, 49, 59, 67, 68, 73, 74, 78, 99, 101, 108, 113, 114, 116, 119, 121, 122, 124, 126, 131 (2), 133, 135, 139, 141, 157, 168

Kenning: 10, 20, 30, 50, 63, 64, 69, 71, 72, 77, 80, 82, 83, 85 (2), 86, 95, 97, 99, 104, 105, 107, 112, 118

Ochs: 86, 93, 94 (2), 111, 125, 130, 155, 171 (2), 172

Gaiser: 25, 55, 75, 146, 152, 179, 183, 187

Hammer/van Dam: 90, 92, 127, 128, 129 (2), 130

Erhart: 88, 89, 116, 136

Kress: 18, 60

Coelho: 43

Gehlen: 76

Kammer: 115

Kull: 92

Lietzow: 39

Lutz: 117

Schröder: 56

Wolfensberger: 142

Verzeichnis der zitierten Literatur

AECKERLEIN 1986   Wolfgang Aeckerlein, *Die Ernährung des Vogels: Grundlagen und Praxis*, Stuttgart: Ulmer 1986.

ARNDT 1990ff.   Thomas Arndt, *Lexikon der Papageien*, Bretten: Arndt-Verlag 1990ff.

BEZZEL/PRINZINGER 1990   Einhard Bezzel, Roland Prinzinger, *Ornithologie*, 2. Auflage. Stuttgart: Ulmer 1990.

BIELFELD 1993   Horst Bielfeld, *Vogelfutter aus der Natur: Samen, Beeren, Grünfutter*, Stuttgart: Ulmer 1993.

BREHM 1866   Alfred E. Brehm, *Illustriertes Thierleben: Eine allgemeine Kunde des Thierreichs, III/2: Die Vögel*. Hildburghausen 1866.

BROCKMANN 1993   Jürgen Brockmann, *Agaporniden: Haltung, Zucht und Farbmutationen der Unzertrennlichen*, 3. Auflage. Stuttgart: Ulmer 1993.

BROCKMANN/LANTERMANN 1981   Jürgen Brockmann, Werner Lantermann, *Agaporniden: Haltung, Zucht und Farbmutationen der Unzertrennlichen*. Stuttgart: Ulmer 1981.

DE GRAHL 1976   Wolfgang de Grahl, *Papageien in Haus und Garten*, 4. Auflage. Stuttgart: Ulmer 1976.

DE GRAHL 1990   Wolfgang de Grahl, *Papageien: Lebensweise, Arten, Zucht*, neubearb. 9. Auflage. Stuttgart: Ulmer 1990.

DENTON 1990   Oliver Denton, *Lovebirds as a new pet*, Neptune, N.J.: T.F.H. Publications 1990.

DOST/GRUMMT 1976   Hellmuth Dost, Wolfgang Grummt, *Sittiche und andere Papageien,* 4. Auflage. Melsungen etc.: Neumann-Neudamm 1976.

DUNCKER 1929   H. Duncker, *Kurzgefaßte Vererbungslehre für Kleinvogel-Züchter*. Leipzig: Poppe 1929.

ERHART 1991   Rainer R. Erhart, "Die erste Farbmutation bei Grauköpfchen", in AZN 6/91, S. 341-343.

FEUSER 1993   Amanda Feuser, "Erfahrungen mit Orangeköpfchen über sieben Jahre", in: AZN 4/93, S. 252-258.

FORSHAW 1989   Joseph M. Forshaw, *Parrots of the World, 3rd ed.* London: Blandford 1989.

HAHN 1992   Ute Hahn, *Vogelkrankheiten - Ursachen, Erkennung, Behandlung*, Alfeld: Schaper 1992.

HAMPE 1957   H. Hampe, *Die Unzertrennlichen*, 3. Auflage. Pfungstadt: Helène 1957.

HAYWARD 1979   Jim Hayward, *Lovebirds and their colour mutations*. Poole: Blandford 1979.

LEBRETON 1992   Kenny LeBreton, *Lovebirds as a hobby*, Neptune, N.J.: T.F.H. Publications 1992.

RADTKE 1981   Georg A. Radtke, *Unzertrennliche (Agaporniden): Haltung, Zucht und Farbspiel-arten*. Stuttgart: Franckh 1981.

REIß 1986   Karl-Heinz Reiß, "Ein neuer Weg bei der Psittakose-Ornitose-Bekämpfung?", in: *AZN* 9/86, S. 560f.

RUß 1881   K. Ruß, *Fremdländische Stubenvögel, Bd. III: Papageien*, Hannover 1881.

SCHNEIDER 1990   Stephan Schneider,"Gemeinschaftshaltung von Schwarzköpfchen", in: AZN 4/90, S. 247f.

SMITH 1979   A. Smith, *Lovebirds and related parrots*. London: Elek 1979.

STANDARD 1986   *AZ-Standard für Papageien-Arten: Allgemeine Bewertungsrichtlinien und Musterbeschreibungen*, 3. Auflage, o.O.: AZ 1986.

VINS 1993   Theo Vins, *Das Wellensittichbuch: Leitfaden für Schauwellensittich-Züchter*, 2. erw. Auflage, Alfeld: Schaper 1993.

WOLTERS 1982   Hans E. Wolters, *Die Vogelarten der Erde: Eine systematische Liste...* Hamburg und Berlin: Parey 1982.

Register